30th Anniversary
【1985—2015】
致敬30年

媒体里的厦大社

"致敬30年"丛书编委会 ◎ 编

厦门大学出版社 国家一级出版社
XIAMEN UNIVERSITY PRESS 全国百佳图书出版单位

"致敬30年"丛书编委会

主　编：蒋东明　宋文艳

编　委（按姓氏笔画为序）：

　　　　王日根　宋文艳　陈福郎　施高翔

　　　　徐长春　黄茂林　蒋东明

《媒体里的厦大社》

策划编辑： 宋文艳

责任编辑： 施建岚

文字编辑： 李小青

　　　　　　杨木梅

　　　　　　胡　佩

版式设计： 李夏凌

技术编辑： 朱　楷

封面设计： 蒋卓群

前　言

时光如水,岁月如歌。

成立于1985年5月的厦门大学出版社今年将迎来30岁生日。都说三十而立,从成立之初一年出书只有几种,到如今每年出书800多种(其中新书约500种),并逐渐形成"专、精、特"的出版理念和对台研究、华人华侨研究的出版特色,拥有经管、法律等图书品牌,被评为"国家一级出版社"、"全国百佳图书出版单位",30岁的厦大出版社已然褪去青涩,健康成长,走向成熟。

在30年的发展过程中,厦大出版社在出版理念的创新、出版特色的彰显、出版品牌的建设等方面,都在海内外众多媒体上留下或深或浅、或激昂或沉稳的印迹。为庆祝厦大出版社成立30年,我们特意将分散在各大媒体上的文章及报道进行梳理并整理成册,于是就有了读者眼前的这本文集。我们根据这些文章和报道的内容,将文集分为如下几个部分:

出版理念篇:包括访谈、理论文章等。主要反映30年来厦大社在出版实践中,根据厦门大学的学科特色和区位优势逐渐形成的出版理念——走"专、精、特"发展道路。

工作成就篇:着重反映厦大社建社30年来所取得的

各项成就,包括被授予"国家一级出版社"称号、获得国家级奖项及品牌建设成果等。

重大活动篇:主要反映厦大社30年来组织的各项与出版相关的重要活动,包括新书发布会、签售和讲座等。

精彩图书篇:主要是30年来海内外媒体对厦大社出版的优秀图书的报道。

名家书评篇:着重收录30年来一些知名学者对厦大社出版的优秀图书的评论。

书评和出版文章选目:主要由厦大社员工撰写,从中可以看到厦大出版人30年来对出版事业的执着和追求。

人生易老天难老。30年对于一家成长中的出版社而言,可谓"正当年";但对每个出版人来说,则可能是一生的美好年华和一个完整的职业生涯。30年发展征程,30个春去秋来,工作中有许多经验,也有不少教训,需要认真加以总结和吸取。我们希望通过这本文集,让所有关心厦大社成长的人,能够了解厦大社为高校教学和科研服务,为民族传统文化传承所付出的不懈努力和良苦用心,对我们多一些理解、多一些支持,并借此积蓄力量,充满信心地走向未来,去迎接数字化出版时代给我们带来的新机遇、新挑战!

宋文艳
2015年4月

目 录

出版理念篇

003	大学出版社的使命	厦门日报
005	依据社情进行选题建设　坚持特色实施三项战略	大学出版
011	大学底蕴造就出版的品质	出版参考
014	厦大社：专业化生存	出版人
016	"台"字当头　彰显特色	中国出版
021	厦门大学出版社：紧依地缘优势　打造特色出版	出版人
024	架设和谐海峡文化桥梁	中国出版
028	打造强壮的"小舢板"	出版广角
031	出版浪潮中的独立思考	中华读书报
033	坚持特色方能形成品牌	现代阅读·教育与出版
037	出版专注度决定品牌拓新度	中国出版传媒商报
039	守住理想，耐住寂寞	出版人
041	让出版工作充满创造性的诗意和愉悦	大学出版
047	《蔷薇之旅生活家》人物访谈《光阴的故事》	厦门音乐广播电台
056	坚守文化品位的出版人	厦门大学报
058	媒体融合背景下大学社将走向何方	中国新闻出版报
060	大学出版的新征途	出版人

工作成就篇

065	全国百佳图书出版单位名单	中国新闻出版报
067	厦大出版社获评国家一级出版社	厦门日报
076	专版介绍厦大社荣获"国家一级出版社"、"全国百佳图书出版单位"	
		厦门大学报
080	成绩斐然　任重道远	厦门大学报
082	专版介绍厦大出版社20年的成就	厦门日报
088	营造特色　树立品牌　争创一流业绩	厦门大学报
091	蕴大学精神　铸学术精品	中国新闻出版报
092	精品＋品牌＋目标读者　厦门大学社："三大战略"取得双效益	
		中国新闻出版报
096	厦大出版社全力为特区建设服务	新华社
097	以学术为纽带　彰显对台特色	中国图书商报
102	精品维系华夏情感纽带	中国新闻出版报
105	厦门大学出版社:创建海洋图书特色	中国新闻出版报
109	中小型大学社:拳头产品成企业发动机	中国出版传媒商报
111	开发系统化、立体化、特色化教材	现代阅读·教育与出版
115	厦大出版社精品战略结硕果	厦门大学报
116	《透视中国东南:文化经济的整合研究》荣获中国图书奖	厦门大学报
118	《透视中国东南:文化经济的整合研究》荣获中国图书奖	厦门晚报
119	厦门大学出版社图书荣获出版界最高奖	厦门大学报
121	《房地产大周期金融视角》入围"2012年度中国影响力图书"	新华网
124	五年磨剑,终获重奖——中国原创图书奖	菲律宾世界日报
126	《城镇化大转型的金融视角》荣获"2013中华读书报年度图书之100佳"称号	中华读书报

127	《城镇化大转型的金融视角》获第五届中华优秀出版物奖	
		中国新闻出版报
130	厦大社《人约黄昏后》荣获文学大奖	中国出版传媒商报
131	2012年国家出版基金结项项目验收及绩效考评结果公布	
		中国新闻出版报
133	厦大出版社编校大赛获奖项数全国第一	厦门大学报
134	第四届韬奋杯全国出版社青年编校大赛获奖名单	中国新闻出版报
135	"海外馆藏:中国图书世界馆藏影响力"报告(2014版)	
		中国出版传媒商报

重大活动篇

139	《台湾文献汇刊》首发式在北京人民大会堂北京厅举行	
		人民日报海外版
140	中国国家主席胡锦涛访美并赠送《台湾文献汇刊》	中央电视台
141	胡锦涛耶鲁赠书包括厦大《台湾文献汇刊》	厦门日报
142	《透视中国东南:文化经济的整合研究》首发,副省长汪毅夫	
	出席首发式	厦门日报
144	中国大学版协代表团访美侧记	大学出版
148	阮次山开讲　厦大现场挤爆	厦门日报
151	大型丛书《中国稀见史料》首发	新华网
152	潘维廉签售《魅力厦门》系列	厦门日报
153	"共和国六十年法学论争实录"丛书昨日在厦首发	厦门晚报
154	大学出版社捐款情况统计表	中国新闻出版报
155	厦门大学在台展销《中国稀见史料》	厦门日报
156	巴曙松畅谈房地产市场	厦门大学报

158	厦门大学出版社新书"漳州与台湾关系丛书"在台北首发	
		厦门大学报
159	《战神刘玉栋》在宁波书城举行新书发布会	中国宁波网
161	外甥出书揭秘陈景润爱情故事在厦门外图书城首发	厦门日报
162	《闽商发展史·总论卷》在榕首发	福建日报
163	《中国会馆志资料集成》首发式在"图交会"举行	你好台湾网
165	厦门大学出版社两种新书隆重上市	中华读书报
166	《菲律宾华人通史》在马尼拉首发	中国新闻网
168	著名归侨作家高云览百年诞辰纪念文集在厦首发	中国新闻网
170	校友捐设"凤凰树下随笔集"出版基金	厦门大学报
171	《台海文献汇刊》《闽南涉台族谱汇编》全国首发式在京举行 填补闽南历史文化研究空白	台声

精彩图书篇

177	近水楼台先得月——厦大出版社推出一批台湾、东南亚研究书籍	
		新闻出版报
178	厦大出版社注重港台海外书籍的出版	人民日报海外版
179	厦门大学出版《陈立夫与中医药学》	中国新闻
180	学术巨著《透视中国东南：文化经济的整合研究》出版	中广网
183	《台湾文献汇刊》正式出版	教育评论
185	百册文献重击"文化台独"	人民日报海外版
188	《台湾文献汇刊》上海书店上架，引起台湾史学者兴趣	台湾民生报
190	悦读自己是一种美丽	中国图书商报
193	天南地北觅女缘	厦门日报
197	厦大的青春记忆	厦门大学报
199	《凤凰树下——我的厦大学生时代》	厦门晚报

205	设计古雅清朗兼具历史的厚重　厦门大学出版《连横研究论文选》	
		厦门日报
207	我校出版社出版《连横研究论文选》赠连战	厦门大学报
208	"厦门文史丛书"面世了	厦门晚报
211	奥运邮票"全家福"下月首发	厦门日报
213	让史料复活　为文明存史	大学出版
217	"共和国六十年法学论争实录":献礼共和国六十年	书香两岸
219	陈孔立发布新书《走近两岸》	海峡导报
221	台研老专家陈孔立图交会出新书　解析台湾人在想什么	厦门商报
222	本是同根生　图书续亲情	中国新闻出版报
228	《房地产大周期的金融视角》荣登出版商务周报"2012年度风云经管书"榜单	出版商务周报
229	《魅力厦门》新版出炉　加大篇幅宣传鼓浪屿	厦门日报
230	与闽商"结缘"	厦门大学报
233	家族缘,串起两岸儿女情	福建日报
237	中菲学者共撰学术巨著　促中菲友好继续向前发展	
		人民日报海外版
240	《房地产大周期的金融视角》入选"首届中国读友读品节108种指定读品"(商业类)	中国出版传媒商报
242	"南强丛书",厦门大学的学术品牌	厦门大学报
244	厦大社《城镇化大转型的金融视角》入选"全民阅读年会50种重点推荐图书(2013年)"	图书馆报、中国高校教材图书网
247	我社《东亚视阈汉语史论》荣登"中国高校出版社书榜"	光明日报
248	访谈｜鲁西奇:阴间为什么还需要买地券?(节选)	澎湃新闻

名家书评篇

255	为毛泽东思想研究开拓了新的领域	人民日报
260	海明威在中国	香港大公报
262	弘扬中华民族优良传统	人民日报
265	评析《中国传统文化与医学》	中国图书评论
268	史论结合　以独特的分期见长	南洋问题研究
271	《均田制新探》述评	中国史研究
276	丁玲新时期的散文	文艺报
278	"知人论世"的史论特色	中国图书评论
280	重图兰谱胜前人	中国图书评论
283	《黄道周纪年著述书画考》评介	中国史研究动态
285	关于地域宗教史研究的若干思考	宗教学研究
292	民间文献出版的宏大工程："吧城华人公馆档案丛书"	文汇报
295	当代日本华侨华人社会的全方位综合研究	南洋问题研究
301	《中国百越民族经济史》评介	民族研究
303	鸿篇巨作《台湾文献汇刊》	厦门大学报
305	走进台湾画家余承尧的山水世界	厦门日报
310	推进美国城市史研究的新尝试	美国研究
315	《东亚华人社会的形成和发展：华商网络、移民与一体化趋势》评介	世界历史
319	房地产发展的金融解释	中国图书商报
320	庋藏利用　两全其美	中华读书报
324	海洋强省　战略导航	厦门大学报
326	为什么中国没有巴菲特	中国出版传媒商报
328	城市的魅力源自市场	中华读书报
331	会馆志：中国流寓社会自组织力的实录	厦门大学报

334	流动性治理：中国金融改革探索的重点	中国出版传媒商报
336	历史性与世界性：闽南文化精神内涵的深度探索	福建日报
339	学术乃寻美之旅	厦门大学报
342	经济学人的中国梦	厦门大学报
345	特色鲜明　新意叠现	中华读书报
348	客家尚文传统的体现	福建日报
350	致力福建综合改革实践的思考总结	福建日报
352	纷繁世界，感恩的心	中华读书报
355	跨越文化的心灵对话	福建日报
358	科学评价两岸产业转移效应	福建日报

书评选目

出版文章选目

The 30th Anniversary of Xiamen University Press

厦门大学出版社
建社30周年
[1985-2015]
Xiamen University Press

出版理念篇

大学出版社的使命

朱崇实,1954年12月生,福建建瓯人。教授、博士生导师。1982年厦门大学经济系政治经济学专业毕业,获经济学学士学位。1982年至1985年任厦门大学法律系助教。1985年至1990年5月在南斯拉夫贝尔格莱德大学国际经济系国际经济专业学习,获经济学博士学位。1990年5月归国返校工作。1990年至1991年任厦门大学法律系副教授、副系主任。1991年至1995年任厦门大学师资与职称处副处长、处长。1995年至2003年任厦门大学副校长、教授。2003年5月起任厦门大学校长。

大学为什么要设出版社,这自然有它历史的必然。原因主要是出版社对大学的教学科研起到很好的推动作用。大学出版社固然要讲经济效益,但它更重要的使命是能够促进它所在大学的整个学术水平的提升,如果它不能实现这个目的,作为大学出版社也就违背了创办它的初衷。

大学是公益性的机构,也是一个社会服务性机构,赚钱赢利不是它的

◎厦门日报,宋智明,2005年4月29日

目的和专长。没有任何一个国家的大学把赚钱和赢利作为它的目标,大学的使命是提升和促进整个社会文明科学的发展和创新能力的提高。大学出版社作为大学的有机组成部分,它的目标应当与大学的发展目标相一致。我对厦门大学出版社的要求就基于这么一个思路。当然,我并不反对讲求经济效益,讲求经济效益与赢利是两码事,讲求经济效益意味着不要浪费,要提升管理水平,要用最小的成本做出最好的图书。所以,提倡大学出版社按照企业方式去经营,目的就在于提高它的管理水平和市场竞争能力。

学校对出版社发展寄予了厚望,希望厦门大学出版社跟厦门大学一样办出它的特色,走特色发展之路。由于地理位置的原因,厦门大学出版社的发展受到某种程度的制约,但只要发挥自己的优势,同样可以有所作为。我们某些领域的研究是国内其他学校做不了的,前不久荣获中国图书奖的《透视中国东南:文化经济的整合研究》就是一个很好的例子。因为我们地处东南,不仅与中国的东南,而且同整个亚洲的东南都有非常密切的联系,厦门大学在中国东南和亚洲的东南所具有的影响不亚于国内任何一所大学。因此这部学术大书一经推出就产生了很大的社会反响,获得学界的广泛好评。学校一直把出版社作为教学科研的一个重要支撑条件。厦门大学出版社应进一步提高它的水平和影响力,真正使出版社成为厦门大学的象征,成为国内甚至国际上知名的大学出版社,如果做到这些,厦门大学出版社的任务和使命也就完成了。

依据社情进行选题建设
坚持特色实施三项战略

厦门大学出版社是一家综合性大学出版社,同时又是一家中小规模的高校出版社。我们从实际出发,综合各种因素,认为我社较适合走小而优、小而特的办社路子。根据这一定位,我们在选题建设方面就必须根据自己的校情和社情,进行战略安排。在实践中,我们在"三个代表"重要思想的指导下,坚持学术为本,实施精品战略;发挥学科优势,实施品牌战略;整合编辑队伍,实施人才战略。由于这三项战略得以实施,从而凸显了我社的图书特色。

一、学术为本,实施精品战略

组织出版一批高水平、高质量的精品图书和标志性的传世图书,这不仅是传播先进文化的要求,而且精品图书对出版社的教材和实用图书可以产生感召力,有助推作用,可以放大品牌效应。为实施"精品图书"工程,我们着重抓了以下几方面的图书。

1. 为教学科研服务的图书。贯彻为教学科研服务的办社宗旨,往往由于种种原因,使选题分散,难以杜绝平庸之作。因此,在为教学科研服务的过程中,出版社必须有自己的主体意识,必须坚持质量,坚持出精品,必须有一大批出版物与学校的水平和地位相称。在坚持质量的前提下,还要做到有所为有所不为。

本着弘扬学术、积累文化和传播新知的精神,为把厦门大学最优秀的科研成果通过图书的形式反映出来,我们在庆祝70周年校庆时编辑出版了第一辑"南强丛书"。这批专著有很高的学术价值和社会价值,出版后在学术界和出版界产生了较大的影响。此后我们将"南强丛书"的出版常态

◎大学出版,陈福郎,2003年第3期

化,并成立了以校长为主任的编委会。这些反映学科前沿研究成果的学术专著的出版,不仅提升了出版社的形象,同时也促进了学校学科建设和师资队伍的建设,使我社为学校教学科研服务的工作更上一个台阶。

2.标志性的传世图书。出版标志性的传世图书所产生的巨大影响力,可以扩大出版社的知名度,提升出版社的形象。我社在组织标志性的图书工程的过程中,着眼于发挥地域优势,并将这一优势与相关的国家或地区文科重点研究基地的成果结合在一起。我们有两项标志性图书工程已受到学术界和出版界的瞩目。

第一是台湾研究图书。厦门大学台湾研究中心是全国最早成立的专门研究台湾的学术机构,是国家文科重点研究基地。厦门与台湾隔海相望,有着长期的历史渊源。我社发挥地域优势和人才优势,出版的台湾研究图书包括台湾政治、经济、文化、历史、文学等领域,如影响较大的《台湾社会经济史研究》《战后台湾经济分析》《台湾海疆史研究》《清代台湾移民社会研究》《近二十年台湾文学流脉》《海峡两岸法律制度比较》等图书不仅有重要的学术价值,而且产生了重大的社会意义。即将隆重推出的大型文献整理图书《台湾文献汇刊》,是迄今为止大陆最大型的台湾历史文献出版工程。全书100册,涵盖了目前有关台湾的珍稀历史文献。它的出版对实现海峡两岸的统一有很强的现实意义。我们把这套书的出版作为出版社形象工程的组成部分来抓,务求厚重大气。对于这样的大型出版工程,作为我们这种规模的出版社单独运作是有困难的,我们采取了与其他出版社共同投资、共同发行、风险共担的合作出版方式。

第二是东南亚与华人华侨研究图书。厦门大学南洋研究院是我国最早建立的专门研究东南亚问题和华侨问题的综合性研究机构,在海外颇具声誉。厦门大学由爱国华侨领袖陈嘉庚创办,与东南亚各国的华人华侨有着密切的"血缘"和"地缘"关系。我社利用这一优势,使东南亚华人华侨研究图书成为出版社的特色书和标志性图书工程。如《东南亚华人企业集团研究》《近现代中国与东南亚经贸关系史研究》《当代海外华人社团研究》《世界华侨华人简史》等都有较高的学术价值和现实意义。最近隆重推出"吧国公堂档案丛书",共20册。近年来学术界在印尼发现18世纪印尼华侨社会内部的档案,内容丰富,历时久远,是研究当时华侨社会历史的非常珍贵的唯一的档案资料,该档案的整理出版对华侨史、东南亚史等领域的研究将是十分有益的,有很高的学术价值。

3.以策划"十五"重点图书为契机,组织了一批重量级的精品图书。我社有五种图书被列入"十五"国家重点图书选题规划,这些图书有一个共同的特点:文化积累价值高,现实意义强,作者队伍阵容强大。

如《透视中国东南:文化经济的整合研究》,组织了我国 15 位研究东南社会经济史的教授,对东南地区的经济、文化的历史和现状做了系统、全面的论述。通过解剖东南区域文化经济的历史与现状,以及这种特殊的文化生态结构,揭示东南区域的社会文化与经济生态的内在结构及其发展动因,不仅有其重要的学术价值,对我国的经济与社会发展也有重大的借鉴意义。

再如《固体表面物理化学若干研究前沿》,我们约请万惠霖院士担任主编,组成由全国十位院士参加的写作班子。本书既对 20 世纪物理化学学科的研究热点进行了全方位的回顾,又对 21 世纪该学科的研究方向进行了展望,对推动该学科的进展有重大意义。

4.关注素质教育,组织"人文素养书系",是我社实施精品战略的一个重要项目。崇尚高雅,陶冶灵性,提升文化品位,丰富生活内涵,这是现代人所应该具备的人文素养。我们这套书系以随笔的形式、轻松的笔调,深入浅出地介绍人文知识,同时充满作者的主体感受。该书系首先推出"穿透灵魂之旅"丛书。这是一套由著名学者易中天教授主编的艺术修养丛书,一共五种,可读性强,装帧印制精致,在 2002 年全国书市上受到广泛瞩目。

5.大力关注独创性、原创性的系列化著作。如反映人文社会科学方面成果的有:"东南亚华文文学系列研究丛书"、"中国社会经济史系列研究丛书"、"朱子学研究丛书"、"《资本论》研究丛书"、"国际法系列研究文库"。这些选题都是厦门大学的研究强项,我们有计划地将这些原创性的选题组成丛书陆续出版。对我校自然科学研究成果我们也十分重视,我社出版的"红树林研究丛书"在全国独一无二。虽然从事这一领域研究的人数极少,但这一研究十分有科学价值。

二、发挥学科优势,实施品牌战略

出版社要生存要发展,在竞争愈来愈激烈的今天,创建图书品牌,参与市场竞争,显得刻不容缓。但是,在制定和实施品牌战略的过程中,我们体会到必须从出版社实际出发,努力发挥学校的学科优势,才有可能培育出品牌来。

1.打造品牌必须依托学校优势学科,形成品牌必须有规模效应。我们常习惯把特色书、精品书与品牌书等同起来。其实,特色书、精品书与品牌书是不能画等号的。特色书、精品书主要注重图书的社会效益,而品牌书则必须产生"双效益",它必须有市场占有率,要有较大的社会需求。作为高校出版社,我们的优势在于有高校教学科研成果这一丰富的出版资源、学者专家这一优秀的作者资源、教师学生这个稳定的读者资源。实践证明,学校的学科优势只有转化为出版优势才能产生品牌效应。我们的品牌建设只有走高校这条市场通道才有生命力。我们制定品牌战略的切入点是,将学校的重点学科、优势学科和特色学科排队后,将学校那些有可能转化为出版优势的学科,确立为品牌图书的选题方向,进行立体开发,力争做强做大。由于我社编辑力量有限,不允许我们四面出击,只能选择三四类图书进行品牌开发和培育。

2.在整个品牌格局中,我们将出版高质量有特色的高校教材摆在突出的位置。我们依据确立的品牌重点,组织优势学科的专业课教材,经过市场检验,形成了一批品牌教材,这就是经济类、管理类、法律类和广告类教材。在品牌教材的出版上,我们强调要进行多层次、立体化开发,要形成规模。如经济类、管理类出了300多种教材,在这些教材中又以财会、财金为重点。

在品牌教材的选题上,我们强调首先要全,在做全的基础上才有可能做大。如法律类出了五大系列教材:经济法学、民商法学、商法学、诉讼法学、刑事法学。这些系列教材中,有些品种可以预见经济效益一时难以体现,但从实施品牌战略的需要出发,我们还是列入选题计划,并与作者建立了恒定、守信的良好合作关系。

在品牌教材的开发上,我们强调要有前瞻性和战略眼光。我校创办了全国第一个广告专业,我们出版的广告学教材,经不断修订,始终保持了教材的先进性。该专业在全国同类专业中知名度和美誉度名列第一,这同我们较早推出这套教材有十分密切的关系。

3.整个品牌格局中,我们以教材为龙头,同时也把实用图书放在重要位置,有主有次,互为映照,从而放大了品牌效应。

例如,管理类图书是我社的重要品牌之一。我们首先把教材做充分,同时也策划了一批面向社会市场的实用图书。如"福友现代实用企管书系"以其实用性及可操作性强、理念和做法先进等特点,在浩如烟海的管理类图书中独树一帜。法律类图书也是我社的品牌之一。我们在做全高校法律教材的基础上,也关注大众对法律知识的需求,积极向社会市场挺进。

我们组织出版的"老百姓法律顾问丛书——给个说法"在市场上反响很好。

三、整合编辑队伍，实施人才战略

1.树立特色意识，坚定地走以特色强社之路。

努力办出特色，依靠特色占领市场，这已经成为出版界的共识。但是，在实践中，能够真正坚持特色，尤其是中小型出版社，要做到避免急功近利，而以长远的战略眼光创造特色、坚持特色，这需要树立起牢固的特色意识。特色的追求不是短期行为，它是在出版行为中逐渐积累和强化形成的，长远的选题规划和近期的选题计划必须体现具有出版社个性的文化追求，并在这一基础上不断强化特色意识。出版社是以编辑工作为中心的，从总编到编辑能否树立特色意识至关重要。总编辑的战略观和洞察力对于出版社图书特色的形成起着重要的作用。作为一般编辑同样要有特色意识，要在选题组稿过程中有意识地服务于本社的基本特色。

我们在实践中认识到，要坚定不移地培育特色、营造特色。要树立以特色为立社之本、强社之路的理念。这都是毫无疑义的。与此同时，我们也认识到，作为一家综合性大学出版社，应当创立多极的而不是单一的特色体系，这样才能分摊市场的风险。因此，我们确立了以出版高校教材为主的总体出版特色，在总体出版特色的涵盖下，具体营造三种图书特色。

形象图书特色。通过重点出版"南强丛书"、台湾研究图书、东南亚与华人华侨研究图书等标志性图书来体现。

品牌图书特色。通过重点出版经济、管理、法律、广告等图书来体现。

基干图书特色。通过出版定向使用的计算机、外语、"两课"、高职等教材来体现。

我们通过整合形象图书、品牌图书、基干图书三种图书特色，形成我们的出版特色。

2.树立团队精神，整合队伍，形成合力。

坚持特色，不打乱仗，很重要的一点是要树立团队精神，整合队伍，形成合力。我社作为一个小型的出版社，编辑人数不多，从为教学科研服务角度考虑，编辑的学科分布应比较全；而从培育特色的需要出发，编辑的学科分布应比较集中，才有利于创造特色，强化特色。我们的做法是，在策划选题时，不强调编辑的学科分工，但大体有一个组稿范围，也就是每个人都建立了自己的组稿根据地。每种图书的责任编辑则不超学科分工。这样，必然会产生一些矛盾。我们除了通过经济手段解决利益矛盾以外，还充分重视思想政治工作的作用。

做好思想政治工作，对从事精神产品生产的出版社是须臾不可或缺的，尤其是在重视经济效益的市场经济条件下，往往容易过分迷信经济手段。现在出版社普遍实行目标责任制，如果不做好有效的思想政治工作，就很难形成合力。因此提高编辑部门的整体政治素质是极其重要的。在做好具体的思想政治工作时，应采取多种形式增进编辑之间的沟通，加强相互间的思想交流，发挥各人所长，做到优势互补，培育团队精神，进而提高编辑部门的整体素质。

3.建立有效的激励机制，加大策划力度，提高策划水平。

市场经济体制改变了出版社编辑工作的属性，策划出版适销对路的图书，成为编辑的主要工作之一。策划工作对于编辑来说，已经不是一个新的工作内容。但是，过去我们编辑的策划工作还只停留在选题的策划上。现在我们加大了策划力度，要求编辑对图书进行全程策划。从提出选题、物色作者、参与写作讨论、编审校进度安排、装帧印制要求，到利润成本预算、发行定位、宣传促销、督促回款等工作，都要包含在策划方案中。

为提高编辑的策划水平，通过策划工作产生出效益好的图书，我们采取了一些具体措施。如重奖效益高的图书，以提高单种书的效益，从而鼓励编辑少编精编，减少案头工作，改变粗放式的工作形态，有更多的时间和精力介入市场。作为一个小社，我们编辑人员不多，严格划分策划编辑和文字编辑不太现实。我们实行项目负责制，编辑从选题策划到效益的实现实行全程负责，其中的部分文字编辑工作以社会化的办法解决。为加强教材的出版工作，在编辑部门设立发行助理岗位，负责定向使用的教材的发行工作，使编辑工作与发行工作有机地结合在一起。

我社在坚持特色方面虽然取得了一些成绩，但和兄弟出版社相比还有不少差距。我们有决心把这方面的工作做得更好一些。党的十六大为我国描绘了新的社会图景，提出了新的奋斗目标。我们决心以此为契机，开创工作的新局面。

大学底蕴造就出版的品质
——访厦门大学出版社社长蒋东明

记者：厦门大学出版社建社20年来取得了有目共睹的成绩。能否概述20年来贵社的主要发展阶段、办社理念的形成和确立的轨迹？

蒋东明：厦大出版社成立于1985年，20年来取得了很大的成绩。虽然我们人数不多，但我们在出版方向、出书码洋、销售收入、人均创利、图书获奖率等主要效益指标上都处在全国大学出版社的先进行列。尤其是我社曾四次获得中国图书奖，这是相当不容易的。作为一家不到40人的小型综合性大学出版社，我社一直保持着很好的发展势头，突出的一点就是我们始终坚持大学出版社的出版理念，以构筑特色、树立品牌，出版学术精品，弘扬大学精神为目标。

任何经营活动，都想尽快获取最大利益。厦大出版社实行企业化管理，要求自负盈亏，自我发展。20年来，我们一直都没有放弃寻找发展的机会，但真正快速发展却还是在大学教材和学术专著这个领域里得到机会。分析起来，其实道理很简单，厦门大学是福建省唯一的一所国家重点大学，厦大出版社是福建省唯一的一所大学出版社，我们编辑队伍熟悉的是大学的教材建设和大学里专家学者的科研动态，我们的营销推广工作最容易接触的对象也是大学，我们出版工作最受欢迎的还是大学。所有这些，就是我社发展的优势。

在当今，出版活动受到各种利益驱动的机会很多。在有限的出版资源里，选择的专注则体现了一种战略思维。厦大出版社之所以能够发展，靠的就是我们的优势和特色。因此，创立品牌是我们的努力方向，出版学术精品是我们的崇高使命，在这个领域里同样也有很大的发展空间，唯有坚持不懈，才能有所作为。

记者：作为福建唯一的一所教育部部属大学出版社，你们是如何发挥

◎出版参考，肖闻，2005年5月

大学学科优势,同时立足福建对台及面向东南亚的地域优势,形成自己的图书结构和品牌影响力的?

蒋东明:厦门大学在台湾及东南亚研究方面有雄厚实力,这种学术的优势也形成了我社的图书品牌。我社出版的《透视中国东南:文化经济的整合研究》获得第十四届中国图书奖,这是继《毛泽东思想与中国文化传统》《税利分流研究》《膜分子生物学》之后,我社第四次获此殊荣;我社与九州出版社合作出版了百册历史文献——《台湾文献汇刊》,这部传世文献不独具有其历史意义,而且在揭露"文化台独"、增强民族向心力方面极具现实意义。当然,这只是其中有代表意义的两项,其他如启动厦门大学整合"21世纪学术新视野大系"等等,从学术积累与文化积累的层面上来说,无不具有较高的社会效益。

记者:厦大出版社在企业文化建设及人才培养方面有哪些举措和成果?

蒋东明:大学出版社产生在大学里,它带有许多大学校园的人文特点。但同时大学出版社又是一个文化企业,需要制度的建设、人员的管理、经营的利润。大学出版社要实现可持续发展,根本之道是将其管理模式纳入"人本管理"。大学出版社的员工不是简单的生产工具,而是一批有其充分的主体性、意志力和文化内涵的知识分子,必须尊重他们的主体意志和文化需求,坚持"以人为本",实现管理的重点由"物"到"人"的根本转变。大学出版社要充分利用身处大学校园这一优势,建立起有自身特色的企业精神和文化,以激发员工的工作热情,建立起富有竞争力和亲和力的和谐组织。

我社历任领导都十分重视企业文化建设。我们的口号是"把出版社办成一个温馨的家"。这个温馨家庭的形成,是有许多实在内容的。首先,我们领导班子要作风正派,无私敬业,以自己的人格魅力来带动大家。其次,要真心实意地去关爱员工,切实把员工的切身利益挂在心上,不仅仅是物质上的,更重要的是给予员工能力的培养、生活的关爱、学习的机会、思想的进步,竭力创造舒心的工作环境和积极健康的团队氛围。只要员工把出版社当作"家",只要他们把心系在事业上,他们的激情就会源源不断地为出版社带来回报,出版社就拥有最强大的核心竞争力。

记者:当前,体制、机制创新是出版界关注的重要话题,贵社在管理体制、运行机制改革创新方面有何成效,未来的改革方向是什么?

蒋东明:任何改革,都是以激发人的潜能为目的的。我认为,商战的真谛就是做人之道。20年来,厦大出版社在图书市场赢得了良好的声誉,我认为经营技巧还在其次,关键在于我们的诚信待人和良好的服务。靠喝喝酒、套近乎赢得市场的做法是不能长久的。说实在,我们社里的人都不是能说会道的"生意人",但我们和作者、书店、大学教材部门、印刷厂甚至是主管单位接触下来,他们信任我们,他们愿意同我们合作。做人以诚,做事以实,彼此心坦诚,没有什么解决不了的问题。我社任何制度的建设都围绕着诚信经营来展开。虽然我国社会主义市场经济的法制环境和信用环境还不健全,但诚信原则仍然是最根本的经营之道。只要你坚持做人之道,坚持这种经营理念,那么经营的利润就会是它的自然结果。

厦大社：专业化生存

在 2009 年新闻出版总署首次对全国 500 家经营性图书出版单位进行的等级评估中，厦门大学出版社被评为福建省唯一一家"国家一级出版社"，荣获"全国百佳图书出版单位"称号。秘诀何在？厦大社社长蒋东明日前告诉《出版人》，正是坚持立足大学，充分开发地域优势，走出一条特色化生存之路，成就了这家中型大学社。

"地域"特色

在蒋东明看来，厦大社规模不大，又不处在政治文化中心，"在客观上不可能常有轰动效应"。因此，自 1985 年建社以来，厦大社一直坚持依托大学，以学术为本，立足大学，做实出版，在"专、精、特"方面下功夫，并取得了一定成绩。"其实，世上很多事情道理都是相通的，只要方向明确，选择专注，坚持数年，必有好处。"蒋东明说。

蒋东明表示，厦大社一直坚持三个战略：坚持学术为本，实施精品战略；发挥学科优势，实施品牌战略；立足高校阵地，实施目标市场战略。这些大目标使厦大社图书形成自己的品格与特色。

经过长期培育和维护，厦大社在中国台湾和东南亚华侨华人研究、经管、法学、广告教育、人文、古籍，以及计算机、高职高专教材等出版领域，形成了自己的品牌和优势。其中，《台湾文献汇刊》《中国稀见史料》"共和国六十年法学论争实录"、《〈公案簿〉研究》"国学研究丛书"、"经管学术研究丛书"等，堪称相关研究领域的重要成果，在学术界影响很大。

与其他大学社相比，厦大社特别形成了以台湾研究和东南亚与华人华侨研究图书为特色的精品图书体系。厦门与台湾地区以及东南亚各国有

◎出版人，周丹，2010 年第 21、22 期合刊

着密切的"血缘"和"地缘"关系,厦门大学在台湾和东南亚与华人华侨研究方面实力雄厚。厦大社充分发挥地域优势和学科优势,出版了一大批标志性的传世图书和特色图书。其中,"台湾研究大系"已具有规模,内容包括台湾政治、经济、文化、历史、教育、文学等领域。国家"十五"重点规划图书《台湾文献汇刊》是迄今大陆开展的最大型台湾历史文献出版工程,全书100册,涵盖有关台湾的珍稀历史文献。据悉,《台湾文献汇刊》共7辑100册,收入珍贵文献资料近200种。这些文献资料绝大多数或是分藏于祖国大陆各地的图书馆、档案馆,或是散落于民间的孤本、珍本和抄本,还包括近年在日本等国及台湾地区新发现的珍贵文件,具有很高的史料价值和研究价值。

改制前景

蒋东明告诉《出版人》,目前,厦大社的转企改制工作正在按要求顺利推进。"重要的是,我们不是在等待改制的形式性结果,而是积极按发展要求推进工作。"蒋东明认为,要求得大发展,在明确专业化经营目标的前提下,苦练内功最为根本。

为此,厦大社已详细制订了今后3—5年发展计划,重新厘定各个岗位的工作职责和考核指标,细化和完善自主研发的"南强出版管理系统";补充新鲜血液,加强业务培训,提升人员素质;扩大数字出版人员与社会合作的范围;新购置办公楼和库房。蒋东明认为,大学出版有自己的规律,编辑出版更有专业技术要求。"在高等教育出版园地里,只要精心耕耘,就能占领学术高地,就能起到别人无法替代的作用,利润的实现是自然而然的。"蒋东明说。

未来,厦大社将继续围绕"大学"做足文章,对特色品牌一如既往地维护。"这是我们的共识。"蒋东明说。2011年是厦门大学90周年校庆。厦大社正在策划一大批选题,为校庆服务。此外,厦大社正在策划的"海西与台湾关系丛书"首批将推出"漳州与台湾关系丛书"10种。厦大社正在制订的"十二五"出版规划主题还是通过改制,转变观念,调动积极性,用市场化方法,实现专业化经营。

"我们也将为纵深发展加大投入,研究新的经营机制,在校园文化产品和图书馆数字出版领域有新动作。"蒋东明说。

"台"字当头　彰显特色

——厦门大学出版社发挥"五缘"优势走特色出版之路

厦门大学出版社是教育部直属的综合性大学出版社,在强手如林的大学出版社中,如何凸显自己的特色,是厦大社20多年来努力探索和实践的课题。充分发挥厦门大学的学科优势,充分利用厦门与台湾有"五缘"(血缘、地缘、文缘、商缘、法缘)的独有便利,在"台"字上做足文章,是厦大社的发展战略。经过多年的努力,现在已在大学出版社中形成了独有的特色,建社20多年来已出版有关台湾研究的出版物300多种,成为海峡两岸文化交流的一座独特的桥梁。

发挥学科优势　打造精品力作

厦门大学台湾研究中心是全国最早成立的专门研究台湾的学术机构,是国家文科重点研究基地。厦门与台湾隔海相望,有着长期的历史渊源。厦大社发挥地域优势和人才优势,出版的台湾研究图书包括台湾历史、经济、政治、文化、文学等领域。该研究中心研究台湾历史的专家力量最为雄厚,出版研究台湾历史的学术专著也最多,学术水准很高。以此为龙头,带动有关台湾经济、政治、文化和文学的学术图书都具有较强的原创性、前沿性。台湾历史研究的《清代台湾移民社会研究》《台湾海疆史研究》等专著,是作者多年研究的学术成果,在史学界深得好评。这些历史专著,以翔实的史料,论证了台湾历来是中国的一部分,台湾社会是从大陆的移民到来后发展起来的,明清两代大陆东南沿海民众大规模移居台湾,才造就当代的台湾社会。台湾经济曾一度被誉为"亚洲四小龙"之一,研究台湾经济不仅有其学术价值,也有一定的借鉴作用。厦大社出版的《台湾社会经济史研究》《战后台湾经济分析》等一系列学术著作,不仅从历史的纵向上论述

◎中国出版,蒋东明、陈福郎,2007年第12期

了台湾社会经济的发展和变化,证明台湾经济是属于大陆经济圈的区域经济,也从现实的经济状态分析其优劣得失,对大陆的经济改革开放有重要的参考价值。此外,如研究台湾政治的《当代台湾政治研究》、研究台湾法律的《海峡两岸法律制度比较研究》、研究台湾文学的《近二十年台湾文学流脉》《海峡两岸新文学思潮的渊源和比较》等一批学术著作,都在各自的学术领域具有前沿性。前不久厦大社推出的"海峡两岸文化与传播研究"系列图书,把台湾研究图书推向了一个多维的高度。台湾作为中国文化生态圈中的一个区域,其社会文化经济的存在和发展,必然打上中国传统文化不可磨灭的思想烙印。而这种思想烙印的传承不息,是经过长时段的文化传播及其变迁磨合的艰辛历程而锻成的。深层次地探索海峡两岸中华文化的传播与变迁之路,对于进一步认识台湾与祖国的不可分割有着重要的学术价值和现实意义。

这一大批高质量研究台湾的图书的出版,产生了重大的社会意义。如《台湾海疆史研究》是作者长期研究台湾海疆史的成果,到目前为止还未见到同类著作。该书利用档案史料,研究郑成功及康熙时代的历史,发掘不少前人未用过的史料,并且把这段历史与保卫边疆联系起来,提出了独到的见解,对研究这一时期的历史有重要参考价值。其中有关郑成功史事考订部分,台湾学者石万寿认为:"订正若干文献记载的错误,贡献甚大。"书中对钓鱼岛的研究也引起学界的重视,作者利用档案和外交文书等,说明姑米山为琉球西面界山,在它以西的钓鱼列岛是我国台湾的附属岛屿。这些研究成果,对维护国家领土主权具有现实意义。又如《台湾社会经济史研究》客观地论述了台湾社会经济的发展和变化,用历史事实说明了台湾社会是中国社会的一个有机组成部分,台湾经济是属于大陆经济圈的区域经济,有力地批驳了"文化台独"的种种谬论。它用专章论述大陆与台湾贸易的发展变化,用事实论证了台湾贸易离不开大陆,台湾与大陆的贸易互补性很强,即使在日据时期,日本殖民者采取了种种措施,也不能完全切断两岸民间传统贸易关系,这就有力地批驳了台湾贸易不属于大陆贸易圈的"台独"谬论。再如《海峡两岸新文学思潮的渊源和比较》充分论证了台湾新文学是中国新文学的一个支脉,其产生与发展都与祖国的文学乃至社会文化有密不可分的关系。但由于历史际遇、社会制度等的不同,两岸新文学又有相当差异,积累了各自的经验和教训。该书以著者发掘和搜集的大量第一手资料为基础,从宏观、理论视角系统地梳理萌芽于清末的百年来台湾新文学思潮脉络,着重探讨它与祖国大陆新文学的渊源关系,从而否定试图将台湾文学分割于中国文学之外的错误观点。同时对两岸新文学思潮加以比较，归纳出台湾新文学的特点，从二者的异同中总结涵括海峡两岸的 20 世纪中国新文学发展的整体经验，弥补大陆的中国新文学史书写中因缺少台湾文学而造成的脉络中断、涵盖不全等缺陷。

发挥"五缘"优势　放大品牌效应

厦门与台湾仅一水相隔，语言相通，习俗相同，所谓"台语"就是闽南话。随着两岸民间经贸和学界交往日益频繁，厦大社在着力出版大陆专家学者的原创学术著作的同时，充分发挥"五缘"优势，努力探索如何发挥双方的优势，从而放大"台"字出版物的品牌效应。

合作出版。台湾在企业管理方面有长处，也有写作实用图书经验丰富的一批学者，这批学者在厦门组成了一家"福友企管咨询公司"。经过双方多方面的切磋，厦大社认为大陆在企业管理方面的图书虽然很多，但与台湾相比，在理念上有很大的差别，且针对性也过于宽泛，所以决定出版一套"福友现代实用企管书系"，同时将这套书系定位在制造行业，由福友公司组稿，由厦大社编、审、校、印，然后双方共同发行。首先推出了两种书：《品质管理》和《管理技术》，定价分别是 56 元和 72 元。和同类书相比，价格高出好几倍。虽然价格不菲，可是一进入图书市场就出现了热销现象。因为台湾作者的写作风格和大陆作者不同，图书本身理念也较为先进，针对性和实用性又很强，才会产生价格不菲却长销不衰的现象。这两种书的成功，大大鼓舞了我们与台湾学者合作出版的热情，每年都推出一批新选题，"福友现代实用企管书系"至今已出版了 50 多种图书，取得了很好的双效益。

开发有台湾背景的作者群。台湾背景的作者，他们作品的视角和大陆作者有差异，正是这种差异，通过本土化之后，必将给读者带来新的视野。比如厦门大学法学院教授傅崐成，他原是台大教授，还是台湾"立法院"的顾问。他受聘厦门大学之后，专注于海洋法律的研究，我们请他主编一套"海洋政策与法律研究丛书"，至今已先后推出《海洋法专题研究》《海洋法相关公约及中英文索引》《联合国教科文组织〈保护水下文化遗产公约〉研究》三本专著。这些专著对相关部门有很强的参考使用价值。随着金门对大陆开放旅游，到金门旅游的大陆人士与日俱增。我们及时请台湾的有关人士编写了一本《金门斗阵行》（闽南语"结伴金门游"之意）的旅游图书，成为印量颇大的常销书。我们还利用我们的出版平台，为两岸学者共同研究创造条件。比如厦门大学法学院何丽新教授在海商法研究方面取得不小成就,但如果要写《中国海商法》,没台湾的学者参与,将出现残缺现象。我们联系到台湾大学法律系系主任后,他愉快地表示愿意合作研究撰写。

加强对台引进和输出版权。经管类图书是厦大社的重点门类图书,厦大社在版权引进方面与台湾的五南图书出版股份有限公司建立了长期的合作伙伴关系。这些引进版的图书丰富了厦大社的品牌图书。在版权输出方面,厦大社也以台湾为主要目标。2007年10月在厦门举办的"第三届海峡两岸图书交易会"上,厦大社新推出的《中国稀见史料》(第一辑)共41册,限印150套,每套定价3万元。台湾方面订购非常踊跃,在会上就成交了几十套。除了一般文史类图书外,出乎我们意料的是,台湾方面对厦大社的法律图书也颇感兴趣。法律类图书也是厦大社的重点门类图书,在市场上占有相当的份额。在这次交易会上,厦大社与台湾出版商签订了十几种司法类图书的版权交易意向书。

整合出版资源　建设大型出版工程

在以"台"字当头打造特色的过程中,厦大社注意到必须有几项大的具有传世功能的出版工程,才能使特色立稳脚跟。此时,我们得知厦门大学台湾研究中心副主任、人文学院院长陈支平教授有一个初步的想法,就是组织一个班子将大陆有关台湾的文献整理出版。这一想法经过多次探讨,我们觉得可以一边启动一边完善出版方案。

这一选题的学术价值和社会效益是显而易见的。自20世纪50年代以来,台湾文献委员会在台湾银行出资支持下,组织大批文史专家,经过近20年的努力,搜集编辑了大型《台湾文献史料丛刊》,共整理出版各种文献资料400余种。这套文献丛刊成为迄今为止研究台湾历史最基本和最重要的资料,广为海内外研究者引用。大陆学者从事台湾问题的研究,基本上都引用这套丛刊的资料,其功不可没。但是由于台湾文献资料分存于海峡两岸,台湾整理出版的《台湾文献史料丛刊》固然规模宏大,影响广泛,但是这套丛刊是不完备的。由于20世纪70年代末以前,海峡两岸的文化交流完全处于隔绝状态,因此这套丛刊只能网罗台湾岛内的文献资料,而不能顾及台湾之外特别是大陆收藏的众多文献资料。大陆许多图书资料部门所收藏的有关台湾问题的文献资料十分丰富,亟待我们去搜集、整理和出版。更为突出的是,近年来由于台湾某些别有用心的"台独"分子极力在台湾推行"文化台独"活动，在台湾历史的学术研究上蓄意割断台湾与祖国大陆的渊源联系，使得文献史料的整理受到了很大的阻碍，学术的研究日益出现了失之偏颇的"去中国化"的恶劣倾向。如果剔除《台湾文献史料丛刊》已经收入的文献和少量有明显差异的原稿本、传抄本之后，我们整理编辑一套《台湾文献汇刊》，就可以弥补台湾方面在文献史料建设上的不足。

最先计划一年出十几册，数年积累下来就很可观了。后来，我们想到与资金雄厚的出版单位共同出版，一次出齐编者已搜集到的5万页文献资料，皇皇百册鸿篇巨制，岂非出版界的一件盛事？九州出版社是国台办主办的出版社，他们承担着出版有关台湾的出版物的任务，如果能同他们合作出版，岂不是可以解决我们资金不足的顾虑？经商定，《台湾文献汇刊》（7辑100册）由我们两家出版社共同出版，厦大社负责编辑、排版，九州出版社负责印刷，双方共同发行。这一出版项目被列入国家"十五"规划重点出版项目。

大型历史文献《台湾文献汇刊》，经过编者十载整理之功，出版社三年的编辑努力，于2005年初正式出版发行，引起了海峡两岸学术界的高度关注。此次整理出版的《台湾文献汇刊》共7辑100册，收入珍贵文献资料近200种。这些文献资料，绝大多数是分藏于祖国大陆各地的图书馆、档案馆以及散落于民间的孤本、珍本、抄本，也有一部分是近年在日本等国及台湾地区新发现的珍贵文件，具有很高的史料价值和研究价值。这些文献资料，为揭示台湾历史发展变迁，揭示两岸不可分割的文化渊源关系，提供了最原始、最有力的证据。《台湾文献汇刊》的整理出版，弥补了台湾方面在文献史料建设上的不足。在北京人民大会堂举行的出版座谈会上，全国人大常委会副委员长、全国台湾研究会会长成思危指出：这套《台湾文献汇刊》的出版，将会进一步推动有关台湾问题的学术研究。更重要的是能够以扎实厚重文化积累的形式，有力地揭露"台独"分子进行"文化台独"的图谋。《台湾文献汇刊》出版后成为胡锦涛主席访美时赠耶鲁大学图书馆的图书之一。

大型出版工程《台湾文献汇刊》的完成，使厦门大学出版社以"台"字当头的特色愈来愈鲜明。厦门大学出版社将继续以台湾问题研究为自己的出版重点，利用"五缘"优势，依托厦门大学雄厚的学术力量，使之成为台湾研究的出版重镇。

厦门大学出版社：
紧依地缘优势　打造特色出版

厦门大学出版社，一个只有58人的小社，年出版（新版）图书380多种，然而仅2006至2007年就有50种图书获得省级以上各种奖励。据了解，该社2007年实现图书销售码洋6200万元，人均创利超过10万元。一家规模不大的出版社是如何取得如此成绩的呢？为此，记者专访了社长蒋东明。

《出版人》： 听说您非常重视出版社的特色建设，并且把"台字当头"作为厦大社特色的总结？

蒋东明： 是的。厦门大学出版社成立于1985年5月，是福建省唯一的大学出版社。在强手如林的大学社中，如何突显自己的特色，是我们20多年来努力探索和实践的课题。

通过深入的调研和权衡，我们发现，厦门与台湾有着"五缘"（血缘、地缘、文缘、商缘、法缘）的便利，厦门大学台湾研究中心是全国最早成立的专门研究台湾的学术机构，是国家文科重点研究基地。所以我们决定，在"台"字上做足文章。

现在，社里每年出版的图书中，90％为学术著作和高校教材，已形成的特色图书和品牌图书有台湾、东南亚华人华侨研究、会计、财经、法律、广告等，约占60％。建社20多年来已出版有关台湾研究的出版物300多种。

《出版人》： 您能不能具体谈谈厦大社是如何依靠地缘优势形成特色的？

蒋东明： 首先，我们与台湾有关机构合作出版。有一批台湾学者在厦门组成一家"福友企管咨询公司"。我们认为大陆在企业管理方面的图书虽多，但与台湾相比在理念上有很大的差别。且针对性也过于宽泛，所以决定出版一套"福友现代实用企管书系"。我们将这套书系定位在制造行

◎出版人，何文静，2008年第21期

业,由福友公司组稿,我们编、审、校、印,然后双方共同发行。我们首先推出了两种书,即《品质管理》和《管理技术》,定价分别是56元和72元,和同类书相比,价格高出好几倍。虽然价格不菲,可是一上市就热销。

同时,我们也注意开发和积累有台湾背景的作者群。台湾作者的视角和祖国大陆学者有差异,正是这种差异,通过本土化之后,必将给读者带来新的视野。比如厦门大学法学院教授傅崐成,他原是台大的教授,还是台湾地区"立法院"的顾问。他受聘厦门大学之后,专注于海洋法律的研究。我们请他主编一套"海洋政策与法律研究丛书",他已先后推出《海洋法专题研究》《海洋法相关公约及中英文索引》《联合国教科文组织〈保护水下文化遗产公约〉研究》三本专著。这些专著对相关部门有很强的参考使用价值。再比如,随着金门对大陆开放旅游,到金门旅游的大陆人士与日俱增。我们请台湾的有关人士编写了一本《金门斗阵行》(闽南语"结伴金门游"之意)的旅游图书,成为印量颇大的长销书。

我们不仅重视引进台湾的版权、作者,在版权输出方面也以台湾为主要目标。2007年10月在厦门举办的"第三届海峡两岸图书交易会"上,我们新推出的《中国稀见史料》(第一辑),限印150套,每套定价3万元。台湾方面订购非常踊跃,在会上就成交了几十套。除了一般文史类图书外,出乎我们意料的是,台湾方面对我们的法律图书也颇感兴趣。法律图书也是社里的重点门类,在国内市场上占有相当份额。在2007年的这次交易会上,我们一口气与台湾出版商签订了十几种司法类图书的版权交易意向书。

《出版人》:在打造特色的过程中,有什么需要注意的问题吗?

蒋东明:在以"台"字当头打造特色的过程中,我们注意到必须有几项大的、具有传世功能的出版工程,才能使特色立稳脚跟。几年前,我们就计划将大陆有关台湾的文献搜集整理,编辑出版《台湾文献汇刊》。其实20世纪50年代以来,台湾就已经搜集编辑了大型《台湾文献汇刊》,共整理出版各种文献资料400余种。这套文献丛刊成为迄今为止研究台湾历史最基本和最重要的资料,大陆学者从事台湾问题的研究,基本上都引用这套丛刊的资料。但是由于台湾文献资料分存于海峡两岸,台湾整理出版的《台湾文献史料丛刊》是不完备的。

由于我们的力量有限,因此我们与国台办下属的九州出版社合作出版这套丛书。我社负责编辑、排版,九州出版社负责印刷,双方共同发行。这一出版项目当年就被列入国家"十五"规划重点出版项目。

全书于2005年初正式出版发行,此次整理出版的《台湾文献汇刊》共7辑100册,收入珍贵文献资料近200种。这些文献资料,绝大多数是分藏于祖国大陆各地的图书馆、档案馆以及散落于民间的孤本、珍本、抄本,也有一部分是近年在日本等国及台湾地区新发现的珍贵文件,具有很高的史料价值和研究价值。《台湾文献汇刊》出版后成为胡锦涛主席访美时赠耶鲁大学图书馆的图书之一。

架设和谐海峡文化桥梁

——厦门大学出版社为两岸互信提供学术支撑

胡锦涛主席在纪念《告台湾同胞书》发表30周年座谈会上指出:"恪守一个中国,增进政治互信。维护国家主权和领土完整是国家核心利益。"近年来,海峡两岸在"九二共识"的基础上,从缓和、交流、合作进入和平发展的新阶段。"九二共识"已日益得到台湾同胞的认同,成为建设和谐海峡的基础。

和平、稳定、发展是两岸关系发展的大势,也是两岸同胞的共同期盼。厦门大学出版社(以下简称厦大社)通过组织出版一大批涉台学术图书,为两岸互信提供学术支撑,成为架设和谐海峡的一座壮丽的文化桥梁。

一、诠释和谐理据,促进两岸互信

作为中国文化生态圈中的一个区域,台湾的社会文化经济的存在和发展,必然打上中国大陆文化不可磨灭的思想烙印。这种思想烙印的传承不息,是在长期的文化传播及变迁磨合的艰辛历程中锻铸而成的。深层次地探索海峡两岸各个领域的互信互动,不仅对进一步认识台湾与祖国的不可分割有着重要的学术价值和现实意义,而且有助于进一步加强海峡两岸的沟通与合作。

福建与台湾隔海相望,有着深厚的历史渊源。厦门大学台湾研究院是我国最早成立的台湾研究机构,有着雄厚的研究力量。厦大社充分发挥厦门大学的学科优势和人才优势,近年来出版了一大批具有较强的原创性、前沿性的台湾研究图书,为促进两岸互信提供了有力的学术支撑。

厦大社立足两岸关系和平发展的新形势,以厦门大学台湾研究院研究人员为基本作者队伍,提出了一系列台湾研究的新课题,计划出版一套15

◎《中国出版》,蒋东明、宋文艳,2012年第13期种"台湾研究新跨越系列丛书"。丛书由厦门大学台湾研究院院长刘国深教授任主编,选题涉及"两岸政治互信"、"两岸军事互信"、"ECFA与两岸经贸关系"、"海西战略与两岸区域经济整合"、"两岸产业合作"、"台湾历史上的移民与社会"、"台湾文学的发展脉络"、"两岸民众交往的法律问题"等。近年来,两岸经贸关系日益热络,除了表现为交流领域规模的不断扩大外,更表现为制度化、机制化的逐步构建。法律在这一过程中所扮演的角色将越来越重要。本丛书通过"法律—经济—政治"的研究路径,对台湾地区大陆经贸事务立法的历史与现状,以法律为主兼及经济、政治进行系统深入的研究,并从法律价值的角度就台湾地区大陆经贸事务立法进行了客观评析。本丛书的出版对促进台湾地区大陆经贸事务立法有重要的现实意义,对两岸的现实交往将产生积极的助推作用,在出版过程中得到国务院台湾事务办公室的高度重视。

厦大社每年都推出数十种高水平的学术著作,对台湾的历史与现状做全方位的研究,把台湾研究的图书推向了一个多维的高度,加深了海峡两岸的互相了解,增进了两岸的共识。同时将一批学术精品列入重点出版计划,如"台湾女性文学"作为一个独立的研究对象与学术增长点,组织一批女性文学与台湾文学的研究专家,拟推出两岸首部《台湾女性文学史》,这一选题已被列入"十二五"国家重点出版规划项目,并有望填补台湾女性文学史著作的空白。

二、整合学术资源,促进学术互补

"九二共识"是1992年由两岸正式授权的民间团体达成的,是客观存在的事实。认同"九二共识"是两岸开展对话协商的必要前提,也是两岸关系和平发展的重要基础。坚持和维护"九二共识",增进政治互信,才能继续引领和推动两岸关系开辟新的前景。

厦大社整理出版的《台湾文献汇刊》共7辑100册,收入珍贵文献资料近200种,为揭示台湾历史发展变迁、揭示两岸不可分割的文化渊源关系,提供了最原始、最有力的证据,弥补了台湾方面在文献史料建设上的不足。台湾自古就是中国的一部分,大量的文献资料印证了海峡两岸具有割不断的血缘关系,拥有源远流长的历史文化传统。这套文献的出版,用无可辩驳的史实史料证明了台湾与祖国大陆密不可分的历史文化联系,深刻地阐明了台湾的中国属性。史料表明,台湾人民顽强地坚持自己的中国属性不被改变,任何力量都无法改变已根植于台湾人民心中的这种意志。《台湾文献汇刊》的出版,进一步推动了有关台湾问题的学术研究。

在厦大社前不久推出的《走近两岸》中,台湾研究资深专家陈孔立教授以自己的亲身经历,讲述了近30年来两岸学术交往过程中许多鲜为人知的事件,分析了台湾的政治生态及运作特点,有助于了解和把握台湾民众的多元情感与政治走向,在两岸学界产生了重要的影响。被誉为台湾研究领域"南派泰斗"、现年82岁高龄的陈孔立先生,一直活跃在海峡两岸关系问题研究的最前沿。《走近两岸》是陈孔立先生关于海峡两岸关系问题研究的最新著作。陈孔立教授通过到台湾实地考察以及与台湾民众特别是学者、政治人物的长期接触,提出对台湾的深刻认识,注重台湾民意、台湾同胞的政治心理,对重大事件、重要人物进行全面而客观的解读,其中包括了台湾岛内的政治体制及其运作特点、两岸对"一个中国"及"一国两制"的不同解读、对国民党治台的评价、对民进党的评价等两岸关系方面的重大问题。全书记述了1986年至今厦门大学台湾研究院与台湾各界人士(主要是学界)交流的情况,特别是台湾方面对两岸关系的看法,作者与民进党人的交往,以及作者在两岸关系研究过程中与一些同行学者不同的看法及其解决过程等。书中记叙的作者与民进党人士的交往,以及台湾学界与民进党人士关于两岸关系的详细论述、有关理论的提出背景,目前在大陆都是非常珍贵的资料。

三、寻根探究"五缘",促进情感互动

闽台血肉相连,手足相亲。如何通过两岸学者的共同学术研究,充分挖掘福建与台湾的"五缘"(血缘、地缘、文缘、商缘、法缘)关系,对增进两岸情感沟通、互信互动有重要的现实意义。台湾同胞80%祖籍在福建,福建省漳州市是台湾民众最集中、最主要的祖居地,漳台两地的经贸、文化、信俗等交流活动日益热络,是两岸和平发展交流对话的主角之一。出版一套阐述台湾与漳州关系的学术丛书是一项十分有意义的学术工程,可以让两岸民众更加了解漳州与台湾的渊源关系,进而增进理解与认同,促进交流与合作。厦大社与漳州市密切配合,组织有关专家撰写了一套"漳州与台湾关系丛书",从寻根问祖到现实交往,全面阐述了两地的关系,资料翔实,论述精当,为进一步加强两岸的交往发挥了文化支撑作用。

"漳州与台湾关系丛书"共8册,包括《漳台关系史》《漳州人与台湾开

发》《漳台经贸关系》《台湾政要的漳州祖根》《漳州涉台文物》《漳台闽南方言童谣》《漳州芗剧与台湾歌仔戏》和《漳台民间信仰》等,内容涵盖漳台血缘、神缘、人物、文物、地名、经贸、民俗、语言、戏剧等各方面,是一套系统介绍漳台关系发展全貌、展现两岸同根共源,集史料性、可读性为一体的历史专著和通俗读本。丛书全面系统地收集挖掘了漳州与台湾关系史料,展现了漳台关系的丰富内涵,介绍了源远流长的漳台经贸交流历史与各种不同的形式,展示了台湾政要与漳州祖地的血脉源流,以及先民迁徙开发宝岛的历史,并以文物见证了漳台从史前至今各个历史阶段经济、文化交流、发展的进程等。

《漳州与台湾族谱对接指南》是在系统梳理近年来漳台族谱对接成果的基础上编撰而成的。全书分为七部分,详细介绍了漳人迁台历史、各姓迁台概况、族谱对接提要、宗祠庙宇对接、台胞回乡省亲等内容。其核心内容是撰述了千部漳州与台湾族谱对接提要,是在广泛收集漳州与台湾各姓族谱的基础上,经两岸专家学者进行研究对接而成的。为两岸同胞提供丰富、准确的血缘信息,促进两岸和平发展,促进两岸民间血缘文化的交流融合,是一部海内外漳州人知根识源、寻根谒祖的血缘地图和服务指南。

这两套书的出版,推动了两岸之间祖根文化的研究、交流与合作,共同提升研究水平,促进了两岸民众的情感互动。

厦大社坚持学术为本,以学术为纽带,把涉台图书做强做大,在大学出版社中形成了自身的特色,有关台湾的出版物蔚为大观,成为促进海峡两岸文化交流的一座壮丽的桥梁。

打造强壮的"小舢板"

——再谈"独体社"发展之道

编者按：本刊2012年第5期推出的"独体社"专题受到了业内的广泛好评，很多读者给我们来信，表示专题中提出的问题和经验值得借鉴和思考，并希望就此话题进行延续性的探讨。为此，本期我们请来中国妇女出版社杨光辉社长和厦门大学出版社蒋东明社长，继续聊一聊"独体社"的话题。

《出版广角》：首先非常感谢两位社长在百忙之中接受我们的访问。我们知道，部委社和大学社在我国出版体系中占据着相当重要的地位，然而，近年来政府相关部门似乎对出版集团之外200多家"独体社"的发展缺乏"实质性"的指导。当然，如今这些"独体社"的情况也千差万别，强的完全有实力和某些出版传媒集团单挑，差的时时在生死线上受煎熬。所以，尽管政府相关部门一时还未就"独体社"的未来发展给出明确的定位，但"独体社"必须有自己的应对招式。在此，我们请两位社长谈谈对"独体社"未来发展的一些想法。

……

蒋东明：《出版广角》开展的关于"独体社"的讨论很有现实意义。关于在集团化、数字化的背景下，我国中小型出版社在出版产业的作用、发展的道路和面临的困境，不少业内专家都给出了他们的想法，很有启发性。归为"独体社"第一类的就是大学出版社，这是因为100多家大学社基本上都游离于出版集团之外，因此大学出版社更关心"独体社"未来的命运。

厦门大学出版社在福建省不仅是"独体"，而且"孤单"。因为福建海峡出版发行集团几乎囊括了福建所有出版社，只有厦门大学出版社置身其外，又只身地处厦门（其他出版社均在省会福州）。但对于"独体社"的未来，我们还是充满信心。

《出版广角》：当前200多家"独体社"的情况也很不一样，两极分化很

◎出版广角，朱瑜，2012年第8期

厉害,少数几家大社实力不亚于"出版集团"。发挥各自优势,走"专、精、特"之路,也是目前世界出版的常见格局。就你们自身而言,在出版集团化背景下,竞争的最大难题和优势在哪里?

……

蒋东明:大学出版社作为"小舢板",是由她的许多属性所决定的。规模小并不一定做不了大事,关键是我们不要只以码洋和利润来衡量她的优劣。

首先,走专业化和特色化道路已成为大学出版社的基本共识。这是中小出版社在充分市场竞争环境下立足的根本,更是大学出版社自身的优势所在。大学出版社最有可能依托高校的学科优势,形成自己的出版特色,这是别的出版社所无法取代的。

其次,大学出版社的出版人才与大学的教学科研队伍水乳交融,紧密相连。厦门大学出版社编辑队伍的专业特长,基本上涵盖了本校的优势学科。我们社还聘请一些本校的知名教授到出版社兼职,这使得我们出版的目标能密切追踪学科的最新动态。在新的形势下,我们还要改变观念,扩大出版社的原有专业功能,与学校期刊、图书馆进行更有效的实质性合作,甚至于利用孔子学院南方基地、网络学院等进行数字出版合作。在大学这块沃土上,大学出版社是大有可为的。

再次,中小型出版社组织精干,协调性更好。出版社应对市场或服务读者方面,时机是非常重要的。没有长时间的扯皮,没有冗长的出版程序,决策的效率往往决定了效益。这就是"小舢板"的灵活优势。

《出版广角》:在"独体社"的生存路径和盈利模式探索上,请两位社长跟我们一起分享成功的经验和做法。

……

蒋东明:古今中外,从事出版业的人都要有点理想主义色彩。这是因为世人所应具备的崇高的人生价值观和科学精神,都是从出版物中一点一点吸取的。因此,这个行业的人永远都要担负着对读者正面教育的责任。数字技术和互联网技术的飞速发展,使得人们接受知识的信息泥沙俱下。但互联网的各种博文,充其量只能作为"发表"的一家之言,而不是所谓的出版。出版的这种特性,使得从事这项工作的人,任何时候都不能只把经济利益挂在前面。对专业出版的追求,需要的唯有坚守、选择专注、长时间努力,才有可能独创特色,形成优势。我常说,所谓做大做强,就是在某一领域,你的产品最全、最精、最深。这点虽然说得容易,实践起来却很难,但对于目前的大学出版社，都正走在这条路上，并已尝到甜头，个中的甘苦冷暖，已然相知。

我接触过许多港台出版商，特别是最近到英国伦敦参加书展，与一些海外出版机构做交流。他们对于出版业的理想主义追求，对于如何尽力满足读者的需求，对于出版走专业化和特色化的道路，几乎都有近似的看法。当我们在不遗余力地扩充规模、强扭入伙、打造集团时，我们是否认真思考过出版的自身发展规律？

《出版广角》：联盟或集团化，会不会成为"独体社"未来发展的一种可能？

······

蒋东明：优秀图书可以没有高深和大众之分，但却有编辑和作者水平之别。《读者》是一本定价只有 4 元的杂志，但它却吸引千万读者，影响几代人的心灵，《读者》杂志的编辑是很了不起的。对于众多的出版社，无论是庞大的集团，还是寥寥几人的小社，最重要的人才都是富有激情、拥有品位、甘为作嫁、踏实前行的出版人。即使出版集团再庞大，一本书的产生也是由少数几位编辑策划出来的。

说到底，出版业是智力密集型的产业。业内人士都知道，投资巨大、装帧考究、皇皇巨册的图书，大都是用来撑门面、赶评奖或不差钱的形象工程。书在市场上之所以为读者所喜爱，是因为埋藏在书里的思想光芒和艺术魅力。读者对于出版物，他们只选择自己喜欢的作品，而不太注重出版社的大小。从这个意义上来说，资本雄厚和规模庞大并不是产生优秀出版物的第一要素，而是出版者的眼光和品位。

《出版广角》：感谢两位社长与我们分享以上观点和宝贵经验。正如两位社长所言，不少"独体社"发展后劲很足，尽管当前有些政策还不明朗，但依然不乏中流击水各领风骚者，这使得我们对未来充满信心。再次感谢两位社长。

出版浪潮中的独立思考

"绝大多数的大学——从校长到教师——对出版社的期望是：通过出版社出版的优秀学术著作和高水平教材，来提升本校的学术影响力，这比多交些利润更为重要。"（蒋东明）

许多有识之士认为，转企改制对大学出版社变化不大，或者说意义不大。这听起来好像令人沮丧，但事实确实如此，至少大部分大学社是如此。以至于在面对中国出版业出现市场化、集团化、兼并、重组、上市、融资、规模扩张的浪潮中，大学出版社大多束手无策，人心惶惶。我倒以为，大学出版社应正视两个问题：一是你的出资人（母体学校）对你的期望；二是你是否能满足这个期望。

既然母体学校是大学出版社的唯一出资人，那么从现代企业制度来说，学校对出版社发展的思考和决策就是决定性的。我所了解的是，绝大多数的大学——从校长到教师——对出版社的期望是：通过出版社出版的优秀学术著作和高水平教材，来提升本校的学术影响力，这比多交些利润更为重要。这个期望就决定了大学出版社的生存和发展空间只能在学术出版。因此，在汹涌的出版浪潮中，我们更应冷静地扪心自问：我们能满足出资人的期望吗？

其一，我们大学社的出版队伍建设好了吗？出版是一门专业性很强的工作，其中人的素质和能力最为重要。面对学术出版的重任，面对年轻队伍的成长现实，面对新的用人机制环境，我们的队伍还有职业自豪感和为人作嫁的理想吗？我们的专业水平能达到要求吗？这几年，我社下功夫培养年轻编辑，在几次全国出版社青年编校大赛中，以我社年轻编辑为主的福建代表队屡获佳绩，得到省版协的高度赞扬，也受到同行的认可和尊重。

◎中华读书报，刘妍，2013年10月16日任何时候,只要自己的事情做好了,你就拥有核心竞争力。

其二,大学的出版资源已经深入挖掘了吗?大学出版社依托大学,这是我们的优势所在。但我们也许忽视了身边的出版资源,而一味望着他山的美景。学校的各个部门,都有出版的潜在资源。教学科研部门自不待言,需要我们不断跟踪教学改革需求和学术动态,我们要避免只盯着名家而忽视年轻学者;学生也是出版资源的宝藏。我校一位学生到西部支教,我们出版了他的亲身经历《把梦留住》,感人的内容吸引了学生、教师和领导。此书由校党委书记题词,校长作序,形成很大的影响,也为学生思想政治工作出了一分力。围绕宣传学校,我们还有很多事可做,关键是我们要真正深入。

其三,我们真正做好学术出版了吗?学术出版是以其知识创新和理论创新为标准的。要达到这个目标,首先要求我们的编辑是学者型的,选题确立是严格的,编校质量是过关的,宣传是有效的,营销服务是到位的。我们不仅要重视成系列的、装帧精美的丛书套书,也要做好单本书、小册子的学术书,只要它是值得出版的。在做好学术出版,尤其是学术规范方面,我们还有太多的事还没做好,但只要持之以恒,就能以学术高度营造大学社的品牌,而品牌就是你的生命。

我对大学出版业充满乐观和信心,尽管前行的路并不平坦。

坚持特色方能形成品牌

对于中小型大学社,走"专、精、特"的专业化出版道路是必然的选择,同时,也只有大学社才有可能走好"专、精、特"这条道路。一方面,对于大多数中小型大学社来说,人力、财力、作者资源占有等的实力远达不到可以全面出击、出版范围无所不包的程度。另一方面,大学社具有先天的一些优势。

记者:2013年厦门大学出版社的整体发展情况如何?

施高翔:2013年,厦门大学出版社始终坚持学术为本、教材优先的出版战略不动摇,通过全社上下积极努力,我社在出版图书品种数和出版码洋上均有10%左右的增长,销售额也相应提升。高校教材的出版品种数稳定在出书总量的70%以上,教材出版码洋和市场占有率均有增长,特别是在福建省内仍然占有稳定的市场份额。

2013年,我社获得了多个重要奖项。《菲律宾华人通史》《台湾海峡常见鱼类图谱》两书入选第四届"三个一百"原创图书出版工程,这是我社连续四届有图书入选。《房地产大周期的金融视角》获第三届中国大学出版社图书奖优秀畅销书奖一等奖,《人群·聚落·地域社会:中古南方史地初探》获第三届中国大学出版社图书奖优秀学术著作奖一等奖。《全球不平衡发展模式:困境与出路》《怎样读书》在"全国图书馆2012年度好书推选"活动中,入选"全国图书馆推荐书目(2012年度)"。

除此之外,我社在重点图书的策划和出版方面也保持了较好的发展势头。如出版了《城镇化大转型的金融视角》《福建翻译史论》《中国会馆志资料集成》《闽商发展史·总论卷》等一系列有影响力的学术专著。

作为台湾研究的出版重镇,我社在台湾研究出版方面,继策划出版

100册的《台湾文献汇刊》后，2013年又策划该汇刊的续编《台海文献汇刊》60册，该系列的编选队伍集中了强大的学术研究力量，编辑质量上较《台湾文献汇刊》会有较大的提高。该系列从2013年开始编辑，争取在2015年出齐。华人华侨研究出版方面，国家"十二五"重点出版规划图书《菲律宾华人通史》正式出版，填补了菲律宾华人研究很多方面的学术空白。在古籍整理出版方面，我社2013年出版了《中国会馆志资料集成》（第一辑，共10册），收录了清末及民国时期的各地会馆志近10种，这是我国第一部系统整理、研究并正式出版的会馆志。

记者：如何在教材出版乱象之中求得生存并传递正能量？

施高翔：目前的教材出版市场乱象频发。一是，教材同质化严重，缺乏原创性，抄袭现象可谓成风，出现了一部分作者在多个出版社出版内容基本相同的教材的现象。二是，教材质量低劣。只要有市场，出版社对教材写作者没有门槛要求。三是，市场竞争无序，出版商通过采用各种不正当手段来获得市场，其中有：给予征订教材的教师返点；帮助教师在一定级别学术期刊上发表论文，甚至代写代发论文；只要高校使用一定量的教材，即可在专为该校印刷的教材上，将有决定权的教师作为挂名作者甚至是主编，有的甚至可为该校专门改头换面，编出以该校教师作为主编的教材；有的出版社对教材出版完全不履行监管权，将教材出版和营销工作外包给合作公司，任由这些公司采用各种不正当手段。

尽管教材市场如此乱象丛生，但我社依然坚持自己的态度。一方面，我社在教材出版和销售上做到了"三个坚持"：坚持不在学术上造假，不是真正的主编、副主编、作者，坚决不让在教材上挂名；坚持不打价格战，采用统一的教材折扣；坚持不采用不正当竞争手段，以教材质量和服务来赢得市场。另一方面，我们积极在提高教材质量、做好配套服务、做好营销工作等方面进行努力，力求在市场中占有一席之地。为了提高教材质量，我们主动出击，策划、组织高质量的教材；在教材编写前，拟订好细致、严格的编写规范要求；严格挑选作者，保证教材的权威性；对教材精编细读，保证教材的编校质量；保证2～3年推出一个修订版，对教材及时更新，紧跟学科最新发展趋势，反映最新学科进展；积极做好教材配套服务，出版的教材基本上都有配套课件。同时，对于重点教材，我社专设网站，及时将最新的素材提供给教师，并积极做好教材营销工作，主动与授课教师交流、沟通，了解他们对教材的需求及对教材的修改意见；到各高校做好教材巡展工作，让教材能与有关教师见面。

记者：在教材服务方面，厦门大学出版社是否进行过尝试？

施高翔：高校教材出版是我社的主要出版方向，对此我社予以了高度的重视，教材出版量占全社出书总量的70%以上。近几年来，教材竞争进入了白热化阶段，各家出版社使出各种解数以赢得一席之地。虽然，目前教材市场竞争仍显得较为无序，但通过一段时间的竞争后，越来越多的出版社意识到，真正要在长远的竞争中立住脚跟，不是靠一些不正当手段，而是应从做好服务着手。出版社需要从单一的教材出版商转变为教学服务供应商，出版社要能提供教材相对应课程的整体解决方案。

近年来，我社一直在这方面进行努力，目前我们做了以下几方面的实践工作：一是我们从教师上课的需求出发，为教师提供与教材相配套的课件、教辅材料、试题库等。为了这些材料能及时更新，近年来，我们针对一些公共课教材开设专门的网站，提供课件、题库等资料。随着需求的增加，我们现在开始邀请该学科的权威学者或协会负责人等来组织团队进行网站维护，让网站增加互动性，教师可以提问，请网站负责人来解答上课中或研究中遇到的问题。网站及时提供学科最新发展、协会的相关学术活动信息，发布的内容都具有一定的权威性。经过几年的努力，我们办的这些网站均得到了相关任课老师的认可，网站的功能也在进一步的开发中。二是做好教师培训工作。近几年，我们从学科建设出发，出版了一些教材，这些教材所涉的课程却面临着两大问题：缺乏师资，教师教学水平不高。针对这些情况，我们主动承担起了教师培训工作。通过连续数年的培训，教师的教学能力明显提高，教学呈现规范化，有的教师还具有了一定的科研能力。三是搭建学术交流平台，承办学术研讨会等。在教材编写过程中我们发现，有不少教师缺少学术交流机会，同行间的交流也甚少，这对提高教师的科研能力不利。为此，我们积极搭建平台，举办学术研讨会，创造条件让教师间进行多方面的交流。通过以上几方面的服务工作，我们得到了教师的肯定，同时，我们也获得了较为稳定的教材市场份额。

记者：中小型大学社如何走好"专、精、特"的专业化出版的发展道路？

施高翔：对于中小型大学社，走"专、精、特"的专业化出版道路是必然的选择，同时，也只有大学社才有可能走好"专、精、特"这条道路。一方面，对于大多数中小型大学社来说，人力、财力、作者资源占有的实力远达不到可以全面出击、出版范围无所不包的程度。另一方面，大学社具有先天的一些优势：首先，大学社具备走专业化和特色化道路的自身条件。大学社处于高校中，最有可能依托高校的学科优势，形成自己的出版特色，这是别的出版社所无法取代的。其次，大学社的出版人才与大学的教学科研队伍是水乳交融、紧密相连的，他们都具有某一学科的研究背景，可以长期跟踪学科发展动态，能将某些门类的图书做精、做透。对于大学社来说，坚持专业出版、特色出版是根本。有特色才能形成品牌，而图书的市场占有率需要品牌的支撑。

对专业出版的追求，需要的唯有坚守，选择的专注，长时间的努力，才有可能独创特色，形成优势。我社作为一家中小型的大学出版社，一直坚持走"专、精、特"的专业化出版道路，紧紧依托母体大学的学科和人才优势，坚持在自己的特色门类上做强品牌，找到自己在出版界的应有地位。现在，我社集中力量在经管、法律、广告学等学科的教材和专著上做出品牌，并继续在努力做大做强；在台湾研究、东南亚与华人华侨研究等特色学科方面，我们每年都会安排不少选题，将这些特色门类做精、做透。近几年通过一系列的努力，我们在古籍整理出版方面开始崭露头角，这是我社今后要重点发展的一块新的专业出版领域。

出版专注度决定品牌拓新度

厦门大学出版社近年来，在坚持走学术出版、教育出版路子上，思路更为清晰、选择更加专注。厦大社有自己的优势，她是福建省唯一的大学社，又是全国百佳图书出版单位，在近30年的发展历程中，较好地形成了自己的学术品牌。特别要说的是，在《中国出版传媒商报》发布的海外馆藏"中国图书世界馆藏影响力"报告（2014版）中显示，厦大社跻身"2013中国图书世界影响力评价"出版百强，影响力排名位居全国大学出版社第13名。该排名比较公正而客观地反映了中国大陆出版机构的国际影响力，受到业界、学界的高度认同。

2014年，厦大社推出的《台海文献汇刊》（60册）、"南海海洋研究丛书"、"中国金融大变革丛书"等都是围绕学校特色优势学科的出版工程。同时，厦大社在与福建省各高校的合作方面迈开步伐，与多家高校签订战略合作协议，并开展了有规划、实质性的工作，如与闽浙赣中央苏区的本科院校将合作进行"中央苏区的革命史、财政史、军事史"的专题研究。厦大社与部分高校合作的《闽商发展史》《福建海洋发展战略研究》等都是不断开拓的新成果。作为大学出版社，我们的市场和服务对象在大学，这里有丰富的宝藏，关键是我们对学术出版的专注度。

2014年，厦大社在"台湾问题研究新跨越"的出版工程方面，规划了新的蓝图。首先，围绕着实现中华民族伟大复兴的"中国梦"，福建省对台工作要有大思路、大步伐，在经济、文化方面要赶超台湾地区，为两岸和平统一作出独有的贡献。厦门大学作为"211"、"985"工程高校，在其中将起重要作用。学校将台湾大学作为厦门大学赶超的对象，将全面深入研究学习台湾大学，加强与台湾大学的交流。刚刚通过的"国家2011协同创新计划"，厦门大学"两岸关系和平发展协同创新中心"名列其中，这意味着台湾

◎中国出版传媒商报，蒋东明，2014年10月28日

研究将是厦门大学特殊的使命。作为"台湾研究出版重镇"的厦大社,长期以来出版了一大批有影响的台湾研究方面的学术著作和文献图书。在新的背景下,厦大社在"台湾问题研究新跨越"的出版工程设计上,提出新思路。出版社把策划组稿的范围扩大到福建省几所具有台湾研究实力的高校,与它们共同规划台湾研究的出版项目,如福建师范大学、闽南师范大学等,近期已推出《台海文献汇刊》(60册)、"漳州与台湾关系丛书"(8卷)等。今年10月,厦大社参加在台北举行的"海峡两岸图书交易会",深入开展两岸的文化交流活动。厦大社与台大出版中心过去曾有过良好的交往。厦大社还计划组织人员赴台,专门到台湾大学了解其出版工作,进行出版合作,并就两岸出版的技术规范、繁简体问题、专有名称统一等问题进行商讨。大学出版社要服务大学教学科研,只要瞄准大学教学科研活动的需求,就会大有作为。

  数字出版方兴未艾,厦大社也发挥原有基础优势,把自行研发的"南强出版管理系统"不断扩充和完善。这套系统不仅是出版社管理工作的必需手段,更是数字出版的基础条件。我们往往重在出版物产品的数字化形式,往往期望在网上建平台、建PPS,但都遇到后续乏力的现象。其实,在编辑、出版、印制、文档管理、营销手段以及出版流程管理上,都必须进行数字化的工作。"南强出版管理系统"通过长期运行,使得厦大社在这方面的工作有了坚实的基础。社里的书稿文档、编校文档、三审文档、封面设计文档、销售记录、财务资料甚至作者文档,都可以很方便地查询、比较研究,这些基础工作的扎实推进对数字出版工作也会起到至关重要的作用。"南强出版管理系统"正以其优势受到越来越多出版社的青睐。

守住理想，耐住寂寞

目前，全国大学出版社基本完成改制工作，同时，不少大学出版社也都进入"而立之年"。改制，使得主办学校对出版社工作更加重视，聚集了更多的出版资源；而进入"而立之年"，意味着大学出版社度过草创时期的懵懂和无奈，更有能力考虑自己的发展前景。

总体来说，经过50年的发展，大学出版社已有了基本的共识，就是大学出版社应以学术出版为根本，发挥学术出版方面的优势。要生存下去，经济效益必不可少，但大学出版社应始终把自己的生存方式寄托在学术出版上。尽管出版的市场变化莫测，但出版比拼的还是专业化。英国剑桥大学出版社，这个在世界学术出版居于领先地位的出版社，其理念就是"以商业形式配合她至高无上的目标"。我国目前的学术出版规模巨大，学术出版工程放量剧增，国家对学术出版的扶持力度不断加大，学者与出版者对学术出版的热情持续增长。但学术著作的整体水平不高、精品不多，出版者的挖掘整合工作仍很繁重，学术出版的空间和机遇还很大。

大学出版社对母体大学的依存度很高。应该说，通过改制，主办学校对出版社的要求更加明确，更加重视。最近召开的厦门大学第十次党代会报告中，对学校出版单位提出明确的要求："加强期刊、出版等高水平学术载体建设，着力提升学术影响力。"这一要求明确了出版社的职能是学术载体，今后的任务就是继续不断地提升出版物的学术影响力。同时，由于改制而成立的董事会，将学校的许多部门资源整合进来，为出版社发展提供了机遇。

也有部分主办学校提高了对出版社的利润上缴要求，使得出版社经济压力增大；有的出版社引入行业外资本，扩充自己的主营业务，如涉足房地产、教育培训或其他文化产业；也有的出版社自我扩展，加大在异地办工作

◎出版人，蒋东明，2013年第10期

室、分社的步伐。在数字出版方面,各社虽然一直非常重视,但仍然苦于"盈利模式"的欠缺而只能徘徊。对于众多游离于大型出版集团之外的大学出版社,前面的路怎么走还在摸索中。但我认为,坚守住大学出版社的理想和信念,耐住寂寞,静下心来,认真做好学术出版的工作,这才是大学出版社生存发展的有效途径。

让出版工作充满创造性的诗意和愉悦
——访厦大社蒋东明社长

记者： 2006年4月6日，是厦门大学建校85周年的大喜日子。历经85年峥嵘岁月，素有"南方之强"的厦门大学不断把学科优势、区位优势转化为人才培养优势，培养了一大批国内外各行业中的翘楚。建社20余年的厦门大学出版社，在厦门大学的发展中扮演了怎样的角色？

蒋东明： 首先，感谢《大学出版》杂志和您对厦门大学出版社多年的关心和支持。我想，无论从任何一个层面来探讨大学出版社的功能，摆在第一位的一定是大学出版社如何对大学的教学科研及整体学术水平提升起推动作用。85年来，厦门大学取得辉煌成就，引人注目。跨入新世纪以来，厦门大学明确提出要办成一所"世界知名的高水平研究型大学"，其中很重要的工作就是要把学校的资源用在最有效提升学术水平上。厦门大学出版社作为厦门大学的有机组成部分，它的目标与学校的发展目标是一致的。厦门大学领导对出版社的发展非常支持，办社思路也很明确，学校一直把出版社作为教学科研的一个重要的支撑条件，在努力提高它的水平和影响力的过程中，真正使出版社成为厦门大学的一个窗口。朱崇实校长多次谈道："大学出版社固然要讲经济效益，但它更重要的使命是能够促进它所在大学的整个学术水平的提高，如果它不能实现这个目的，作为大学出版社也就违背了创办它的初衷。"建社20多年来，同其他大学出版社一样，我社为本校教师出版了大量的学术著作和教材，极大地推动了我校学科建设和人才培养。可以说，我社在厦门大学发展中一直扮演着扶植学术新秀、传播厦大学术成果、展示厦大学术成就的重要角色。厦大70周年校庆时，我社出版了首辑"南强丛书"15部（分学术著作、教材两个系列），此后又陆续出版了数辑。"南强丛书"已成为厦大的一个很好的学术品牌，成为展示本校优势学科、特色学科、前沿研究成果的一个重要窗口。

◎大学出版，曹巍，2006年第3期

另外,我要补充的是大学出版社的另一个非常重要的角色,就是通过它的特殊作用来整合学校不同学科的研究力量,搭建创新学术平台。我社获得第十四届中国图书奖的《透视中国东南:文化经济的整合研究》的出版过程,就是一次研究力量的整合过程。长期以来,厦门大学在中国经济史方面有着雄厚的研究实力,同时在研究中国东南的历史、民族、宗教等方面也拥有一批堪称一流的专家学者,但一直囿于单兵作战、各自为域的研究方式。正是通过我社提出这样的选题思路,将厦大乃至其他高校、研究单位的研究力量进行整合,以中国东南经济发展为主线,研究该区域的文化经济特质。在该书的首发式上,我校朱崇实校长高兴地说:"在出版过程中,不同研究方向的专家,不同单位的学者,为了同一个研究课题走到一起来,这是一次成功的整合,它的合作模式是非常有意义的。"在强调学科交叉、优势互补的今天,出版社所扮演的角色是其他部门所无法替代的,这也充分显示出大学出版社对大学的教学科研所起到的重要推动作用,从某种意义上讲,它促进了所在大学的整体学术水平和影响力的提升。

记者:作为一家不到40人的小型综合性大学出版社,厦大社一直保持着良好的发展势头,在出版方向、人均创利、图书获奖率等方面都有不俗的业绩,曾四次荣获中国图书奖。经过20余年的发展,厦大社逐步形成了自己特有的图书结构和品牌影响力,取得了有目共睹的成绩。您认为厦大社可持续发展的最重要的因素是什么?

蒋东明:建社20多年来,我们一直在努力寻求发展的机会,经过几代人的不懈努力,确实取得了一定的成绩。如果要仔细探究这里面的最重要的因素,我认为还应是做好"人"和"书"的工作。人的重要性不言而喻,但人的个体差异是客观存在的。我们要做的工作就是如何充分利用身处大学校园这一优势,建立起有自身特色的企业精神和文化,创造一个能让每个员工真心实意,充分激发自身潜能和富有竞争力、亲和力的工作环境。只要他的潜能发挥了,他就是人才;而做"书"则坚持"选择的专注"。作为福建省唯一的大学出版社,我们每天要面对许多选题的选择。当不同的选题信息纷至沓来时,我们要明确我们的选择,那就是"学术为本、教材优先;依托学校,凸显优势"。正是这种理念长期主导我们的出版工作,使我们能专注出版我们的优势学科方面的图书。作为一家不到40人的小型综合性大学出版社,我们一直保持着很好的发展势头,其重要原因就是我们始终坚持大学出版社的出版理念,以构筑特色、树立品牌、出版学术精品、弘扬大学精神为目标。我社的这种图书结构比较合理,也容易产生品牌影响力。在国内众多出版社争相去做教材教辅的热潮中,我社一直不为所动,一直不涉足中小学教材教辅的出版,就是因为我们认为在这方面我们没有太大的优势。

记者:厦门与台湾一水之隔,对台文化合作与交流有着明显的区位优势,厦门又是华侨之乡,尤其东南亚地区广布福建籍华人。凭借这一得天独厚的地缘优势,厦大出版社出版了一系列在国内外有影响力的图书。现在两岸关系发生了新的变化,中国的发展正对东南亚乃至世界产生更多更大的影响,能否谈谈厦大出版社在这方面未来的构想?

蒋东明:如您所说,厦门与台湾、东南亚确实有着得天独厚的地缘优势。厦门大学的台湾研究和东南亚华人华侨研究历史悠久,并已成为国家的文科重点研究基地。目前,厦大台湾研究院已与台湾地区24所高校、63个研究所和34家媒体建立了学术联系,厦大已成为祖国大陆对台教育、科技、文化交流最为活跃的高校之一。我们要充分利用这一有利条件,将此类图书做深做透。20多年来,厦大出版社出版了大量有关台湾和东南亚华人华侨的政治、经济、法律、历史、文化、社会变迁等方面研究的图书。特别值得一提的是,"十五"国家重点出版项目,百册之大型史料图书《台湾文献汇刊》,这套书所受到的关注,超出了我们的想象。我们分别在北京、福州、台北举行了首发式,作为胡锦涛主席2006年访美赠耶鲁大学图书馆的图书之一,这套书受到了海峡两岸学者的广泛好评。我社有两项关于东南亚研究的选题已经列入国家"十一五"重点图书出版项目,即"东亚华人社会:经济与社会资源研究"和"吧国公堂历史档案研究"。我们希望在这一领域出版更多有深度、有权威、成系列的图书。过去,我社引进版权或直接请台湾学者撰写的经济、管理方面的图书,也有很好的市场,这方面我们还将继续进行下去。

记者:市场经济是诚信经济,最讲究"诚信"二字,只有诚信,才能"可与为始,可与为终"。您曾说过"商战的真谛就是做人之道",20多年来,厦大出版社在图书市场上赢得了良好的声誉,您如何看待诚信原则在出版经营中的作用?

蒋东明:诚信是道德体系中的基石,也是个人、团体、国家和民族据以行动的一种非常珍贵的资源。市场经济是诚信经济,最讲究"诚信"二字,如果以为市场经济可以投机取巧、坑蒙拐骗,那就大错特错了,其结果必定为市场所淘汰。多年来,我和我的同事一直认为我们并不是一般意义上的商人。我们与人交往做不到"见面三分熟,满嘴跑世界",但这并不妨碍我们把经营工作做好。出版工作是需要市场竞争的,我们国家目前的市场经济大环境还存在着诚信的缺失。但从事出版工作这么多年的经验告诉我们,市场经济要靠产品的质量,要靠以诚相待。我们讲究做人第一,要热情、真诚、守信;做事认真,要遵纪守法,关注细节,做好小事,善始善终。我们每天要和作者、学校师生、政府机关、书店、印刷厂,甚至是税务、工商部门打交道,一时的蒙混也许过关了,但它长久不了。我提出"商战的真谛就是做人之道",得到了大家的理解和响应。我们的业务员与书店、出版人员与印刷厂、编辑与作者乃至出版社人员与主管机关、执法部门的交往,尽管开始沟通可能不顺畅,但只要遵循这一原则,都能取得很好的效果,最后彼此都能成为好朋友,他们甚至会经常主动支持我们的工作,帮我们想办法。凡与我们打过交道的部门同志都会这么告诉我,你们社的人实在,与你们做事让我们放心。做人以诚,做事以实,彼此心坦诚,没有什么解决不了的问题。我社任何制度的制定,都是围绕着诚信经营来展开的。虽然目前我国社会主义市场经济的法制环境和信用环境尚不健全,但诚信原则仍然是最根本的经营之道。我认为,这就是一种企业的精神和气质,它是最不容易得到的,因而也是最为宝贵的。

记者: 您在一篇文章中说过这么一句话,"出版社的发展是从赢得人才开始的,同样,出版失去市场也是从失去人才开始的",由此可见,高素质人才在出版社发展中起到多么重要的作用。作为社长,您认为营造一个健康愉快的工作环境,激发员工的创造性,对出版社意味着什么?厦大社在"人本管理"方面主要做了哪些工作?

蒋东明: 谢谢您还抽空看了我在《中国出版》2005年第9期上发表的《大学环境中大学出版社的"人本"管理》。在那篇文章里,我谈了自己这几年当社长的一些管理方面的体会。前面提到,出版社的可持续发展主要是做好"人"和"书"的工作,其中做好"人"的工作最为根本。我社几任领导都把"以人为本,构建和谐团队"作为"人本管理"的主要内容,极力倡导"把出版社办成一个温馨的家"。我把它总结成几方面的内容:一是以德服人。管理者自身的德、识、才、学和人格魅力及容才胸怀是吸引人才的关键。班子的团结和事业心是最重要的,以身作则是最有说服力和号召力的,是形成团队精神的一面旗帜。二是以情感人。管理者要善待员工,彼此真诚,共建温馨集体,要关心他们的生活、家庭,更要关心他们的学习机会、成长机会。一个团队健康温馨的人际氛围是千金难买的,一定要十分珍惜,百倍呵护。三是因才用人。每个员工都是智力资源的宝库,就看你怎么打开。把最合适的人放在最合适的岗位上,这是一种用人的艺术。四是民主集中。没有员工的充分参与,是不可能管好企业的。在涉及企业发展的重大问题和职工切身利益问题时,一定要多听员工的意见,尽量做到公正、公开、公平,使得我们的决策都是在集思广益基础上产生的,这是能否真正调动员工积极性的重要因素。但在民主的基础上,一定要有集中。要建立科学的议事决策程序,防止个人独断专行。如果要更简要地说明,我想就是"和谐"二字。汉字"和"是"禾"加"口"的组合。"禾"就是稻米,有口就要吃粮,其实就是体现人的奉献所得到的回报;"谐"就是人人皆能言,让人能畅所欲言,有想法就愿意说出来。人的努力能得到包括精神和物质的回报,人的思想能得到飞翔而不用左顾右盼,这样的工作环境能不愉快吗!

记者:《大学出版社的定位是什么》《大学出版社的真正理想何在》《大学出版社与大学应保持怎样的关系》《大学底蕴造就出版品质》,您的这些文章无不闪烁着一位孜孜追求的大学出版人的理想主义情怀和勤勉探索的足迹。在您身上,出版这种实践性很强的工作总是能与诗意的创造激情结合在一起,这种结合使得出版不再是一件乏味的工作,而是一种具有很强创造性和理想价值的工作。在普遍追求码洋利润的出版潮中,您是如何看待出版这种富有创造性和理想价值的事业?

蒋东明:您提出的这个问题也是当前大家最为关心的问题。我认为,大学出版社改革和发展的出发点和落脚点都应与大学紧密相连。大学是公益性、社会服务性的机构,赚钱赢利不是它的专长。没有任何一个国家的大学把赚钱和赢利作为自己的目标。大学的使命是提升和促进整个社会文明科学的发展和创新能力的提高。大学出版社要利用从属大学的地缘优势,依托大学的学术力量,从出版方面反映大学的学术成就,弘扬大学的学术风范,从而提高全民族的文化素质。这不仅是时代的要求,也是大学出版社自身的优势和生存之本。

在我国,大学出版社一般都建在重点大学里。而重点大学所要培养的人才,不是简单地使受教育者拥有一技之长,而是要让他们拥有更广阔的知识、更完美的人格,无论在思想上、专业上都要对社会承担更大更深远的责任。一句话,重点大学不仅仅是在训练一种人力,更重要的是肩负着塑造人格的重任。其次,在传播知识方面,大学是出思想的地方,是科学研究和传播的圣殿。重点大学应有超越世俗社会的勇气,拥有绝对的理想主义色彩,成为科学与人文精神的建设者和守望者。在为社会服务方面,虽然重点大学是为我们这个社会服务的,但这种服务却是目光远大的,它并不一定立刻要满足我们这个社会的即时需要,而是着眼于社会的更长远的利益。只有这样,这些重点大学才能为社会做出最大的贡献。前浙江大学校长竺可桢曾说:"大学是社会之光,不应随波逐流。"可以说,集中了知识精华的重点大学,在追求办学条件和办学规模的同时,最不能缺失的是它的办学理想。

大学出版社作为重点大学的一分子,无疑应把这种理想融入自己的追求,并成为这种理想的实践者。因此,对大学出版社来说,在纷繁复杂的市场竞争中必须时刻保持着那份理想主义的色彩。我们经常要求社里的同志要始终对出版工作保持一种激情,并制定了全员的选题策划制度,每个人都关心出版的全过程。作为大学出版社这样一个有特别内涵的文化机构,就要把自己摆在推进和弘扬大学学术成就这样一个地位,走一条学术化出版的道路,把出版优秀学术图书作为自己的办社理想,并不懈追求。如果我们大学出版社能够专注于学术积累,形成自己的特色,而不仅仅关注码洋和利润,那么我们的工作不仅会对学术发展和思想传衍做出自己的贡献,还会因其不可替代性获得学校和社会的认可。

面对生存的危机,谁敢在商不言利?事业与商业的对立统一,在今天依然是出版工作者的一个主要矛盾;探讨文化与商务的平衡,追求二者之间融合中的超越,仍是出版界有识之士共同关注、常谈常新的问题。我们致力于创造一种健康和谐的工作氛围,我们追求一种"同仁式"的同事关系,我们要把每天琐碎的工作与读者灿烂的笑容联系起来,这样,我们的工作就会是一份创造性的诗意的愉悦。再次谢谢您的采访!

《蔷薇之旅生活家》人物访谈《光阴的故事》
——厦门音乐广播电台洪岩主播专访社长蒋东明

2012年11月7日(11日重播),FM 90.9兆赫厦门音乐广播电台的《蔷薇之旅生活家》人物访谈《光阴的故事》专题节目,洪岩主播专访了厦门大学出版社社长蒋东明。

(预告)他毕业于厦门大学物理系,1987年开始从事大学出版社工作。在20多年的出版人生涯中,他发表了几十篇出版专业论文,出版有学术研究专著《李政道传》《高科技时代》等,并荣获中国大学出版社第二届高校出版人物奖。在2009年新闻出版总署首次对全国经营性图书出版单位的等级评估中,厦门大学出版社被评为"国家一级出版社",并荣获"全国百佳图书出版单位"称号。11月7日、11日15点到16点30分《蔷薇之旅生活家》人物访谈《光阴的故事》,洪岩专访厦门大学出版社社长、厦门市作家协会理事蒋东明,欢迎收听。

洪:周日的厦门,阳光正好,微风不燥。大家好,我是洪岩,与您分享收获的喜悦,我的新书《正在直播——洪岩空中访谈》全面上架,期待您的支持。

……

欢迎您继续锁定 FM 90.9 兆赫,全城收听率第一的厦门音乐广播,接下来收听《蔷薇之旅生活家》,我是洪岩,要在这里问候所有的听众朋友下午好,欢迎您继续关注我们的节目。又到了人物访谈的时间了,很多的朋友,应该说是越来越多的朋友都告诉我说,特别期待今天这个单元。今天我们"光阴的故事"请到的嘉宾是来自我们厦门大学出版社的社长蒋东明,我们要用最热烈的掌声欢迎蒋社长光临我们的节目。

洪:蒋社长好!

蒋:主持人好!听众朋友们大家好!

洪:我要先介绍下我跟厦门大学出版社的渊源。早在9年前的2003年,我们厦门音乐广播在厦大出版社出版了《美丽十年》这本书,当时就认识了蒋社长,还有一大群非常可爱的厦大出版社的领导、编辑、印刷厂的师傅。我觉得他们对我都特别好,记忆犹新。今年我又出版了《正在直播——洪岩空中访谈》,在准备出版之前,我都觉得没什么第二考虑,就直接联系厦大出版社。最近蒋社长也特别的忙碌,一年当中您有没有分春夏秋冬或者哪个月份、哪个时期稍微闲一点,会有吗?

蒋:除了春节期间以外,我想一年到头,我们出版社工作始终都处在比较紧张的状态下。

洪:哦,一年四季基本上都比较忙?

蒋:对,对……

洪:那我最近,我用我的话说,频繁出没于厦大出版社,我发现社里面员工,其实还蛮年轻的。

蒋:是的,我们出版社人员,"80后"的年轻人多。

洪:我感觉是特别有朝气。

……

蒋:我跟洪岩是老朋友了。很高兴今天有这样的机会,我想对许多厦门人来讲,厦大出版社是既熟悉又不太熟悉的一位老朋友。

洪:真的——熟悉的陌生人!

蒋:对,因为一个出版社对一个城市来说有什么意义,而且它又是厦门大学的出版社,它对我们普通市民意味着什么?或者说它的出版物对我们这个城市有什么作用?所以,你刚才问到的这个问题,我想是不是我能先说一下我们出版社的一些基本情况?

洪：社长总是不忘要说社里的情况，没问题。确实就像您说的，一个城市，对于我来讲，我也是城市的市民之一，我会觉得非常的骄傲。在我们这样的一个城市当中，有这样的一个出版社，刚才我们在预告也听到了，我们厦门大学出版社是全省唯一一家全国的一级出版社，又是百佳图书出版单位，大家可能不是出版人，觉得听听就算了，但是在出版业当中，这是很值得尊敬的一个称号。

蒋：对，因为我们是图书出版社，它当然主要是出版图书啦。那么在出版图书这个过程当中，它怎么来为我们厦门这个城市增添一份文化的气息，这是我们一直在思考，也一直在做的事情。厦门大学出版社是1985年成立的，走过了27年的路程，我们有一句宣传的口号——在美丽的厦门，出美妙的图书！

洪：哦，还有这句口号！"在美丽的厦门，出美妙的图书！"

蒋：那这个图书的美妙，不是随便说的。可能我说一两个例子，大家就会比较了解。大家每天看厦门电视，都会看到一个老外——潘维廉先生。

洪：他在厦门可是家喻户晓的人物啦！

蒋：对，他每天在厦门电视台的宣传片上说，在厦门你们能看到海是蓝色的，城市是绿色的，这个人就是感动厦门的十佳人物之一——厦大潘维廉教授。

洪：对，我曾经在很多年前也采访过他。

蒋：潘维廉教授20世纪70年代的时候是一个美国大兵，在台湾的美国兵。他当时就对厦门感兴趣，因为他在台湾收到了从我们这里打过去的炮弹——宣传炮，收到很多我们大陆打过去的宣传单。当时在他们军队里面，这些东西是禁止个人看的，但是他出于好奇，便收藏了好多，直到现在这些东西他还珍藏在自己的办公室。这些红红绿绿的纸条上面画着的是我们大陆的民间舞蹈、戏曲等等，引起他的兴趣。他退伍后回到美国，第一个愿望就是想到海峡对岸那头去探个究竟。80年代末，他先自己一个人来到厦门，来了以后他就喜欢上了这个城市。两年过后他把他家人都带到厦门来，在厦门扎根了。他应聘成了厦大教授，是福建省第一个获得永久居住权的外国人，全家都住在我们厦大。他的孩子也娶了我们厦门的媳妇，是厦门黄厝的一个小姑娘，开枝散叶，他们全家已经融入这个城市了。有时他们回到美国，待了几天，孩子就会说，爸爸我要回家了，回厦门。

洪：哦，到美国后说要回家。

蒋：他爸爸说这就是我们家，小孩说不不不，这不是我们家，我们要回厦门这个家。2000年,他找到我们,说是十几年前,因为他觉得厦门这个地方很值得向他的美国朋友介绍、推介,所以就写了一本外国人在厦门的指南,介绍厦门的风景,厦门的旅游景点、小吃,还用他自己画的卡通人物作为引导形象。

洪:是,还蛮可爱的!

蒋:我们当时在想这个书名的时候也费了一番周折,因为 Magic Amoy 直译的话是"魔力神奇的厦门",或者是"厦门,一个神奇的地方",本来是想这么翻译的,后来我们的责编施高翔同志和大家经过一番讨论,最后灵机一动,我们就叫作——"魅力厦门"。

洪:魅力厦门,哎呀!如今这本书可是本畅销书。我都记得在2003年我们在联系出版《美丽十年》这本书的时候,当时的编辑施老师就赠送给我一本《魅力厦门》,我现在还放在我家的书架上。有的时候要翻一翻,因为(碰到)朋友要什么的,我再看一看还蛮全的。

蒋:就因为这本书呢,把他跟厦门更加紧密地联系在了一起。而且魅力什么城市这样一个词组,已经风靡整个中国了。我前几天刚从青岛回来,青岛从机场进到城里的路上就有"魅力青岛"的大标语,咱们看电视时,经常就有很多魅力什么城市等等。

洪:是,有很多美丽的城市介绍就是这样的。

蒋:本来这个词,魅力作为形容词还是比较少的。

洪:对。

蒋:说什么什么东西具有魅力,这是一个通常的说法。把"魅力"作为形容词使用,首创应该说是我们出版社。

洪:厦大出版社。

蒋:从此呢,魅力系列丛书就出来了。从这《魅力厦门》,然后《魅力泉州》《魅力福建》《魅力鼓浪屿》,一直到《魅力厦大》。

洪:这都是潘维廉教授写的?

蒋:对,都是他写的,他自己也做了个logo,叫"魅力老潘"。

洪:很可爱啊!是,所以社长一来就先说一说社里的故事,我觉得您讲故事讲得特别的动人。大家很想知道这个老外他做了一个什么样的事情。其实,在社里,我知道不仅仅是老潘,潘维廉教授出的一些魅力图书,还有非常多我在编辑的桌上看到的,非常多专业和学术的书籍,其实社里出版的书也涉及很多方面……好像我们厦大出版社是大学出版社,跟其他的出版社在出书的方向上会有一些不同吗?

蒋：大学出版社肯定是为大学，为学术服务的出版机构。

洪：那么只为厦门大学的老师服务吗？

蒋：应该说我们现在的作者群当中，大概50％出头一点是本校的老师。我们出版物的作者已经涵盖了其他高校的老师，也涵盖了社会很多作者。像最近我们做的"漳州与台湾关系丛书"，就是漳州的学者做的。在泉州这一带，我们出了《泉州学》《泉州民俗研究》，还有《泉州文库》等等。应该说福建省基本上所有高校的一些老师都在我们这里出过书。现在我们的触角也已经伸到全国很多知名的高校了，像我们法学的品牌图书、经济学的品牌图书都是全国一流的作者，包括像最近新推出来的"国际金融新趋势"，就是南开大学的作者。西南政法和中国政法等高校的老师也都在我们这里出过书。也就是说，厦门大学出版社的作者群不是仅限在厦门大学。

洪：我刚刚也提到的，可能是比较行外话，因为以前认为厦门大学出版社冠以厦门大学这样一个高校的名字，就总觉得是不是厦门大学的老师得天独厚这样的一个优势，会有这样一个优先权？社长这样向我们描述，事实上厦大出版社是面向全国的所有优秀作者。是因为这样，您和您的同事才长年累月要出差吗？因为之前社长送我们一本图书，是在厦门大学出版社建社25周年的时候出版的一本叫《放歌书林》，我看了大家写的文章，都蛮有趣的！其实有点像我们当时的《美丽十年》那本书。现在您出差主要是联系作者呢，还是洽谈出版的一些事宜？

蒋：因为出版它有几条路必须走，一是联系作者，就是我们的上游，然后就是销售方，可称之为下游。图书出版是这样一个流程，找好的作者，又要找好图书的销售渠道。这里面就要跟作者打交道，跟学校打交道，跟书店打交道，跟许许多多各种各样的人打交道。我想，因为这个工作特点，我们全社同事出差频率确实是非常高，因为只坐在家里是做不到这些事情的。

......

洪：今天社长带来好多书，其实这对厦大出版社出版的书来说只是九牛一毛。因为（在）社里我真是看到了太多太多的书。而且厦大出版社有一个特色，就是一进出版社的大门，没有什么总台小姐或者什么办公室，就是一个开放式好几排的书架。我就在想，如果我要是喜欢哪本书，我就可以拿走了吗？这是谁的主意，把好多书放在大门口的书架上？

蒋：因为出版社就是做书的嘛，我们能够给读者，给客人的也就是书。这是当时在设计的时候，大家的一个想法，就是要让进来的人感觉到这里是做什么的。

洪：没错，一到厦大出版社，书香的气氛就迎面而来了。我有时候就会在书架上流连一下，然后再去办公室去找人。今天社长带来了好几本书。我建议大家到书店、到网络上去买一些书。刚刚说到了最近说的一本书叫《战神刘玉栋》，其实蒋社长还特别愿意跟大家来介绍一下，厦门大学出版社在学术书籍这一方面做了很多的事情，给我们介绍一下。

蒋：说到底，我们厦门大学出版社以学术出版为主，在这方面我们做一些什么事情呢。因为是直播，我这里同时也收到很多微博，听众在微博上说我还是讲故事更生动些。那么我也来讲两个故事，一个故事呢，大家知道，前几年连战来我们厦门，他是来访根寻祖的，最后离开福建是从武夷山走的。当时省台办有一位陪同的领导给我打电话，说连战和他的夫人特地向我们厦门大学表示衷心的感谢，感谢什么呢？他此行来福建来大陆，到处收到很多礼物，但是他收到一份最有价值最珍贵的礼物，就是我们厦门大学出版社出版的他爷爷的研究文集。他爷爷叫连横，《连横研究文集》是我们厦门大学台湾研究院做的，我们社出版的，我们特地用精雕的木盒包装上这本书送给他。他之所以感动，是因为他爷爷的很多资料他都看不到，也不太清楚，这件礼物如此用心，很令他感动。我们厦门大学台湾研究院在台湾研究方面，因为地源血缘的关系，我们的研究成果一直是非常不错的，在全球都是领先的，我们出版社的有关台湾研究的出版物也很受关注。

这个故事让我们很高兴，更高兴的还在后面。有一次，教育部办公厅的领导给我们校长打电话说，2006年胡锦涛总书记访问美国，当时访问美国有很多随行人员，其中有我们教育部长。胡总书记到了美国，送给美国耶鲁大学图书馆一批图书，其中就有我们厦门大学出版社出版的《台湾文献汇刊》，总共有100册，每一本都是精装的，每一本都有将近600码这样的厚度。这套书填补了我们大陆研究台湾地区史料的不足，是我们厦门大学人文学院院长陈支平教授主编的，这是个非常巨大的研究出版工程，部长很高兴，特向厦大表示祝贺。在2005年，我们为此书出版在人民大会堂开过首发式，有两位副委员长参加，国台办、社科院等很多部门的领导都来参加，这也是从一个方面说明了我们的学术出版工作还是被很多人所认可的。

洪：真不简单！您要不说呢，我们还不知道。虽然咱们都在厦门，我觉得厦大出版社也真是蛮低调的。我记得几个月前，有个邀请读者去参观出版社的活动，参观的读者是网上报名挑选的，社里还送书，请吃饭，影响很好，厦大出版社在厦门读者心目中很是温暖。

……

我们刚才介绍《放歌书林》的这本书中也提到,刚到出版社的时候,您事实上一个人是全能的,因为人手也不足,其实那个时候打下的功底,对您之后走上领导岗位工作起到了非常重要的作用。

蒋:应该说是很有帮助的。

洪:平时上班的时候可以听音乐听广播吗?

蒋:我们社办公室有设置背景音乐,每天的上午上班之前半小时一直到上班都有音乐陪伴,一直到下班音乐再次响起,告诉大家下班了。

洪:还挺浪漫的……回到我们节目访谈部分。刚才说到,我们社长由物理系的高才生到出版人的一个转变,我有一个问题想问社长,现在可能有一些年轻的学子,不像您1978年那个时候开始读大学,那几届的大学生质量是最高的,因为更多人没有书读,一旦有书读就废寝忘食不用老师不用家长去督促。现在也确实因为社会在进步当中,除了书籍之外,还有很多接触知识、接触信息的渠道,我不知道现在的理科生,我也接触的不是那么多,会不会不会像您那个时代还有这么多的兴趣爱好,有各种各样包括文学历史方面或者是书画方面的兴趣,有没有什么建议给到年轻学子?

蒋:应该说我跟年轻人接触还是比较密切的,因为我们家的小孩也是"80后"的,我们社里大部分人员也是"80后",而且我在大学毕业以后有一段时间也是做学生工作。我认为年轻人永远是社会前进的先锋。比如就我们做书来讲,现在年轻人接受的方式更多样化。我们出版界老是在讲数字出版,你刚才也提到说纸质书跟数字书的关系,确实现在图书出版是碰到很多问题,纸质书的销售,从2011年全国的统计来讲,无论从出版的数量到销售的总量来讲都是上升的,就是在数字出版蓬勃兴起的背景下,它还是上升的。这一方面归功于全民阅读,大家对读书的兴趣跟我们整个国家对文化的需求相适应。我很欣赏这么一句话,就是说我们这个世界,20世纪的上半叶是军事力量的对抗,20世纪的下半叶是经济和科技的对抗,到了21世纪是文化的对抗。其实文化肯定包含军事,包含科技,应该说文化的对抗是更高层次的对抗。所以我们国家现在要搞文化的繁荣,文化的振兴,特别是我们华语的文化,中国传统的文化,怎么走向世界,这是我们出版人都在考虑的问题。就是说数字出版给我们带来很多影响,但事实上我们大家也取得一个共同的认识,就是无论是数字也好,纸质图书也好,它只是一个传播的手段,最最根本的是图书内容,是不是呢?你要是内容好,在这个时代就不能只停留在纸质上。就像过去我们电视机只有黑白的,现在有彩色的,在互联网普及的时代,应该有多媒体的形式,我们叫它新媒体或者全媒体,媒体是一个手段,它会吸引更多人来阅读,但好的内容永远是第一位的。

洪:其实我觉得这个都是相通的,做出版业是这样,做我们广播也是这样的。我们常说"内容为王",不管你是用什么样的方式传播出去的,你的内容精彩自然就会吸引到喜欢的人。说到这里,其实因为现在各行各业竞争都很激烈,我想出版业也不例外,现在我可能会看到有一些出版社或者一些机构会比较跟风。一本什么样的书比较出名了,比较热销了,然后大家就呼啦啦出了一大片类似的,看起来有点相像的书籍。我不知道厦门大学出版社是怎样?我也看到您的一篇文章《寻找厦门大学出版社的气质》,我不知道厦门大学出版社会这样吗?比如说莫言得了那么多的奖,大家就开始去出他的书。您会有这样的经济考虑去做这样的事情吗?

蒋:你提的这个问题非常好,因为这个命题始终一直在困扰着我,而且我和所有的同事在图书的两个效益的选择方面,也是遇到最多的问题。但所幸的是我们出版社在这么多年的实践当中,大家确实也领悟到了,你说的跟风也好,或者随大流也好,毕竟它都是一种商业的模式,其实也没有什么可厚非的,但关键就是说你要生存下去,在这个年代,在全国图书品种一年要出 37 万种新书的这样一个年代,你想想看,全国一天要有几千种新书出来,你如果没有自己的东西,你就是再怎么学也学不到。你说莫言,一方面莫言的书我们过去没有做过,另外一方面也跟不了,等你把书印出来,说不定大家都有了。所以出版社始终还是要找到自己的优势和定位,这是非常重要的,这也是我们出版社这么多年得出的经验。我们要做的应该是我们的优势,我们的特长,我们有所了解的东西。你说我们如果在我们熟悉的方面坚持下去,我们就能够做得好一点,比别人有优势一点。因为一个出版社,你有很多选择,你要出哪一方面的图书,不是说你今天可以变,明天可以变,这个出版的方向要有编辑的队伍培养,有编校营销的队伍来配合,有整个知识结构来支撑你,有作者群来支撑。比如说我们如果现在要出一本中小学的教材,我们可能一下子就做不来。

……

洪:应该说在节目开始的时候,我们只知道厦大出版社名声很大,经过这一个半小时的访谈有一点点了解了。社长您平时一定也很忙碌,我想您一定也很爱读书,一般您读书会是什么样类型的?

蒋：我读书分两类，一类是所编辑的图书。另一方面，我比较喜欢传记类的书，最近比较多的是在看民国人物传记。我最近在看的一本书是王蒙先生写的。王蒙，原文化部部长，他写的一本叫《中国天机》，书的附腰上写的就是"我要跟你讲政治"，意思就是要讲泄露中国政治的天机。这本书的书名听着好像很玄，其实蛮好的，写得很有逻辑，也很睿智，是安徽文艺出版社出版的，这本书我还没看完，但是基本上快看完了。因为最近出差比较多，实际上出差是一个看书的好机会。我发现有一个新名词，现在大家都知道的新名词叫"神马"，王蒙先生怎么说呢？他说现在大家以为"神马都是浮云"好像是现代人调侃创造出来的，其实在1945年的时候，在北京这个词就已经出现了。当时北京人就是说"你什么玩意儿，你神马玩意儿"，就这么用了。他说现在的人以为这个词有多么玄妙，其实是老调重弹，打扮一新，再行出彩，读后我就觉得蛮有意思的。他最近为我们出版的一本新书题写书名，是我们出版的作家怡霖的一本散文集，叫《人约黄昏后》。我今年4月份在伦敦参加书展的时候，他就在书展会场的访谈专场上，他跟老外就是用英文在谈，交流非常流畅，讲得也非常幽默。因为他本身就是语言非常有意思的一个老先生，挺好的。

洪：我知道社长您一直都很喜欢打篮球，现在还打吗？

蒋：打，现在一周都至少要打两三次。我们出版社年轻人有一个篮球队，每周六下午固定，雷打不动地组织比赛。而且大家非常踊跃，一直期盼着。我们厦大出版社以"出版杯"冠名的篮球赛，在厦门大学已经有12年的历史，就是每年在校庆期间组织教工男子篮球赛。

洪：我们感觉到在厦大出版社的日子，非常的丰富多彩，有精神上的食粮，有对工作的激情和热情，又有篮球方面的业余爱好，所以这是一个很让年轻人向往的单位。

蒋：像我们常说的一句话就是，厦门大学出版社是一个温馨的家。

洪：哇，是一个温馨的家。

……

谢谢社长！感谢您的光临，再见！

蒋：再见！

坚守文化品位的出版人

——厦大出版社总编辑陈福郎印象

在厦门大学出版社建社20周年之际,我有机会对该社总编陈福郎进行了专访。眼前谦和可亲、沉静儒雅的他使我一下子就联想到了学者。

1978年元旦,厦门大学校报复刊,刚从我校中文系毕业的陈福郎到校报编辑部拿起笔杆子。从此开始了"为他人作嫁衣裳"的编辑生涯。

由于工作需要,在校报编辑部工作了10年之后,陈福郎于1987年调入厦门大学出版社,又进入了出版编辑工作的一个新里程。在十几年的编辑生涯中,他兢兢业业,认真负责,曾被评为福建省新闻出版系统先进工作者和厦门大学优秀共产党员,他所带领的厦门大学出版社也在社会上获得了良好赞誉。在面对赞誉时,他谦虚地将这些成绩归功为"班子团结有力、定位科学准确、机制灵活先进、员工工作热情高",而认为自己只是"这个和谐大家庭中一位多负点责任的人"。

作为总编,他承担着出版社图书的把关人、选题的总策划、编辑运作的总指挥等角色。出好书、出精品,这是他制订该社选题计划的主导思想,并一直身体力行。如今,他们出版编辑的法律、经管、广告类图书已在书界颇具影响。据他回忆,他初入出版社编辑的第一本书是《风雪人间》(丁玲著),荣获福建省首届优秀图书编辑一等奖。在他担任常务副总编、总编的十几年期间,出版社出版了2300多种书,获奖的就有360多种。他亲手策划编辑的《透视中国东南:文化经济的整合研究》是国内第一部全面论述东南文化经济的学术专著,获得2004年中国图书奖,评审专家认为该书"视角独特,内容全面,资料丰富,是这个研究领域内独有的著作"。2005年初,由他参与策划并担任责任编辑的100册《台湾文献汇刊》,在人民大会堂举行出版座谈会,该书以最原始、最有力的证据,给予"台独"一个重击。近日,由他一手策划的"女缘丛书"在第十五届全国书市上以其时尚精美、

◎厦门大学报,卢燕燕,2005年5月27日

品位上乘广受瞩目。

从交谈中得知,他还是个很有才的作家。他入大学的第一个月就在省报上发表了占整版篇幅的小说。毕业留校后,曾出版过三部长篇小说,受到了广泛好评并荣获全国和福建省优秀文学作品奖。可当他从事编辑出版工作后,便全身心地投入了本职工作,基本停止了文学创作。"已经没有时间创作了,除了承担选题策划、编辑部的管理、党务等工作外,出版社每年还要出版新书150种,平均两至三天就要出一本书,要把好每一本书的政治关、质量关,简直是如履薄冰。"他如是说。

前不久,我读到他撰写的《大学精神与大学出版——谈厦门大学出版社的出版理念》一文。在他看来,大学精神代表着学术自由和学术创新。缺失了大学精神,大学出版就偏离了它的初衷。20年来,厦门大学出版社没有随波逐流,在弥漫着急功近利与浮躁的社会大环境中,始终坚守着自己的文化品位。坚持学术为本,实施精品战略;发挥学科优势,实施品牌战略;在坚持特色中不断壮大自己的实力。从中不难看出,这是一个有信念、有理想、有战略眼光的出版人。

陈福郎的办公室里醒目地挂着"天行健,君子以自强不息"几个大字,也许这就是他的自勉吧。他说,必须充满激情,认清自己的个性,有追求有理想。矢志不渝,才能最终铸就成功。

媒体融合背景下大学社将走向何方

如今出版业内什么最热？当然是媒体融合。在推动传统媒体和新兴媒体融合发展的背景下，大学出版社究竟该如何转变观念思维、转变生产经营、转变体制机制，用互联网思维来谋划和推进出版工作呢？

融合不只是看上去很美

□ 蒋东明（厦门大学出版社社长）

核心观点：它看上去很美，但它的融合并不是一厢情愿，不是传统纸质图书配上新兴媒体的手段而产生绚丽的景象，更不是简单地提供碎片化内容去迎合读者的"快餐式"阅读需求。

面临数字出版的浪潮，传统出版与新兴媒体融合，是大家所期望的。它看上去很美，但它的融合并不是一厢情愿，不是传统纸质图书配上新兴媒体的手段而产生绚丽的景象，更不是简单地提供碎片化内容去迎合读者的"快餐式"阅读需求。

从大学出版社所从事的学术出版和教育出版来看，其思维定式的改变，应该是利用新兴媒体的丰富手段，去达到主动出版、服务读者的目的。比如古籍整理出版，现在更多的是古籍的扫描印刷，而读者更需要的是能够通过数字化手段，达到快速检索、查询、比较研究。这就要求出版业要改变这种传统的工作方式，来满足读者的需求。如教材的出版，传统纸质教材在互联网时代显得单薄，出版社应建立相应的数据库，提供与此课程相关的信息。

笔者以为，传统出版社在数字化转型的过程中，一定要明确自己最有把握扮演的角色，那就是做优秀的内容提供者。在进行数字出版工作中，

◎中国新闻出版报，蒋东明，2014年10月27日

出版业往往重在出版物产品的数字化形式,往往期望在网上建平台,建互联网视频(PPS),但在实际运行上都存在后续乏力的现象。如一本纸质图书转化为电子书,就会遇到内文、封面等素材的数字化存档是否完整的问题。因此,数字化的基础工作很重要。在出版的各个流程中,编辑、出版、印制、文档管理、营销渠道以及财务、办公、人事管理等,都有进行数字化的重任。一个数字化的产品,往往背后需要庞大的数据库来支撑,需要靠所有与产品相关的出版资源来进行数字化整合。更为重要的是,出版业要培养编辑人员对传统纸质产品的数字出版意识和基本的运作方式。但在目前还很难找到赢利模式的情况下,在各社编辑人员还在疲于应对繁重工作的压力下,提升编辑的数字出版意识,还有很多工作要做。

大学出版的新征途

在找准自身定位、明确发展方向后,大学社在产业延伸和数字出版方面取得了初步的成效,胸有成竹的大学社即将踏上一段新的征程。

今年是大学出版社在转企改制之后全面深化改革的布局之年。对于大学社来说,走什么发展模式的道路?产业如何进行转型升级?大学社通过各自的实践,已经有了越发清晰的答案,更加铿锵有力地踏上了新的征程。

紧靠高校"造血"

一方面,不少大学社在积极探索集团化的产业发展模式;另一方面,越来越多的大学社尤其是中小型大学社清楚地意识到,在目前情况下最稳妥的发展路径还是紧靠母体高校,深耕教育,做好学术出版,这是大学社的立社之本,也是大学社可持续发展的根基。

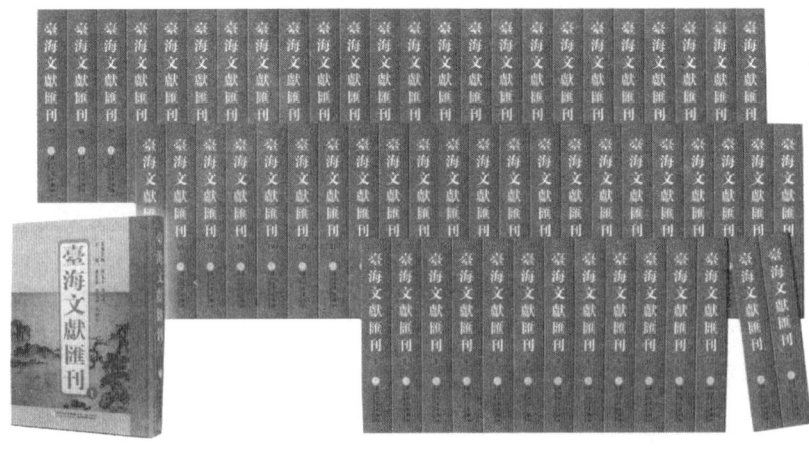

◎出版人,申凤霞,2014年第11期

厦门大学出版社社长蒋东明认为,厦大社作为大学的一部分,这是现状,其实也是自身的生存优势,更多的大学希望出版社在服务学术和教学方面为学校做出独特的贡献。厦大第十次党代会报告明确指出,出版社要利用其优势,着力提高厦门大学的学术影响力。厦大社多年来坚持服务学校的优势学科,在台湾研究、东南亚研究、会计学、金融学、法学、广告教育、海洋文化方面形成特色品牌产品。2014年,厦大出版社推出《台海文献汇刊》、"南海海洋研究丛书"、"中国金融大变革丛书",都是围绕学校特色优势学科的出版工程。

The 30th Anniversary of Xiamen University Press

工作成就篇

全国百佳图书出版单位名单

全国百佳图书出版单位名单
（各类别不分先后，按拼音排序）

社科类

安徽人民出版社
北京出版社
长春出版社
重庆出版社
党建读物出版社
法律出版社
湖南人民出版社
吉林出版集团有限责任公司
江苏人民出版社
江西人民出版社
解放军出版社
经济科学出版社
九州出版社
青岛出版社
山东人民出版社
商务印书馆
上海人民出版社
生活·读书·新知三联书店
外文出版社
学习出版社
知识产权出版社
中国财政经济出版社
中国大百科全书出版社
中国金融出版社
中国劳动社会保障出版社
北京语言大学出版社
重庆大学出版社
东北财经大学出版社
复旦大学出版社
湖南师范大学出版社
华东师范大学出版社
清华大学出版社
上海外语教育出版社
外语教学与研究出版社
西安交通大学出版社
西南师范大学出版社
厦门大学出版社
浙江大学出版社
中国矿业大学出版社
中国人民大学出版社
中国人民公安大学出版社
中国政法大学出版社

教育类

高等教育出版社
广东教育出版社
江苏教育出版社
教育科学出版社
人民教育出版社
浙江教育出版社

古籍类

◎中国新闻出版报，2009年9月18日

中国民主法制出版社
中国青年出版社
中国社会出版社
中国时代经济出版社
中信出版社
中央编译出版社

科技类

电子工业出版社
湖南科学技术出版社
化学工业出版社
机械工业出版社
江苏科学技术出版社
科学出版社
人民交通出版社
人民军医出版社
人民卫生出版社
人民邮电出版社
上海科学技术出版社
星球地图出版社
中国电力出版社
中国纺织出版社
中国建筑工业出版社
中国轻工业出版社
中国人口出版社
中国中医药出版社

大学类

北京大学出版社
北京大学医学出版社
北京师范大学出版社

国家图书馆出版社
黄山书社
岳麓书社
中华书局

少儿类

安徽少年儿童出版社
二十一世纪出版社
江苏少年儿童出版社
接力出版社
明天出版社
浙江少年儿童出版社

美术类

安徽美术出版社
湖南美术出版社
吉林美术出版社
江苏美术出版社
江西美术出版社
浙江人民美术出版社

文艺类

长江文艺出版社
湖南文艺出版社
人民文学出版社
人民音乐出版社
上海文艺出版社
上海译文出版社
译林出版社
浙江摄影出版社
作家出版社

根据《经营性图书出版单位等级评估办法》和《关于对经营性图书出版单位进行首次等级评估工作的通知》精神，新闻出版总署经营性图书出版单位等级评估办公室自2008年6月正式启动首次评估工作，委托中央教育科学研究所、中国编辑学会和中国出版工作者协会科技出版工作者委员会3家中介机构，对全国500家经营性图书出版单位2006—2007年度出版综合情况实施了等级评估。经新闻出版总署研究，拟对首次被评为一级的100家图书出版单位授予"全国百佳图书出版单位"荣誉称号。

厦大出版社获评国家一级出版社

厦大出版社近日被评为国家一级出版社。这所规模不大的出版社出版的《台湾文献汇刊》，曾作为胡锦涛主席访问美国赠送给耶鲁大学的国礼。

这也是福建省唯一一家一级出版社。

由国家新闻出版总署首次组织的对出版社的等级评估，是新中国成立以来的第一次。

据介绍，全国500多家出版社共评出四个等级，有100家出版单位被评为一级出版社。

成立于1985年的厦大出版社是一家规模并不大的大学出版社，社长蒋东明说，厦大出版社能在100多家大学出版社的激烈竞争中脱颖而出，主要得益于该社长期以来坚持社会效益和经济效益的有机统一，有相当的社会影响力。

厦大出版社因此获得"全国百佳图书出版单位"称号。

◎厦门日报，佘峥，2009年8月19日

◎厦门日报,刘筠,2009年10月22日

依托厦大面向全国　打造精品发展品牌
——访厦门大学出版社社长蒋东明

《台湾文献汇刊》被选作胡锦涛访美赠书

记者：蒋社长，厦门大学出版社成立于1985年5月，算是一家年轻的出版社。在国家首次评级中，老牌出版社云集，竞争强手如林，你社却能力克群雄，被评为一级出版社。这一成绩，来之不易，可喜可贺，可圈可点。请您谈谈你们是靠什么脱颖而出的？

蒋东明：厦大出版社能被国家新闻出版总署评为一级出版社，并荣获"全国百佳图书出版单位"称号，用您的话来说，确实是"来之不易，可喜可贺"。我社是一家规模不大的出版社，目前员工60人。但我们长期以来坚持"学术为本、教材优先"的出版方针，实现了高质量、高水平、有特色的图书结构。我社年生产图书400种左右，90%为学术著作和高校教材，特色图书和品牌图书占60%，2006—2007年有50种图书获得省级以上的各种奖励，图书获奖率居全国大学出版社之首。国家"十五"规划重点图书《透视中国东南：文化经济的整合研究》等四种图书荣获中国图书奖，国家"十五"规划重点图书《台湾文献汇刊》被选送作为2006年胡锦涛主席访美赠耶鲁大学图书馆的图书之一，同时获福建省第六届社会科学优秀成果奖特别奖；《固体表面物理化学若干研究前沿》《中国农村社会保障法律问题创新研究》入选新闻出版总署"三个一百"原创图书出版工程；《军事理论教程》被评为"全国高校优秀国防教育教材"（全国仅5套教材入选）；"吧城华人公馆（吧国公堂）档案丛书"与《东亚华人社会的形成和发展：华商网络、移民与一体化趋势》被列入"十一五"国家重点图书出版规划；《物理化学》等11种图书入选"十一五"国家级教材规划。

用足血缘地缘优势实施精品战略

记者：厦门大学出版社始终坚持学术为本，在实施精品战略过程中形成了什么样的特色？

蒋东明：在坚持学术为本、实施精品战略的过程中，出版社形成了以台湾研究和东南亚与华人华侨研究图书为特色的精品图书体系。厦门与台湾地区以及东南亚各国有着密切的"血缘"和"地缘"关系，厦门大学在台湾及东南亚与华人华侨研究方面有雄厚实力,出版社充分发挥地域优势、学科优势,出版了一大批标志性的传世图书和特色图书。出版的台湾研究大系已具有规模,内容包括台湾政治、经济、文化、历史、教育、文学等领域,近期出版的国家"十五"重点规划图书《台湾文献汇刊》是迄今为止大陆最大型的台湾历史文献出版工程,全书100册,涵盖了目前有关台湾的珍稀历史文献。它的出版对实现海峡两岸的统一有很强的现实意义。正如全国人大常委会副委员长、全国台湾研究会会长成思危所说:这套《台湾文献汇刊》的出版,将会进一步推动有关台湾问题的学术研究。更重要的是能够以扎实厚重文化积累的形式,有力地揭露"台独"分子进行"文化台独"的图谋。在华人华侨与东南亚研究方面,我们成为全国出版这方面学术图书的重镇。如《东南亚华人企业集团研究》等200多种学术价值和现实意义结合较好的系列专著对该学科的建设产生了重要的作用。即将出版的"十一五"国家重点图书《东亚华人社会的形成和发展:华商网络、移民与一体化趋势》,首次对东亚华人社会进行了整合研究,深入剖析中国崛起与华人社会资源之关系,多角度探究东亚经贸圈与华人社会的互动,是首部泛东亚华人社会整合研究的学术大书。

将厦大学科优势转化为出版优势

记者:厦门大学出版社依托本校,逐步形成了一批在书界颇具影响的品牌图书,如经管类、法律类、广告类、人文类、古籍整理类图书和计算机、高职高专教材,形成了自己的品牌和优势。你们是如何将学校学科优势转化为出版优势,从而打造自己的图书品牌?

蒋东明:厦门大学在经济学科和管理学科方面学术影响位居全国前列,有一批学术大师和具有全国影响的中青年优秀教师,出版社立足本校,向全国辐射,经管类图书占总选题量的30%,其中"21世纪会计学教材系列"、"福友现代实用企管书系"影响广泛。出版社的法律类图书在全国异军突起,已出版了400多种专著、高校教材和普及读物,"高等学校法学精品教材系列"、"国际经济法文库"等20多套丛书的作者涵盖全国主要法学高等院校,近两年来法律类图书零售销售排行居全国第13~15位之间。厦门大学广告学专业是全国第一个创办的广告专业,知名度和美誉度居全国第一,被誉为广告人才的"黄埔军校"。出版社和该学科联手进行学科建设,实现了双赢。"21世纪广告丛书"是全国第一套系列化的广告教材,为该学科的建设做出了重要贡献,经多次修订和改版,历经16年畅销不衰。

随后出版的"广告传播与艺术丛书"、"先锋广告人丛书"等一批广告图书，和"厦门大学广告学丛书"一批有影响的学术专著和高校教材系列的出版，壮大了这一品牌。人文类图书是出版社的主要图书构成，以历史和文学研究图书为主要基干，国学研究、海关史研究、闽南地方文化、女性文学研究和戏剧影视研究方面的图书形成特色。在古籍整理方面，以史料文献和旧方志图书为主，如《中国稀见史料》第一辑，收纳海内外现存复本十部以内乃至孤本的稀见史料78种，具有保存、传播珍贵史料的价值。计算机教材的出版在全省占有优势，多个版本10多年来一直被福建省高校所采用。高职高专教材已形成规模，特别在外语、计算机、经管、服务性专业方面的教材具有地方特色和较强的实训性。

率先致力信息化建设业内称雄

记者：在数字出版、网络出版方面，你们社有什么作为？

蒋东明：我们通过教材配套电子课件的出版，促进了本版教材的发行工作。通过网游客户端光盘的出版，为今后开展网络游戏的出版积累了宝贵的实践经验。出版社还与北大方正携手，充分利用现有的图书资源，或扫描或利用方正系统排版的电子文档，陆续将1000多种纸质图书（包括大量珍贵的绝版图书）制作成电子书并销售，使有价值的绝版图书重新回到读者中间，使新版图书有更多与读者见面的机会，进一步彰显图书出版工作的意义。

记者：厦大出版社在信息化建设方面起步较早，通过多年的努力取得了引人瞩目的成绩。"南强出版管理系统"注册成为商标，据说在业内很有认同度。

蒋东明：是的。我们在内部信息管理系统方面，从1996年起即组织本社的技术力量，采用当时流行的Foxbase开发出单机版的选题和发行管理系统。此后该系统经历了3次平台升级和社内业务的整合，于2007年开发成功基于B/S结构的"南强出版管理系统"。该系统以出版社业务为主轴，涵盖出版社除财务核算外的所有业务流程，将图书编、印、发各环节流程均纳入管理。由于是基于B/S结构开发的软件，因此具有系统维护简单、系统扩展性强、客户端不需要单独安装系统操作软件等优点。通过互联网和VPN，即可做到远程、实时、全天候办公。使用该系统后，管理流程与业务流程完全吻合，能采集到出版社全业务流程的数据，能完成出版社日常的工作，可实现与目前社内业务需求相适应的查询、统计功能，对出版社的工作真正起到了促进和规范作用。

最后,我想特别提到,本月30日,全国大学出版社第22届图书订货会和第5届海峡两岸图书交易会将在厦门国际会展中心举行,谨借贵报向海峡两岸出版界的各位同仁表示热烈欢迎。

拓展"海峡概念"提升品牌张力

(厦门大学出版社总编辑陈福郎)

厦门大学出版社成立以来,我们充分发挥厦门大学的学科优势,充分利用厦门与台湾有"五缘"(血缘、地缘、文缘、商缘、法缘)优势,做足"台"字文章。经过十多年付诸实践的努力,现已在大学出版社中形成了独有的特色,有关台湾的出版物蔚为大观,成为海峡两岸文化交流的一座壮丽的桥梁。

发挥学科优势,打造精品力作

厦门大学台湾研究中心是全国最早成立的专门研究台湾的学术机构,是国家文科重点研究基地。该研究中心研究台湾历史的专家力量最为雄厚,我们出版研究台湾历史的学术专著也最多,其学术水准高,我们以此为龙头,带动了台湾经济、政治、文化和文学的学术图书都具有较强的原创性、前沿性。我社将推出的"海峡两岸文化与传播研究"系列图书把台湾研究的图书推向了一个多维的高度。台湾作为中国文化生态圈中的一个区域,其社会文化经济的存在和发展,必然打上中国传统文化不可磨灭的思想烙印。而这种思想烙印的传承不息,是经过长时段的文化传播及其变迁磨合的艰辛历程锻铸而成的。深层次地探索海峡两岸中华文化的传播与变迁之路,对于进一步认识台湾与祖国的不可分割有着重要的学术价值和现实意义。

这一大批高质量研究台湾的图书的出版,产生了重大的社会影响。如《台湾海疆史研究》利用档案史料,研究郑成功及康熙时代的历史,发掘不少前人未用过的史料,并且把这段历史与保卫边疆联系起来,提出了独到的见解,对研究这一时期的历史有重要参考价值。其中有关郑成功史事考订部分,台湾学者石万寿认为:"订正若干文献记载的错误,贡献甚大。"书中对有关钓鱼岛的研究也引起学界的重视,作者利用档案和外交文书等,说明姑米山为琉球西面界山,在它以西的钓鱼列岛是我国台湾的附属岛屿。这些研究成果,对维护国家领土主权具有现实意义。又如《台湾社会经济史研究》客观地论述了台湾社会经济的发展和变化,用历史事实说明了台湾社会是中国社会的一个有机组成部分,台湾经济是属于大陆经济圈的区域经济,有力地批驳了"文化台独"的种种谬论。它用专章论述大陆与台湾贸易的发展变化,用事实论证了台湾贸易离不开大陆,台湾与大陆的贸易互补性很强,即使在日据时期,日本殖民者采取了种种措施,也不能完全切断两岸民间传统贸易关系,有力批驳了台湾贸易不属于大陆贸易圈的"台独"谬论。

发挥"五缘"优势,放大品牌效应

随着两岸民间经贸和学界交往日益频繁,我们在着力出版大陆专家学者的原创学术著作的同时,充分发挥"五缘"优势,努力探索如何发挥双方的优势,从而放大"台"字出版物的品牌效应。我们采取了以下几项措施,收到了良好的双效益。

1.合作出版。台湾在企业管理方面有它们的长处,也有写作实用图书经验丰富的一批学者,这批学者组成了一家"福友公司",经过双方多次切磋,我们发现大陆在企业管理方面的图书虽然很多,但与台湾相比,在理念上有很大的差别,且针对性不足,所以决定出版一套"福友现代实用企管书系",并将这套书系定位在制造行业。由福友公司组稿,由我们编、审、校、印,然后双方共同发行。我们首先推出了两种书:《品质管理》和《管理技术》,定价分别是 56 元和 72 元,和同类书相比,价格高出好几倍,但一进入图书市场就出现了热销现象。这两种书的成功,大大鼓舞了我们对与台湾方合作出版的热情。每年我们都推出一批新选题,"福友现代实用企管书系"至今已出版了 50 多种图书,取得了很好的双效益。

2.开发有台湾背景的作者群。台湾背景的作者,他们的作品的视角和大陆作者有差异,正是这种差异,通过本土化之后,必将给读者带来新的视野。比如厦门大学法学院教授傅崐成,他原是台大的教授,还是台湾"立法院"的顾问。他受聘厦门大学之后,专注于海洋法律的研究,我们请他主编一套"海洋政策与法律研究丛书",他至今已先后推出《海洋法专题研究》《海洋法相关公约及中英文索引》《联合国教科文组织〈保护水下文化遗产公约〉研究》三本专著。这些专著对相关部门有很强的参考使用价值。

3.加强对台输入和输出版权。经管类图书是我们社的重点门类图书。我们在版权引进方面与台湾的五南出版公司建立了长期的合作伙伴关系。这些引进版的图书丰富了我社的品牌图书。在版权输出方面我们也以台湾为主要目标。2007年10月在厦门举办的"第三届海峡两岸图书交易会"上,我们新推出的《中国稀见史料》(第一辑)共41册,限印150套,每套定价3万元。台湾方面订购非常踊跃,在会上就成交了几十套。

整合出版资源,建设大型出版工程

在以"台"字当头打造特色的过程中,我们注意到必须有几项大的具有传世功能的出版工程,才能使特色立稳脚跟。当时,我们得知厦门大学台湾研究中心副主任、厦门大学人文学院院长陈支平教授有一个初步的想法,就是组织一个班子将大陆有关台湾的文献整理出版。

这一选题的社会效益和经济效益是显而易见的。自20世纪50年代以来,台湾文献委员会在台湾银行出资支持下,组织大批文史专家,经过近20年的努力,搜集编辑了大型《台湾文献史料丛刊》,共整理出版各种文献资料400余种。这套文献丛刊成为迄今为止研究台湾历史最基本且最重要的资料,广为海内外研究者引用。大陆学者从事台湾问题的研究,基本上都引用这套丛刊的资料,其功不可没。但是由于台湾文献资料分存于海峡两岸,台湾整理出版的《台湾文献史料丛刊》固然规模宏大,影响广泛,但是这套丛刊是不完备的。我们整理编辑一套《台湾文献汇刊》,这样就可以弥补台湾方面在文献史料建设上的不足。

大型历史文献《台湾文献汇刊》,经过编者十载整理之功,出版社三年的编辑努力,于2005年初正式出版发行,引起了海峡两岸学术界的高度关注。此次整理出版的《台湾文献汇刊》共7辑100册,收入珍贵文献资料近200种。这些文献资料,绝大多数是分藏于祖国大陆各地的图书馆、档案馆以及散落于民间的孤本、珍本、抄本,也有一部分是近年在日本等国及台湾地区新发现的珍贵文件,具有很高的史料价值和研究价值。这些文献资料,为揭示台湾历史发展变迁,揭示两岸不可分割的文化渊源关系,提供了最原始、最有力的证据。《台湾文献汇刊》的整理出版,弥补了台湾方面在文献史料建设上的不足。大型出版工程《台湾文献汇刊》的完成,使我社以"台"字当头的特色愈来愈鲜明。

为强化出版特色,做足"海峡概念"的大文章,我们最近策划了泛台海地区国学家文库出版项目(拟以厦门大学国学研究院和台湾地区"国史馆"、"中研院"的骨干力量为主组成编委会,并聘请中国社科院、厦门大学、台湾大学等有关专家学者参加)。整理出版泛台海区域近当代在国学研究方面具有卓越贡献、顶尖学者的生平著述全集,计划出版30套,目前已启动《陈荣捷全集》《王梦鸥全集》。我们还计划出版"漳州与台湾关系丛书"等一系列大陆区域与台湾关系图书。这些涉台大型出版工程的实施,将使我社"海峡特色"更加鲜明。

专版介绍厦大社荣获
"国家一级出版社"、"全国百佳图书出版单位"

大学理念与出版社的战略定位

我社在全国首次出版社评级中荣获"国家一级出版社"称号,是全国大学出版社中20家一级出版社之一,这让我们思考靠什么办好大学出版社的问题。依靠所在大学办好出版社,这是高校出版社的优势所在。高校出版社所在的大学多为国家高水平的研究型大学,在社会上有较大的社会影响力。高校出版社从大学理念出发,确定自己的发展战略和办社道路,这是科学的选择,也是现实的诉求。离开了大学理念,以商业理念作为自己的战略指导,高校出版社将无法彰显特色,在激烈的市场竞争中失去优势。

1.坚持学术为本,实施精品战略

大学是知识创新的重要方面军,高校出版社的出版物必须体现所在的学校水平,如此才能把所在学校的社会影响力转化为出版社的现实生产力。为实施精品战略,高校出版社必须坚持学术为本,在贯彻为教学科研服务的办社宗旨时,必须坚守自己的精品意识。贯彻为教学科研服务的办社宗旨,往往由于种种原因,使选题分散,难以杜绝平庸之作。因此,在为教学科研服务的过程中,出版社必须有自己的主体意识,必须坚持质量,坚持出精品,必须有一大批出版物与学校的水平和地位相称。高校承担了大量的科研、教学任务,高校出版社在出版精品图书方面的地位和作用显得十分重要,应该把出版精品图书作为自己的责任和使命。本着弘扬学术、积累文化和传播新知的精神,要把最优秀的科研成果通过出版物的形式反映出来,这些反映学科前沿研究成果的学术专著的出版,不仅提升了出版

◎厦门大学报,陈福郎,2009年10月15日

社的形象,同时也促进了学校学科建设和师资队伍的建设。许多教师正是通过本校出版社出版的校内一流、国内领先的学术成果,提高了学术地位和知名度,他们的学术成果也成为出版社的形象图书。要花大力气组织有重大文化积累价值的传世图书。出版具有重大文化积累价值的传世图书所产生的巨大影响力,可以提高出版社的知名度,提升出版社的形象。高校出版社在组织精品图书工程的过程中,要着眼于发挥本校的学科和地域优势,并将这一优势与人才优势结合起来。重视组织出版高水平、高质量的精品图书和具有重大文化积累价值的传世图书,这不仅是传播先进文化的要求,而且精品图书对出版社的教材和实用图书可以产生感召力,有助推作用,可以放大品牌效应。在出版物良莠不齐的今天,出版精品是形成并实现出版社可持续增长的动力源泉,是出版社核心竞争力的外在表现。当然,这里必须特别强调的是,精品图书不仅是指高层次的图书,不能陷入把高层次与精品等同起来的误区,精品不仅不排斥多层次,而且必须呈现出不同层次多姿多彩的格局,其本质是高质量。在实施精品战略的过程中,必须强化几种意识:原创意识、特色意识和出版人的主体意识。因为战略的实施,还得靠出版人执行力的充分发挥,在执行的过程中,如缺乏以上几种意识,其执行力就会打折扣。

2.发挥学校优势,实施品牌战略

大学出版社是大学的有机组成部分,大学出版社核心竞争力的提升,与大学学科建设的推进、学术水平的提高密不可分。大学出版社的发展应与大学理念趋同,与大学整体建设发展目标保持一致,并做到有所为有所不为,充分发挥学校优势,实施品牌战略。品牌竞争力乃企业的核心竞争力。出版社要生存要发展,在竞争愈来愈激烈的今天,创建图书品牌,参与市场竞争,显得刻不容缓。在制定和实施品牌战略的过程中,高校出版社必须从出版社实际出发,依托所在大学的学科优势与发展态势,将学校的学科优势发挥到极致,强化优势品牌与专业特色,才有可能培育和创建出品牌。我们常习惯把特色书、精品书与品牌书等同起来。其实,特色书、精品书与品牌书是不能画等号的。特色书、精品书主要注重图书的社会效益,而品牌书则必须产生"双效益",它必须有市场占有率,要有较大的社会需求。作为高校出版社,其优势在于有高校教学科研成果这一丰富的出版资源、学者专家这一优秀的作者资源、教师学生这个稳定的读者资源。实践证明,学校的学科优势只有转化为出版优势才能产生品牌效应。我们的品牌建设必须借势学校品牌，只有走高校这条市场通道才有生命力。制定品牌战略的切入点应当是，将学校的重点学科、优势学科和特色学科排队后，将学校那些有可能转化为出版优势的学科，确立为品牌图书的选题方向，进行立体开发，力争做大做强，明晰自己创建品牌的思路，确立品牌重点。在整个品牌格局中，高校出版社在品牌的选题结构上，首先要做全，在做全的基础上才有可能做大做强。我社的法律类图书，就是在确定为品牌建设的重点后，把高质量有特色的高校教材摆在突出的位置，进行多层次、立体化开发，以成规模效应。我们以主干课教材为先导，学术专著、选修课教材、教学参考书、普及读物全面开花。作者队伍以本校教师为基干，逐步扩展到全国主要法学院校，逐步形成了一支高水平的作者群。从实施品牌战略的需要出发，在确立品牌的过程中，我们还应有投资风险意识，并与作者建立了恒定的、守信用的良好合作关系。厦门大学广告专业是我国第一个创办的广告专业，上马之初，缺少教材。我社积极鼓励该专业的教师大胆地编写教材。我们出版的广告学教材，经不断修订，始终保持了教材的先进性。该专业在全国同类专业中知名度和美誉度名列第一，这同我们较早推出这套教材关系十分密切。现在这套教材在市场上十多年畅销不衰，深受广告专业师生和广告从业人员的欢迎。在整个品牌格局中，在以教材为龙头的同时，把学术专著、实用图书放在重要位置，有主有次，互为映照，进而放大品牌效应，从而形成高知晓度和认同度。

3.打造学习平台，实施目标读者战略

大学理念的社会关怀精神不仅体现在为社会培养高素质的学生，还体现在为学习型社会提供各种继续教育的知识和提升人文精神的食粮。在市场细分化的今天，高校出版社如何实施自己的目标读者战略，这是打造核心竞争力的重要一环。打造学习平台，引领社会学习时尚，创造目标读者，使自己的出版物有的放矢，实现"双效益"，必须注重几个问题。首先要做好服务大教育。高校出版社的主要目标读者是高校的学生，这是不言而喻的，是出版社必须着力争取的读者对象，这就要求我们参与到学校教学改革中去，针对不同的教学内容、教学方法和教学模式，提供不同层次、多种形式的教材和教学服务，甚至还要对教学进程跟踪，建立具有亲和力的十分到位的优质全程教学服务体系。此外，在创造目标读者的过程中，要充分使用学校的品牌，将高校学术资源、师资资源向社会辐射，以不同层次不同类型的出版物为人们主动创造学习平台，服务学习对象。在高等教

育、全民学习、终身学习的平台上,锁定目标读者,占有市场份额。其次,要在优化选题结构的过程中,以提供新理念新技术的出版物为专家学者和馆藏服务。除了学生是高校出版社的主要读者对象之外,各类专家学者同样是一个可观的出版物消费群体。充分利用信息时代的各种技术,把营销工作做到终端读者,这是高校出版社的一大目标市场。高校馆藏除了教学之用的图书,供研究之用的文献资料出版物,是高校馆藏的重要组成部分,它多以高校出版社出版物为主,因此,高校馆藏出版物应成为高校出版社的重要产品,因为它的目标市场十分明确,是大有可为的天地。还值得提及的是,引领新生代的人文关怀出版物,可以构建目标读者市场。大学是教育机构,也是青年人格形成的主要环境。出版引领新生代的人文关怀出版物,高校出版社有得天独厚的条件,还可以近距离地占有目标市场。总之,高校出版社要实施目标读者战略,离不开对大学理念的趋同。

成绩斐然 任重道远

——庆祝厦门大学出版社建社 15 周年

今年 5 月,厦门大学出版社高兴地迎来了她 15 岁的生日。15 年来,在校领导及广大师生的关怀和扶持下,经过出版社数任领导和全体员工的辛勤耕耘、无私奉献,终于换来了 15 载的春华秋实、累累硕果。15 年来,我社共出版新书 1700 多种,总印数 420 万册,总码洋 1.5 亿元。生产规模不断扩大,两个效益同步增长,特色优势日渐凸现,队伍素质普遍提高,综合实力大大增强。所出的图书中,获省级以上奖励的有 254 项,全国性大奖 78 项,有 3 种书获国家级最高奖——中国图书奖。出版社已走过了初创阶段,形成了稳步发展的良好势头。

大学出版社作为高校中学术性较强的事业单位,其主要任务是从出版方面为学校的教学科研和教师队伍的成长做贡献。15 年来,我社始终坚持正确的出版方向,坚持为教学科研服务的办社宗旨,没有出过一本政治上有问题或格调低下的坏书,教材专著占出版总量的 75% 以上,而图书获奖率高出全国高校出版社平均水平近 10%。我社的作者队伍中,68% 为本校教师,这些教师通过在我社出书,得以传播他们的科研成果,弘扬他们的学术思想。我社出版的"21 世纪广告丛书"、"厦门大学财经类优秀教材丛书"、"台湾研究丛书"、"华侨华人问题研究丛书"等,对满足我校的教学需要、提高科研水平、促进学科建设发挥了积极的作用。1997 年,国家教委组织专家对全国大学出版社进行严格的评估验收,我社以总分 89 分的优异成绩排在参评的 94 家大学出版社的前 20 名。

我社是一个具有独立法人资格的一般纳税人企业。自办社以来,自负盈亏、自支工资及各项管理费用,依靠逐年的积累,固定资产大大增加,并通过多种渠道筹集资金 300 多万元作为出版基金,有效地支持我校学术著作的出版。经过 15 年的摸爬滚打,已经造就一支有活力、有朝气的出版队

◎厦门大学报,蒋东明,2000 年 5 月 10 日

伍,在编、印、发等环节形成一套行之有效的管理方法和经营方略。目前,全社上下精神焕发,豪情满怀地迎接新的挑战。

展望新的世纪,我们深知,在当今图书市场的激烈竞争中,作为一个规模不大的高校出版社,要求得生存与发展,任重而道远。15年的风雨历程,使我们深刻地体会到,只有发挥优势,构筑特色,才能在竞争中占有一席之地。要继续坚持正确的出版方向,走"有所为有所不为"的发展道路,不盲目攀比追附。要突出学术性的基本方向,力求高品位、高层次的文化内涵。立足本校,依靠教师,努力创造条件,把代表我校学科优势和学术水平的教材专著反映出来,特别要使那些题旨宏大、积累丰厚、有经营意义和传世价值的学术精品反映出来,并使其传播功能得以最大限度的实现。

作为一个文化企业,我们一定要争取两个效益同步增长。这就要求我们要走向市场,找准选题,争创品牌,提高图书质量,加强发行工作。要培养一支懂经营、善管理、讲奉献的队伍,建立一个团结、务实、奋进的领导班子。我们相信在进行出版社第二次创业中,只要有学校领导和广大师生的关怀和支持,有我社全体员工的奋发进取,我们一定能把出版社办得更好。

专版介绍厦大出版社 20 年的成就

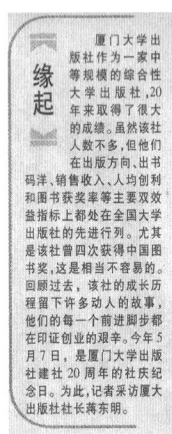

缘起 厦门大学出版社作为一家中等规模的综合性大学出版社,20年来取得了很大的成绩。虽然该社人数不多,但他们在出版方向、出书码洋、销售收入、人均创利和图书获奖率等主要双效益指标上都处在全国大学出版社的先进行列。尤其是该社曾四次获得中国图书奖,这是相当不容易的。回顾过去,该社的成长历程留下许多动人的故事,他们的每一个前进脚步都在印证创业的艰辛。今年5月7日,是厦门大学出版社建社20周年的社庆纪念日。为此,记者采访厦大出版社社长蒋东明。

新闻出版总署署长于友先(右)与社长蒋东明交谈。

专访:追求品位　诚信经营

坚持高品位寻找大发展

记者:现在,图书市场热点不断,时尚炒作令人目不暇接,但厦大出版社一直坚持出版高品位的学术书籍,对此,您是如何看待的?

蒋东明:任何经营活动,都想尽快获取最大利益。厦大出版社实行企业化管理,要求自负盈亏、自我发展。20年来,我们一直都没有放弃寻找大发展的机会,但真正快速发展却还是在大学教材和学术专著这个领域里得到机会。分析起来,其实道理很简单,厦门大学是福建省唯一的一所国家重点大学,厦大出版社是福建省唯一的一家大学出版社,我们编辑队伍熟悉的是大学的教材建设和大学里专家学者的科研动态,我们的营销推广工作最容易接触的对象也是大学,我们的出版工作最受欢迎的还是大学。所有这些,就是我社发展的优势。

在当今,出版活动受到各种利益驱动的机会很多。在有限的出版资源

◎厦门日报,宋智明,2005年4月29日

里，选择的专注则体现了一种战略思维。厦大出版社之所以能够发展，靠的就是我们的优势和特色。因此，创立品牌是我们的努力方向，出版学术精品是我们的崇高使命，在这个领域里同样也有很大的发展空间，唯有坚持不懈，才能有所作为。

把出版社办成一个温馨的家

记者：据我所知，厦大出版社是一个很有朝气、充满活力的集体，请谈谈您的管理理念。

蒋东明：大学出版社产生在大学里，带有许多大学校园的人文特点。但同时大学出版社又是一个文化企业，需要制度的建设、人员的管理、经营的利润。大学出版社要实现可持续发展，根本之道是将其管理模式纳入"人本管理"。大学出版社的员工不是简单的生产工具，而是一批有着充分的主体性、意志力和文化内涵的知识分子，必须尊重他们的主体意志和文化需求，坚持"以人为本"，实现管理的重点由"物"到"人"的根本性转变。大学出版社要充分利用身处大学校园这一优势，建立起有自身特色的企业精神和文化，以激发员工的工作热情，建立起富有竞争力和亲和力的和谐组织。

我社历任领导都十分重视企业文化建设。我们的口号是"把出版社办成一个温馨的家"。这个温馨家庭的形成，是有许多实在内容的：首先，我们领导班子要作风正派，无私敬业，以自己的人格魅力来带动大家。其次，要真心实意地去关爱员工，切实把员工的切身利益挂在心上，不仅仅是物质上的，更重要的是给予员工能力的培养、生活的关爱、学习的机会、思想的进步，竭力创造舒心的工作环境和积极健康的团队氛围。只要员工把出版社当作"家"，只要他们把心系在事业上，他们的激情就会源源不断地为出版社带来回报，出版社就拥有最强大的核心竞争力。

诚信待人 良好服务

记者：图书市场竞争激烈，作为一个面临生存和发展压力的出版社，您的经营理念又是什么？

蒋东明：我认为，商战的真谛就是做人之道。20年来，厦大出版社在图书市场赢得了良好的声誉，我认为经营技巧还在其次，关键在于我们的诚信待人和良好的服务。靠喝喝酒、套近乎赢得市场的做法是不能长久的。说实在，我们社里的人都不是能说会道的"生意人"，但我们和作者、书店、大学教材部门、印刷厂甚至是主管单位接触下来，他们对我们信任，他们愿意和我们合作。做人以诚,做事以实,彼此心坦诚,则没有什么解决不了的问题。虽然我国社会主义市场经济的法制环境和信用环境还不健全,但诚信原则仍然是最根本的经营之道。只要你坚持做人之道,坚持这种经营理念,那么经营的利润就会是它的自然结果。

总编说:在理性与激情间行走

厦门大学出版社与学校同行,与时代共舞,历经了20个寒暑。春华秋实,如今我们可以自豪地向我们的作者,向我们的读者吐露心曲:我们努力过,我们成功过,我们还要走向辉煌。这是时代的召唤,也是厦大出版社同仁一以贯之的文化使命感。

弘扬学术,积累文化,传播知识,提升学校的学术水平是我们的天然使命。2300多种教材专著排成的学术方阵令人眩目,360多项省级以上奖励无言地叙说品位之高低,四次中国图书奖令出版同行刮目相看,百册文献汇刊见证台湾历史为世界瞩目……凡此种种,都在说明,我们没有在商业大潮中迷失,我们坚守着一份学术良知。

在大学出版这块园地里,我们虽然不是参天大树,但我们以自己的理性与激情创造出自己的出版特色。我们策划创建的三大出版工程——新世纪学术新视野大系、台湾研究系列、东南亚与华人华侨研究系列,大力关注独创性、原创性的系列化著作,诞生了一批反映学术前沿的优秀成果。如《透视中国东南:文化经济的整合研究》《台湾文献汇刊》产生了广泛的社会影响,提升了学校的学术影响力。出版社要生存要发展,在竞争愈来愈激烈的今天,创建图书品牌,参与市场竞争,同样显得刻不容缓。在制定和实施品牌战略的过程中,我们从出版社实际出发,努力发挥学校的学科优势,逐步培育出品牌来。我们策划组建的法律、经管、广告类图书系列已在书界颇具影响,市场的回声是:厦大社的法律书全、经管书优、广告书特。作为高校出版社,我们的优势在于有高校教学科研成果这一丰富的出版资源、学者专家这一优秀的作者资源、教师学生这个稳定的读者资源。实践证明,学校的学科优势只有转化为出版优势才能创造出特色。商海弄潮,我们想起李白的诗句:"长风破浪会有时,直挂云帆济沧海。"

大学出版贯穿着大学精神,大学精神代表着学术自由和学术创新。缺失了大学精神,大学出版就偏离了它的初衷。在出版运作上低俗化、媚俗化盛行的今天,提倡学术为本、多出精品,这是大学精神对大学出版的召唤。20年来,我们出版社没有随波逐流,在弥漫着急功近利与浮躁的社会大环境中,始终坚守着自己的文化品位。坚持学术为本,实施精品战略;发挥学科优势,实施品牌战略;在坚持特色中不断壮大自己的实力。在色彩斑斓的出版界,出版人不再仅仅是传统的"为人作嫁"的改稿匠,时代赋予了他们全新的功能,他们的身上活跃着主体意识、创造意识。一个好的创意、成功的策划,可以激发作者的创新思维,从而成就全新的学术作品。把握好你的理性与智慧,迸发出你的激情和勇气,踏踏实实地辛勤耕耘,大学出版园地同样可以姹紫嫣红。

读者说:带一本书游厦门

在过去的三年里,我给很多往来厦门的中外朋友的礼物就是一本书——《魅力厦门》。我一点都不会觉得自己很吝啬或不够品位。我确信这份礼物足以让每位识字(限中英文)并且对厦门饶有兴致的人受益匪浅。唯一遗憾的是,这本书不是出自我的手笔,它甚至不是一位地道的中国人写的。尽管他口口声声说过:我是厦门人,我住在世界上最美的地方。

潘维廉为读者签售《魅力厦门》

潘维廉教授的名字在厦门家喻户晓。同时如雷贯耳的还有他的《魅力厦门》一书以及后来的《魅力福建》《魅力泉州》系列。书如其人,当你被潘风趣诙谐的演讲逗得捧腹大笑之时,也许有人在世界的某个角落翻着潘的书正狂笑不已,虽然这看上去有点滑稽。我认为,幽默是世界上最强大的力量之一。《魅力厦门》一书让很多略微有点多愁善感的人战胜了对未知生活的恐惧,起码对我是。想想吧,还有什么比生活在语言不通生活条件更差的异国他乡更艰巨的,居然还有人如此乐观待之,还记录之分享之,多少让人钦佩不已。

当然,《魅力厦门》不是一本卡通童话,仅是逗你开心而已,尽管内里堪称图文并茂,收有这个城市最好摄影家和收藏家的珍贵照片。我之所以拿之送人的另一原因是它的实用。我敢肯定它不会被浏览一遍后永不见阳光。我的很多外国朋友是这样感激我的:谢谢你,我不用买地图和字典了。想想看,这是多么欣慰的话,尤其是对作者这样的业余美食家和旅游家来说,有什么比对这份勤奋更好的褒奖呢。毕竟,不是每个人都有作者的天赋和奉献精神的,如我,生活在厦门这么久,连公交车站都搞不清楚,急切地需要这类生活指南。

《魅力厦门》的好处还有很多,诸如学习英文,了解中西差异等等。想想吧,这是一位正宗的美国博士写的,他还精通中文!但尽管这样,我还是建议你亲自领略一下。这比别人告诉你一百遍还要管用很多。正如作者所说:Better to try and fail,than fail to try(试过然后失败,总好过不试)。

作者说:亲切的回忆

第一次在厦大出版社出书是1989年初。往事并不如烟,当年第一部专著出版时的振奋感和出版社朋友的关怀迄今仍点滴在心头。16年前出版专著的难度和今天不可同日而语,不但审查严格,出版经费也不易筹措。在编辑陈森镇、吴晓平和老领导李承志夫妇的关心下,我的博士论文《中国封建政府的华侨政策》终于出版了。

本书获得省社科三等奖,让我欣慰的是这本书迄今仍是国内外同行不断引用的著作。此后本人虽然连编带

庄国土　厦门大学南洋研究院院长

译,出了10多本书,大部分书也获奖,但激动的感觉反而没有了。在出版社多如牛毛、著作满天飞的年代,坚守学术价值的学者和出版社似乎反而有点不合时宜了。虽然大学出版社在国内并不被特别看重,但我始终保持对厦大出版社的执着,与厦大出版社的合作从未间断。在美国、欧洲、日本,大学出版社代表学术的品位,哗众取宠的著作很难被大学出版社接受。我坚信,学术的薪火相传,与大学出版社的慧眼和努力息息相关。

近年来,我与厦大出版社的合作主要是出版东南亚研究基地的东南亚和华侨华人研究系列丛书。在出版社侯真平副总编和我的同事聂德宁的

精心策划下,迄今已经出版15部。这套书作为教育部文科研究基地的标志性成果,获得教育部和评审专家的好评。东南亚研究中心成为中国大学国际问题研究(含港澳侨台研究)13个重点研究基地中唯一优秀基地的获得者,这套书的出版功不可没。我仍将一如既往与厦大出版社合作,因为我认为,厦大出版社,将继续是厦大学术的推动者之一。

营造特色　树立品牌　争创一流业绩

——厦门大学出版社建社20周年巡礼

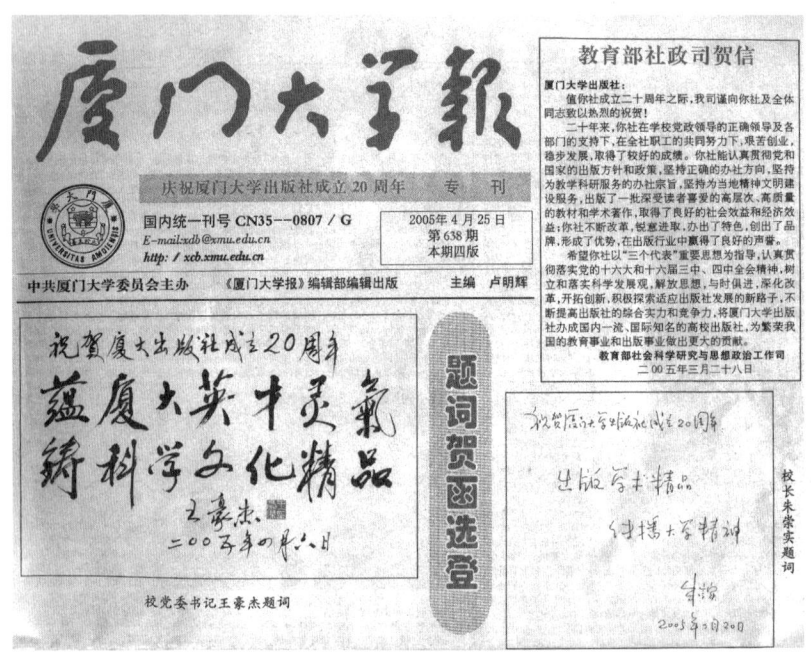

厦门大学出版社创立于1985年5月。建社20年来,我们以不断开拓、勇于进取的精神,脚踏实地,努力奋斗,使我社的各项事业都有了很大的发展。多年来,我们坚持"一流的大学要有一流的大学出版社"的理念,坚持以特色、品牌取胜的经营思想,始终贯彻党的出版方针,坚持为高校教学科研服务的办社宗旨,为读者奉献了一大批具有很高的学术品位和文化品位的优秀图书,没有出版过一本政治上有问题或格调低下的图书,在出版界赢得较高的声誉。

作为福建省唯一的一家大学出版社,近20年来,我社共出新书2300多种,重印1000多种(2004年重印率为60%)。其中高校教材、学术专著

◎厦门大学报,蒋东明、陈福郎,2005年4月25日

占80%,本校作者约占50%。所出版的图书中,获省级以上奖励的360多项,其中全国性大奖80多项,获奖率为15%,远高于全国3%的平均获奖率。《毛泽东思想与中国文化传统》《税利分流研究》《膜分子生物学》《透视中国东南:文化经济的整合研究》荣获中国图书奖;《当代中国女性文学史论》被列入第四届世界妇女大会代表赠书;《思想道德修养》获教育部首届评选的"全国高校两课优秀教材";《广播电视广告学》《货币银行学》等多种教材获全国大学版协评出的"优秀畅销书";"中央苏区历史研究丛书"被新闻出版总署列为全国建党80周年100种献礼书之一;"穿透灵魂之旅"丛书为2002年全国书市的畅销书;前不久问世的国家"十五"规划重点图书《台湾文献汇刊》(100册)在社会上引起极大反响。

在学科建设方面,我社发挥了不可替代的作用。近年来,我社为东南亚研究中心出版的"厦门大学东南亚研究中心系列丛书"一套10种,以其高质量和高效率赢得了专家的赞誉,为该中心的验收打下坚实的基础;我社为人文学院出版的"文艺学新视野丛书"、"应用语言学丛书"、"传播新视野丛书"、"影视戏剧研究丛书"等,成为该学院在申报博士点的学科建设中的优势条件;我社为法学院出版了9个系列,近百种教材专著,为该学院的教学科研、学科建设及申报民商法博士点起到重要作用;即将出版的《固体表面物理化学若干研究前沿》,是作为科技部第三次对国家重点实验室评估的著作项目之一,对评估将起到积极的作用;外文学院的"厦门大学英语语言文学博士文库"的出版,将作为该学院博士后流动站申请的必备条件。随着我社不断推出学术精品,必将极大地推动我校的学科建设。

根据统计,在我社出版著作的我校教师有近千人次。不少教师通过在我社出版发行其著作,大大提高了其学术水平和学术声望,也大大提高了他们的研究和教学水平。由于出版社在推动和整合研究力量上的特殊地位,使之对我校教师的整体学术水平的提高起到了重要的作用。

出版社的经营管理体制,按照"事业单位、企业化管理"的经营模式,具有独立的企业法人地位,自主经营、自负盈亏。近年来,我社的经济效益有了较大的提高。我社以高等教育图书为我们的主要发展领域,利用高校扩招的契机,逐步形成了多学科、多层次、覆盖面广的教材体系。通过我们的努力,我社在高校教材的出版方面占有一席之地,成为我社经济增长的支撑点。其中,法律、会计、财金、计统、企管、计算机、外语、广告等专业的教材,已形成了一定的品牌,满足了教学的需要,促进了学科建设。这不仅为提高厦门大学乃至全省高校的教学水平,加强师资队伍的建设发挥了自己应有的作用,也取得了良好的经济效益。

　　大学出版社处在大学校园,又是生产精神文化产品的事业单位,我们更应在其企业精神、文化内涵上下功夫,使之拥有奋发向上的人文精神、和谐融洽的人文环境,这其中最根本的就是对人的关爱,使每个人的积极性都能充分发挥,使出版工作成为人们向往的事业。长期以来,我社有一个良好的工作氛围,有一种积极向上的企业文化精神,几任领导班子都十分注意调动职工的积极性,努力把出版社办成一个"温馨的家"。我们充分发挥党支部、工会的作用,关心职工的疾苦,解决他们的实际困难。目前,我社班子团结,富有开拓进取的精神,职工的工作积极性很高,克己奉公、以社为家的精神已蔚然成风。

社务会研究"十一五"出版计划

　　回顾我社 20 年来所走过的道路,我们倍感欣慰;展望未来,我们充满信心。当前,我国出版业正面对着许多新的机遇,也面临着许多新的挑战。我们要树立出版产业意识、竞争意识。我们坚信,在学校的坚强领导下,有广大师生的大力支持,我们这支有着强烈事业心的出版队伍,一定能把厦大出版社建成一个有鲜明特色、在全国有较大影响的高校出版社。

蕴大学精神　铸学术精品

厦门大学出版社以"蕴大学精神，铸学术精品"为理念，以繁荣学术、积累文化、传播知识为己任，实现了高质量、高水平、有特色的图书结构。本届书博会上该社将为读者展示各类重点图书和特色图书170余种。

厦门大学出版社坚持走高端文化出版路线，其出版的"闽台历史民俗文化遗产资源调查丛书"涵盖闽台民间信仰习俗、民间文学等13个方面，丛书特色鲜明，收集保存了珍贵的民俗文化遗产资源。《中国会馆志资料集成》（第一辑）收集大量散见于各地图书馆、民间或私人手中的会馆志和征信录等珍稀藏本，对于挖掘和保存中国优秀的本土文化资源，借鉴和发扬传统乡土社会流动人口和行会社团管理的有效经验，都具有深刻的现实意义。"凤凰树下随笔集"则收录了厦大学人的学术随笔、学术短札，集厦大学人长期学术积累积淀而成的通俗、灵动、富于思想性和启迪性的文字、艺术结晶，让读者进一步走近厦大学人的内心世界，更加切实地认识一所大学的真实内涵。

华侨历史是厦大社的出版强项，书博会上该社将为读者展现《菲律宾华人通史》。该书是第一次全面系统地论述中菲1500年关系史和菲律宾华侨华人700年历史的总结性著作，是迄今这一研究领域规模最大的学术成果，堪称21世纪东南亚华侨华人历史和中菲关系史研究的一个里程碑。

海洋图书也是厦大社的一大特色。《中国鲎生物学研究》系中国鲎研究专家洪水根教授30多年辛勤耕耘的总结和结晶。该书的出版全面展现了我国鲎研究的成果和鲎保护的措施，在世界鲎研究领域占据重要一席。《中国鲎生物学研究》出版后被评为国家出版基金代表成果。

◎中国新闻出版报，李子木，2014年7月30日

精品＋品牌＋目标读者
厦门大学社："三大战略"取得双效益

厦门大学出版社在全国首次出版社评级中被评为一级出版社，并荣获"全国百佳图书出版单位"的光荣称号，是全国大学出版社中20家一级出版社之一。

作为中小型的大学出版社，近年来，他们以弘扬学术为根本，打造核心竞争力，科学定位，进一步明晰了发展思路。在出版实践中他们认识到，高校出版社必须从大学理念出发，确定自己的发展战略和办社道路，应是科学的选择，也是现实的诉求。离开了大学理念，以商业理念作为自己的战略指导，高校出版社将无法彰显特色，在激烈的市场竞争中失去优势。

为此，他们制定了可持续发展的"三大战略"：精品战略、品牌战略、目标读者战略。由于"三大战略"的实施，厦门大学社取得了良好的"双效益"。2009—2010年出版图书560多种，其中90%为学术著作和高校教材，特色图书和品牌图书占60%，有120种图书获得省级以上的各种奖励，经济效益也有大幅度的提高。

学术为本　实施精品战略

厦门大学出版社在实践中形成的共识是：大学是知识创新的重要方面军，高校出版社的出版物必须体现所在学校的水平，如此才能把所在学校的社会影响力转化为出版社的现实生产力。

为实施精品战略，他们坚持学术为本，坚守精品意识，先后出版了四辑反映厦门大学优秀学术成果的"南强丛书"（70种），成为展示厦门大学学术成果的一个重要载体和平台。另外，《透视中国东南：文化经济的整合研究》等4种图书荣获中国图书奖；《台湾文献汇刊》被作为2006年胡锦涛主

◎中国新闻出版报，水云，2011年11月14日

席访美赠耶鲁大学图书馆的图书之一,同时获福建省第六届社会科学优秀成果奖特别奖;《东亚华人社会的形成和发展:华商网络、移民与一体化趋势》荣获第二届中国出版政府奖提名奖;《固体表面物理化学若干研究前沿》《中国农村社会保障法律问题创新研究》入选新闻出版总署"三个一百"原创图书出版工程。

在坚持学术为本、实施精品战略的过程中,厦门大学出版社形成了以台湾研究和东南亚与华人华侨研究图书为特色的精品图书体系。厦门与台湾地区以及东南亚各国有着密切的"血缘"和"地缘"关系,厦门大学在台湾及东南亚与华人华侨研究方面有雄厚实力,为此出版社充分发挥地域优势、学科优势,出版了一大批标志性的传世图书和特色图书。出版的台湾研究大系已具有规模,内容包括台湾政治、经济、文化、历史、教育、文学等领域。其中国家"十五"重点规划图书《台湾文献汇刊》,是迄今为止大陆最大型的台湾历史文献出版工程,全书100册,涵盖了目前有关台湾的珍稀历史文献。它的出版对实现海峡两岸的统一有很强的现实意义。

在华人华侨与东南亚研究方面,厦门大学出版社已成为全国出版这方面学术图书的重镇。他们出版的图书同样涵盖政治、经济、历史、文学、教育等多个领域,出版的200多种学术价值和现实意义结合较好的系列专著,为该学科的建设产生了重要的作用。比如获第二届中国出版政府奖提名奖图书《东亚华人社会的形成和发展:华商网络、移民与一体化趋势》,是作者多年研究的成果,它首次对东亚华人社会进行了整合研究,对中国崛起与华人社会资源之关系作了深入剖析,多角度探究了东亚经贸圈与华人社会的互动,是首部泛东亚华人社会整合研究的学术大书。

背靠学校　　实施品牌战略

"大学出版社是大学的有机组成部分,大学出版社核心竞争力的提升,与大学学科建设的推进、学术水平的提高密不可分。大学出版社的发展应与大学理念趋同,与大学整体建设发展目标保持一致,并做到有所为有所不为,充分发挥学校优势,实施品牌战略。"这是厦门大学出版社的另一共识。

作为高校出版社,其优势在于有高校教学科研成果这一丰富的出版资源、学者专家这一优秀的作者资源、教师学生这个稳定的读者资源。他们的实践证明,学校的学科优势只有转化为出版优势才能产生品牌效应。

在整个品牌格局中,厦门大学出版社依托厦门大学,将学校学科优势转化为出版优势,实施品牌战略,逐步形成了一批在书界颇具影响的品牌图书,以经管类、法律类、广告类、人文类、古籍整理类图书铸就了自己的品牌和优势。据统计,厦门大学出版社立足本校、辐射全国的经管类图书占该社总选题量的30%。其中,学术著作如《中国农村经济制度变迁六十年研究》、教材如"21世纪会计学教材系列"、实用图书如"福友现代实用企管书系"等影响广泛。《中国农村经济制度变迁六十年研究》这部学术大书首次从历史与逻辑两方面全景式地观照中国农村经济制度的变迁,对中国农村经济制度的演进作了权威解读,对中国农村经济制度的变迁作了深刻探究,对中国农村经济制度的走向作了科学昭示,出版后产生重大影响。

此外,厦门大学出版社的法律类图书在全国有异军突起之势,其已出版的400多种专著、高校教材和普及读物中,"高等学校法学精品教材系列"、"国际经济法文库"等20多套丛书的作者涵盖全国主要法学高等院校。数据显示,近两年来该社法律类图书零售销售排行居全国第13～15位之间。像"共和国六十年法学论争实录"(全8册),以史家的笔法,以"实录"的方式,从学术史的层面再现共和国六十年历史进程中发生的一次次法学重要问题的论争。该书从一个个侧面揭示我国法学从"荒蛮之地"走向"显学",从"幼稚之学"走向成熟的不断开拓的历程。以"实录"的方式再现共和国六十年间发生的法学论争,这在我国法学学术史的理论研究方面还是第一次。

引人关注的是,由于厦门大学广告学专业是全国高校中第一个创办广告专业的院校,知名度和美誉度居全国第一,被誉为广告人才的"黄埔军校"。其中"21世纪广告丛书"是全国第一套系列化的广告教材,为该学科的建设作出了重要贡献,经多次修订和改版,历经16年畅销不衰。随后出版的"广告传播与艺术丛书"、"先锋广告人丛书"等一批广告图书,和"厦门大学广告学丛书"一样成为有影响的学术专著和高校教材,从而壮大了出版社这一品牌。

在出版社的整个品牌格局中,人文类图书也是该社的主要图书构成,国学研究、社会经济史研究、海洋海关史研究、闽南地方文化、戏剧影视研究和旧方志方面的图书已形成特色。在古籍整理方面,以史料文献图书为主,如《中国稀见史料》,收纳海内外现存复本10部以内乃至孤本的稀见史料,具有保存、传播珍贵史料的价值。该社坚持在以教材为龙头的同时,把学术专著、实用图书放在重要位置,有主有次,互为映照,进而放大品牌效应,从而形成高知晓度和认同度。

打造平台　实施目标读者战略

"大学理念的社会关怀精神不仅体现在为社会培养高素质的学生,还体现在为学习型社会提供各种继续教育的知识和提升人文精神的食粮。在市场细分化的今天,高校出版社如何实施自己的目标读者战略,是打造核心竞争力的重要一环。"这是厦门大学出版社的第三个共识。

在出版活动中,他们倾力打造学习平台,引领社会文化阅读,创造目标读者,使自己的出版物有的放矢,实现了"双效益"。厦门大学出版社认为,在立足高校阵地、实施目标市场战略过程中,应以品牌图书为基干,开发多学科多层次教材系列,并立体化地整体推进科学有效的编辑出版思路。如该出版社组织的一系列精品专业课教材、高校公共课教材、职业考试培训用书和开发的研究生、本科、专科院校等不同层次适用的教材及配套出版高校教辅图书以及供教学使用的电子出版物,就充分体现了这一思路。他们的高职高专教材已形成规模,特别在外语、计算机、经管、服务性专业方面的教材具有地方特色和较强的实训性。

与此同时,在市场营销上,该社也确立了以高校市场为主要目标市场的发行思路。该社认为,遵循市场规律,加强产品营销策划,切实抓好图书质量,提高售后服务水平,以品牌力、完善的服务和诚信力才能赢得市场。

厦门大学出版社是福建省唯一的高校出版社,在为高校教学科研服务的同时,他们也把为厦门特区的理论建设和文化传播作为自己的崇高使命,并创造了目标读者群。比如该社与厦门社科联合作,每年都出版一批以厦门为研究对象的学术著作,有力地提升了厦门在全国的文化品位,也为市政府的决策提供了参考。其中,"厦门文史丛书"现已出版几十种,这些追述厦门历史人文发展轨迹的图书,对发展海峡两岸关系产生了亲和力,也受到读者的欢迎。

厦大出版社全力为特区建设服务

我国经济特区中唯一的大学出版社——厦门大学出版社创办六年来，发挥本校的学科优势与地缘优势，出版了一大批为特区经济发展服务的图书，被誉为特区建设的"思想库"。

厦门大学的经济学科实力雄厚。厦大出版社利用这一优势，推出一批涉外经济方面的图书，为实施沿海经济发展战略献计献策。当特区金融人员急需更新知识时，他们出版了国际金融系列教材，介绍当代先进管理经验。《中外合资经营企业会计》深受合资企业财会人员欢迎，已多次重印。《金融市场与投资》《现代企业数量化管理方法》《外向型经济发展战略》等均有较高的应用价值。

将特区建设中的成果理论化、系统化，是厦大出版社的工作重点。厦门特区经济发展贸易公司组织了一个智囊团，吸收经济、外贸、金融等方面的专家参加，取得可观效益：公司年投资额达8亿元，每年利润翻一番。厦大出版社主动帮助智囊团总结经验，出版了《外商投资项目的经济效益评估》。这本书尤其受到投资者青睐，已成为外商进行投资决策的重要依据。

厦门大学与东南亚和港澳台有着密切联系，这里的南洋研究所与台湾研究所，是国内最早成立的专门研究东南亚、台湾问题的学术机构。厦大出版社利用这一优势，推出《华人在东南亚经济发展中的作用》《当代台湾政治研究》《战后台湾经济分析》等，不仅对特区建设有参考价值，而且促进了海内外文化、学术交流。

厦大出版社在全力为特区建设服务中办出了特色，已出版的图书中有30种获省级以上各种奖励，还有一种获美国海明威研究奖。

◎新华社，1992年7月20日

以学术为纽带　彰显对台特色
——厦门大学出版社涉台图书蔚为大观

厦门大学出版社是福建省唯一的全国百佳图书出版单位,也是20家大学一级出版社之一。在强手如林的大学出版社中,他们坚持学术为本,以学术为纽带,把涉台图书做强做大。他们充分发挥厦门大学的学科优势,充分利用厦门与我国台湾有"五缘"(血缘、地缘、文缘、商缘、法缘)的独有便利,在"台"字上做足文章。这一战略构想,经过10多年付诸实践,现在已在大学出版社中独具特色,有关台湾的出版物蔚为大观,成为海峡两岸文化交流的一座壮丽的桥梁。

打造学术精品力作,解读台湾历史与现状

厦门大学台湾研究院是大陆最早成立的专门研究台湾的学术机构,是国家文科重点研究基地。厦门大学的人文学科和社会科学学科,也将研究台湾和海峡两岸关系作为重要的课题。台湾作为中国文化生态圈中的一个区域,其社会文化经济的存在和发展,必然打上中国大陆文化不可磨灭的思想烙印。而这种思想烙印的传承不息,是经过长时段的文化传播及其变迁磨合的艰辛历程锻铸而成的。深层次地探索海峡两岸各个领域的互信互动,不仅对进一步认识台湾与祖国的不可分割有着重要的学术价值和现实意义,而且有助于进一步加强海峡两岸的沟通与合作。厦门与台湾隔海相望,有着长期的历史渊源。该社发挥学科优势、地域优势和人才优势,出版的台湾研究图书包括台湾历史、经济、政治、文化、文学等领域。厦大台湾研究院研究台湾历史的专家力量最为雄厚,他们出版研究台湾历史的学术专著多、学术水准高,并以此为龙头,带动了台湾经济、政治、文化和文学的学术图书都有较强的原创性、前沿性。如最近出版的"台湾研究专家

系列"、"台湾研究博士文库"、"海峡两岸文化与传播研究系列"、"中国现代化进程中台湾文学'现代性'研究丛书"。该社每年都推出数十种高水平的学术著作,对台湾的历史与现状作全方位的研究,加深了大陆对台湾的了解,增进了两岸的共识,把台湾研究的图书推向了一个多维的高度。

这一大批高质量研究台湾的图书的出版,具有重大的社会意义。如最近推出的资深台湾研究专家陈孔立教授的《走近两岸》,作者以自己的亲身经历讲述了近30年来两岸学术交往过程中许多鲜为人知的事件,分析了台湾的政治生态及运作特点,有助于读者了解和把握台湾民众的多元情感与政治走向。《台湾海疆史研究》是作者长期研究台湾海疆史的成果,到目前为止还未见到同类著作。该书利用档案史料,研究郑成功及康熙时代的历史,发掘不少前人未用过的史料,并且把这段历史与保卫边疆联系起来,提出了独到的见解,对研究这一时期的历史有重要参考价值,对维护国家领土主权具有现实意义。《台湾政治生态的变化与两岸关系》,从台湾政治生态的变迁轨迹中,剖析了岛内蓝绿势力消长与变化的轨迹,深入分析了其对两岸关系发展所带来的冲击和影响,视角独特,有很强的理论价值和现实意义。《过程与分析:媒体与台湾政治民主化》是大陆在"媒体与台湾政治民主化"课题研究中的一部开创性的著作,全书不仅有翔实的案例,而且有较高的理论深度。

整合两岸学术资源,建设大型出版工程

在以"台"字当头打造特色的过程中,厦门大学社注意到必须推出几项大的具有传世功能的出版工程,才能使特色立稳脚跟。

自20世纪50年代以来,台湾文献委员会在台湾银行出资支持下,组织大批文史专家,经过近20年的努力,搜集编辑了大型《台湾文献史料丛刊》,共整理出版各种文献资料400余种。这套文献丛刊成为迄今为止研究台湾历史最基本和最重要的资料。从事台湾问题研究的大陆学者,基本上都引用这套丛刊的资料,其功不可没。但是由于20世纪70年代末以前,海峡两岸的文化交流完全处于隔绝状态,因此,这套丛刊只能网罗台湾岛内的文献资料,而不能顾及台湾之外特别是大陆收藏的众多文献资料。因此,台湾整理出版的《台湾文献史料丛刊》固然规模宏大,影响广泛,但却并不完备。大陆许多图书资料部门所收藏的有关台湾问题的文献资料十分丰富,亟待搜集、整理和出版。在这基础上整理编辑一套《台湾文献汇

刊》,可弥补台湾方面在文献史料建设上的不足。

大型历史文献《台湾文献汇刊》,经过编者十载整理之功,出版社3年的编辑努力,正式出版发行后,引起了海峡两岸学术界的高度关注。此次整理出版的《台湾文献汇刊》共7辑100册,收入珍贵文献资料近200种。这些文献资料,绝大多数是分藏于大陆各地的图书馆、档案馆以及散落于民间的孤本、珍本、抄本,也有一部分是近年在我国台湾及日本等地新发现的珍贵文件,具有很高的史料价值和研究价值。这些文献资料为揭示台湾历史发展变迁,揭示两岸不可分割的文化渊源关系,提供了最原始、最有力的证据。《台湾文献汇刊》的整理出版,弥补了台湾方面在文献史料建设上的不足。在北京人民大会堂举行的出版座谈会上,全国人大常委会副委员长、全国台湾研究会会长成思危指出:"这套《台湾文献汇刊》的出版,将会进一步推动有关台湾问题的学术研究。更重要的是能够以扎实厚重的文化积累形式,有力地揭露'台独'分子进行'文化台独'的图谋。"大型出版工程《台湾文献汇刊》的完成,使该社以"台"字当头的特色得到了凸显。

福建省漳州市是台湾民众最主要的祖居地,出版一套阐述台湾与漳州关系的学术图书是一项十分有意义的学术工程。出版社与漳州市密切配合,组织有关专家,历时多年,撰写了一套"漳州与台湾关系丛书",丛书共8种,从寻根问祖到现实交往,全面、历史性地阐述了两岸的关系,资料翔实,论述精当,为进一步加强两岸的交往发挥了文化支撑作用。

为强化出版特色,做足"海峡概念"的大文章,厦门大学社最近策划了"泛台海地区国学家文库"出版项目,以厦门大学国学研究院和台湾地区"国史馆"、"中研院"的骨干力量为主组成编委会,聘请中国社科院、厦门大学、台湾大学等有关专家学者参加,整理出版泛台海区域近当代在国学研究方面具有卓越贡献的顶尖学者的生平著述全集。出版社计划出版30套,目前已启动《陈荣捷全集》的编辑工作。陈荣捷是全球公认的研究朱子学的权威,"中研院"院士。朱熹理学是中国封建社会后期的统治思想,影响后世700余年,在国学热的今天,朱子理学在现实生活中仍发挥着影响力,整理出版《陈荣捷全集》对两岸的文化交流有重要意义。此外,《林惠祥全集》也正在编辑出版中。这些涉台大型出版工程的实施,使厦门大学社对台特色更加鲜明。

拓展海峡概念，放大品牌效应

厦门与台湾仅一水之隔，语言相通，习俗相同。随着两岸民间经贸和学界交往日益频繁，厦门大学社在着力出版大陆专家学者的原创学术著作的同时，也在充分发挥"五缘"的优势，努力探索如何发挥双方的优势，放大"台"字出版物的品牌效应。该社采取了以下几项措施，得到了良好的双效益。

1. 合作出版

台湾在企业管理方面有其长处，也有在写作实用图书方面经验丰富的一批学者，这批学者组成了一家"福友公司"。经过双方多方面切磋，厦大社认为大陆在企业管理方面的图书虽多，但与台湾相比在理念上有很大的差别，且针对性也过于宽泛。所以决定出版一套定位在制造行业、市场前景较好的"福友现代实用企管书系"。该书系由福友公司组稿，厦大社负责编、审、校、印，由双方共同发行，首先推出了两种书：《品质管理》和《管理技术》，定价分别是56元和72元。这两本书虽然和同类书相比价格高出好几倍，可是一进入图书市场就出现了热销现象。因为台湾作者的写作风格和大陆作者不同，图书本身理念也较为先进，针对性和实用性强，所以才会产生价格不菲却长销不衰的情况。这两种书的成功，大大鼓舞了厦门大学社与台湾方合作出版的热情。每年他们都推出一批新选题，"福友现代实用企管书系"至今已出版了50多种图书，取得了很好的双效益。

2. 开发有台湾背景的作者群

台湾背景作者的作品视角和大陆作者有差异，通过本土化之后，必将给读者带来新的视野。比如厦门大学法学院教授傅崐成，他原是台湾大学的教授，还是我国台湾地区"立法院"的顾问。受聘厦门大学之后，他专注于海洋法律的研究，厦门大学社请他主编一套"海洋政策与法律研究丛书"，至今已先后推出《海洋法专题研究》《海洋法相关公约及中英文索引》《联合国教科文组织〈保护水下文化遗产公约〉研究》三本专著。这些专著对相关部门有很强的参考使用价值。该社的"国学研究丛书"现已出版30多种，其中相当一部分是台湾作者的著作。

3.加强对台版权贸易

经管类图书是厦门大学社的重点图书。他们在版权引进方面与台湾的五南出版公司建立了长期的合作伙伴关系。这些引进版的图书丰富了该社的品牌图书。在版权输出方面他们也以台湾为主要目标。在数届"海峡两岸图书交易会"上,厦门大学社推出的《中国稀见史料》都得到了台湾方面的踊跃订购。同时,厦门大学社与台湾数字出版方面也开展了合作,与台湾多家数字出版公司在多媒体出版方面都进入了实质性的合作阶段。

随着海峡两岸经济交往的不断深入,两岸同胞在文化交流方面更加密切。厦门大学社作为离台湾最近的大陆高校出版社,在对台的学术交流和研究方面正发挥着特别的作用,以学术为纽带,彰显对台特色正是厦门大学社的优势。

精品维系华夏情感纽带

——厦门大学出版社推出台湾研究和东南亚华人华侨研究系列著作

厦门大学出版社在台湾研究和东南亚华人华侨研究等方面充分发挥地域优势和学科优势,日前出版了一大批标志性的传世图书和特色图书,《台湾海峡常见鱼类图谱》《菲律宾华人通史》等就是其中的代表。

构筑海峡两岸渔业资源养护与管理新模式

由于两岸的鱼类地方名称不一致,造成两岸教学、科研管理上的极大不方便。鉴于此,《台湾海峡常见鱼类图谱》介绍了台湾海峡99科182属273种常见鱼类,书中照片原色精美,文字简洁,并附上阿拉伯名、学名、中文名、英文名、地方名(大陆、台湾),以及分类、形态、习性和地理分布等信息。本书首次收集和对照了两岸常见鱼类俗称,并在索引中附有简体字索引和繁体字索引,极大地方便了两岸大学、科研单位、管理部门以及渔民的沟通,促进了海峡两岸海洋经济共同发展。

本书的出版,是两岸渔业界共同努力的成果,对促进两岸渔业科技与产业的发展具有重要意义,必将成为两岸渔业科研、教学和生产中

◎中国新闻出版报,涂桂林,2013年10月14日

难得的宝贵文献。厦门大学出版社希望通过此书的出版，进一步发挥渔业在两岸交流中的平台作用，使渔业成为两岸共同发展的桥梁和纽带。本书的出版，还开创了在一个国家框架内，海峡两岸科研人员联合开展海洋渔业资源养护与管理合作研究的新模式，为两岸合作开展台湾海峡渔业资源养护和管理提供重要的技术支撑，对构筑台湾海峡渔业资源养护与管理合作平台有现实意义。

阐述中菲关系历史发展与变化

菲律宾华人社会由中国移民及其后裔组成，菲律宾华侨华人数百年来对祖籍地一往情深，他们不但在菲律宾政治、文化和社会生活中扮演重要角色，还是推动菲律宾和中国友好关系发展的引擎之一。虽然历来学者对菲律宾华人不乏关注，各种以菲华为主要研究对象的论文、专著和研究报告不时面世，但这些研究成果或关注某个时期，或研究菲华的某个领域，由厦门大学出版社承担的2010年度国家出版基金项目《菲律宾华人通史》，是厦门大学南洋研究院和菲律宾世界日报社联合编纂的一部大型标志性的菲华社会通史，它系统而全面地阐述了菲华社会和中菲关系的历史发展与变化。

该书是第一次全面阐明中菲1500年的关系史和菲华700年历史的总结性著作，也是迄今菲华研究领域规模最大的学术成果。全书分为中菲历史关系、中国人移民菲律宾、菲华社会形成和发展、菲华在当代中菲关系中的地位和作用等篇章，注重在中菲关系、东亚融入世界贸易网络、中国人移民东南亚的大背景下考察菲华社会的发展与变化，并试图对菲华历史与现状作全景式概论和分析。

本书运用全球化历史进程中的国际移民和族群等理论来研究菲华社会，对系统把握菲华社会的发展脉络和趋势，深入探讨华人在所在国经济与社会发展中的角色、地位与作用，进而探讨菲华社会经济、社会资源对我国社会主义现代化和和谐社会建设的作用，促进华人对中国文化的认同、华商网络的整合、东亚经济一体化的进程以及海西建设都具有重大的现实意义。该项目的研究对于正确把握中菲关系和菲华社会的历史和现状，制定正确的对外关系和侨务政策具有重要的资政作用。本书的出版，被誉为21世纪东南亚华侨华人历史和中菲关系史研究的一个里程碑。

增进祖国对于台湾以及海外的文化影响力

目前厦门大学出版社正在组织实施《台湾文献汇刊》续编——《台海文献汇刊》的汇编出版工作。《台湾文献汇刊》的整理出版，虽然取得了重大成绩，但是编辑委员会在各界的鼓励和鞭策下，一直继续从事台湾文献的进一步搜集和研究工作，除发现《台湾文献汇刊》和台湾整理出版的《台湾文献史料丛刊》以及海峡出版中心近年来所整理出版的《台湾史料文献系列工程丛书》外，仍然有许多珍贵的文献资料值得重新发掘整理。

《台海文献汇刊》是在《台湾文献史料丛刊》《台湾文献汇刊》以及《台湾史料文献系列工程丛书》基础上，再次搜集整理近100种有关台湾问题的珍贵文献。这近100种台湾文献由于版本稀有，有不少是私家传抄本，故未收入以上3种大型的台湾文献丛书之中，并且绝大部分未在大陆出版单位公开出版过，具有极高的文献与史料价值。它们对于推动台湾问题研究，增进祖国对于台湾以及海外的文化影响力，也具有重要的现实意义。

厦门大学出版社：创建海洋图书特色

近年来，厦门大学出版社出版了一大批海洋自然科学、涉海人文社会科学和服务国家海洋战略的图书，形成一定的规模，成为出版社图书的新亮点，形成了出版社继台湾研究、华人华侨研究图书之后的新特色。厦门大学出版社在整合涉海学术资源、凸显海洋图书特色的过程中，走过了从服务学校教学科研展示学术成果，到主动作为整合学术资源，再到服务国家战略彰显出版特色的三个阶段。

依托学校学科优势　展示海洋学科学术成果

1946年厦门大学首开国内之先河，正式成立海洋学系。厦门大学一直以面向海洋作为办学特色之一，厦大社转企改制之后，在出版定位上仍把为学校教学科研服务作为办社宗旨。实践证明，厦大社正是依托了学校的学科优势，阐扬了展示学术成果的功能，从而创造了出版社的海洋特色。

厦门大学近海海洋环境科学国家重点实验室是优秀国家重点实验室，是具有重要国际影响力的海洋环境科学研究和创新型人才聚集的基地。在近海海洋生物科学方面，厦大社出版了著名海洋学家郑重、李少菁的《海洋桡足类生物学》等一批高质量的学术专著。郑天凌教授是近海海洋环境

◎中国新闻出版报，蒋东明、宋文艳，2014年7月30日

科学国家重点实验室学术骨干,他的著作《海洋磷虾类生物学》为我国海洋浮游动物种群遗传学提供了基础资料。

厦门大学教授苏永全的科研成果《台湾海峡常见鱼类图谱》出版后,2013年获评国家新闻出版广电总局第四届"三个一百"原创图书出版工程。2004年至2012年间,苏教授项目组承担了多个省部级以上课题,最后形成了学术专著《台湾海峡及毗邻海域生物多样性与渔业资源可持续利用》,本书的出版促进了台湾海峡及毗邻海域的相关研究进展,使台湾海峡渔业资源能够健康发展并达到可持续利用之目的。

《中国鲎生物学研究》作者洪水根教授是国内外知名的鲎研究专家,该书是他数十年辛勤耕耘的总结和结晶。该书全面展现了我国鲎研究的成果和鲎保护措施,出版后被评为国家出版基金代表成果。

厦门大学滨海湿地生态系统教育部重点实验室是建立在著名生物学家金德祥、唐仲璋、林鹏等多位先驱几十年工作的基础上,以国家重点学科(水生生物学、动物学、环境科学)、福建省重点学科(生态学)为依托的部级重点实验室。国内滨海湿地生态系统研究方面的相关图书很少,厦大社出版的中国工程院院士林鹏的"红树林研究系列丛书"在学术界深受瞩目。

水声通信与海洋信息技术教育部重点实验室在海洋声场声信道、水声通信与网络、多媒介立体通信、海洋遥感、海洋数值模拟与分析、声信息与声探测等方面卓有成绩。在这方面厦大社也出版了一批有较高质量的学术专著。

发挥出版人主体意识　整合人文社科学术资源

厦门大学人文社会科学的师资队伍力量雄厚,有一大批重量级的学者和全国重点学科。厦大社正是通过发挥出版人的主体意识,通过设计选题来起到凝聚作者和整合研究成果的作用,出版了一大批人文社会科学涉海图书,从而深化了该社的海洋特色。

1.海疆史研究方面

谢必震教授的《中国与琉球》以翔实的史料论述了中国与琉球的历史渊源。本书以中琉关系档案资料、古籍文献、中琉关系历史遗存为依据,印证了琉球及附近海岛的历史地位。陈再正教授的《台湾海疆史研究》是作者长期研究台湾海疆史的成果。本书对研究这一时期的历史有重要参考价值,对维护国家领土主权具有现实意义。

2. 国际海洋法研究方面

10年前厦大社就策划组织"海洋政策与法律研究丛书",该丛书的出版,对于中国海洋法律与政策未来的研究发展将发挥现实的参考借鉴作用。《两岸海商法现状与修订论文集》旨在寻求两岸海商法修订的可行之法,以推进两岸海商法律制度的协调配合,减少两岸海商领域的区际法律冲突,为彼此之间的海商法律协作提供基础性理论框架。

近年来,厦门大学成立了南海研究院,是国内高校第一个以南海问题为研究对象,以相关政策和法律为主轴的学术机构。它整合校内既有的海洋、人文、法政等学科的学术资源,组建成立了跨学科研究平台,积极开展涉外海洋问题尤其是南海区域的多领域、跨学科的综合研究。厦大社及时组织了"厦门大学南海研究院海洋事务系列丛书",该丛书为服务国家海洋发展的总体战略,维护国家海洋权益提供了必要的智力支持。

3. 海洋文化研究方面

闽南文化研究图书是厦大社着力出版的图书品种。福建是海洋大省,闽南地区更是直接面对海洋,闽南文化精神中无疑融合着海洋文化的精髓。作为闽南精神有机构成的海洋文化,必然会在闽南文学中形象地表现出来。《海洋文明与汉语文学书写》就是一部有分量的海洋文学图书。

海洋史学方面厦大社出版了一批重要著作,其中《海外交通史迹研究》反映了中国古代的航海技术与海洋精神。而《从百越到南岛:东南海洋人文的土著基础》,则论述以海洋文化为特征的华南至东南亚土著文化史。

4. 海洋强省战略研究方面

基于对福建海洋自然资源优势和文化特色的深刻把握,福建省着力实施"建设海洋经济强省"的战略决策,海洋经济获得长足的发展。为此厦大社组织出版了一批海洋强省战略研究著作。其中《福建海洋发展战略研究》站在世界海洋发展的高度,提出有理论深度的、翔实的海洋战略研究内容。

服务国家海洋战略　搭建涉海学术平台

在打造涉海特色图书的过程中，厦大社以强烈的责任感、使命感，花大力气出版高端大气上档次的精品图书，以争取国家"十二五"重点出版物规划项目为契机，服务国家的海洋战略，组织大型出版项目，搭建涉海学术平台，从而深化了出版社的海洋特色。

厦大社策划组织的大型出版工程"海上丝绸之路研究丛书"成功入选"十二五"国家重点出版物规划项目。该丛书的出版将提供给人们一套由海洋史视野观照中国历史的新著作，复原中国海洋国家的发展史，提升国人的海洋意识，为海上丝绸之路的申遗和中国走向海洋强国提供历史借鉴。

厦大社正在着手整理出版大型文献资料《海疆学术资料剪报集成》。该剪报资料以南洋问题为主，是其一大特色。

厦大社策划组织的"海峡蓝色经济发展丛书"（8册）已列入"十二五"国家重点出版物规划项目，该丛书以宏观和微观、整体和具体相结合的研究思路，从多个角度对福建海峡发展蓝色经济进行深入研究，对福建海峡蓝色经济提出相应的发展模式，对海洋科技、港口建设和蓝色旅游等各个发展方向提出具体措施。

人类进入21世纪以后，海洋在世界政治、经济、军事等领域的战略地位更为显著，因此研究海洋科学、开发海洋资源、论述海洋精神、发展海洋经济的出版物有着光明的前景，厦大社将一如既往重视出版这方面的出版物，在服务国家海洋战略的过程中，进一步强化出版特色，实现出版社的社会效益和经济效益双丰收。

中小型大学社：拳头产品成企业发动机
——会计品牌书　立体化经营赢市场

厦门大学出版社作为地处我国经济特区的唯一一家大学出版社，从成立之初起，就对自己"规模小、起步迟"的社情和发展方向有着清醒的认识和清晰的定位，即走"专、精、特"的出版路线，着力打造自身的核心竞争力，增强产品的辨识度。其中的"专"就是专业、专心，有所为有所不为，专心致志做几个既有学科优势，同时也有市场前景的图书板块。

厦大社总编辑宋文艳介绍，经管板块是该社多年来倾力打造的一个专业板块，会计类图书则是该社在这个板块中拥有最长产品线和最具市场影响力的拳头产品。到目前为止，该社已出版了10套会计系列教材、100多个品种，基本做到了品种多样化、层次立体化。例如，该社以本科为原点，向上和向下延伸产品线，出版了从研究生到本科生、高职高专乃至从业人员培训市场的不同层次的会计类教材，充分体现了厦门大学会计学科的强势地位。其中，"21世纪会计学系列教材"和"21世纪高职高专会计学系列教材"等分别被许多本科院校和高职高专学校使用，树立了良好的口碑，占有了一定的市场份额。同时，"会计从业资格考试教材"也多次再版，为出版社创造了良好的经济效益。此外，还有多种会计类教材入选教育部的"十一五"、"十二五"规划教材，并在不同级别的评奖中获奖，取得了良好的社会效益。

"由于厦门大学会计学科长期处于全国高校领先地位，这对厦大出版社来说是一个绝好的出版资源，如何将会计这一学科优势转化为出版优势，成为社里十几年来持之以恒、不懈努力的方向。"宋文艳说。首先，该社以厦门大学中青年教师为骨干开发了一套"21世纪会计学系列教材"，并根据教学需要为这套教材配上了习题集及课件，自2005年面市以来，已多次改版，成为社里重印率最高、销售量最大的专业课教材。其次，该社根据研究生招生量不断增加的实际情况，开发了"厦门大学会计学研究生系列

◎中国出版传媒商报，林致，2014年10月28日

教材"；随着高职高专教材使用的规范化和招生的扩大化，该社又组织出版了"21世纪高职高专会计学系列教材"，满足了市场的需求。再次，当高职高专教学强调工学结合时，厦大社及时出版了"高职高专工学结合实训教材"；考虑到会计专业毕业生就业必须通过从业资格考试，该社又组织编写了"会计从业资格考试教材"和"会计人员继续教育丛书"。

正是因为社内有强大的学科做依托，并能及时捕捉市场需求，不断适应会计学科教学发展的需要，才使得该社会计类教材得到迅速和良性发展，形成了一条较为完整的产品线。

当然，宋文艳近年也遭遇不小的压力。会计类图书的畅销，使得会计类图书市场的竞争和作者资源的争夺日趋"白热化"。综合大学社中的大社、强社，专业的财经院校出版社，部委出版社中的中国财政经济出版社、机械工业出版社等，在财会类图书的出版上都具有强大的竞争力。该社如果仅仅依靠地利和母校的天然纽带，要牢固地维系住作者队伍无疑是相当困难的。"唯有不断地发展，不断地把会计类图书这个盘子做大、做强，才能留住老作者，扩大新作者。"为此，该社近年来在立足厦大、立足老作者的基础上，将作者队伍从校内扩展到校外，从省内扩展到省外，逐步建立起不同层次、不同地域的作者队伍，以满足不同层次的高校对会计类教材的需要，使会计类图书的品种不断增加和完善。

该社作为一家小型出版社，营销人员短缺成为不可回避的现实问题。由于营销人员每人都要分管几个省份，要对会计类图书进行专业化营销存在不少实际困难，于是，社里根据图书板块的需要，对营销人员进行分工，每位营销人员都负责一个板块的信息分类和传达，使得每位营销人员在不同片区收集到的信息都能及时与相关编辑部门沟通，让编辑人员了解到用书学校的具体要求。而当有新书需要推介时，编辑人员则积极参与，这样既弥补了营销人员专业知识的不足，也在一定程度上弥补了营销人员人手不足这个短板。此外，厦大社还认真解决了在重点发展会计类图书时，由于资金倾斜、人员扶持而带来的社内不平衡问题。

在推动社里会计类图书品牌建设过程中，该社和全国其他出版社一样，也面临着高校教师考核重权威刊物论文、轻专业教材出版，导致教师编写教材的积极性日益降低，以及大学生订购教材自主性的扩大，相当数量的在校生不再购买教材，导致专业教材使用量不断下降等现实问题的挑战。宋文艳表示，如何应对和解决好在作者和读者这图书出版最重要的两端出现的新问题，是对厦大社下一步发展最大的考验。

开发系统化、立体化、特色化教材

当前法学教材普遍面临编写体例僵化,无法适应全国600多所不同层次、不同培养方向的法学院校的教学需求等问题。由于许多经典教材大多为多年前编写而经过多次再版,因此在编写体例上,略显老旧,并不完全适应法学教育飞速发展的现状。

记者:请您简单介绍一下法学专业教材的市场现状,主要存在着哪些问题?

施高翔:目前主流法学专业教材主要由地处北京的几大出版社如高等教育出版社、中国人民大学出版社、北京大学出版社等出版,品种基本涵盖法学16门主干课程和诸多选修课程教材,作者大多是知名法学家以及优秀的中青年法学学者,尤其以高教社的"高等学校法学专业核心课程教材"为代表。由于学界对知名学者的认可度较高,加之院校考核时指定教材也是硬性考核指标之一,因此法学教材的市场集中度较高。

当前法学教材普遍面临编写体例僵化,无法适应全国600多所不同层次、不同培养方向的法学院校的教学需求等问题。由于许多经典教材大多为多年前编写而经过多次再版,因此在编写体例上,略显老旧,并不完全适应法学教育飞速发展的现状。许多法学院校负责人也表示,知名学者的法学教材虽然理论深度较强、学术体系化水平较高,但迫于法学专业课教学课时的压力以及学生学习、理解能力的不同,并不完全适合该校学生学习使用;同时过于复杂的理论综述,并不利于学生准备和通过国家司法考试。

记者:厦门大学出版社的法学专业教材特色是什么,如何发挥自身教材建设长处?

施高翔:厦门大学出版社法学教材规模化出版始于2000年。经过10

多年的努力,已出版法学教材360多种,品种涵盖法学主干课以及绝大多数特色法学选修课教材,形成了系列化、立体化和突出地方特色的教材特色,并产生了"厦门大学法学院民商法学系列"、"厦门大学法学院诉讼法学系列"、"西南政法大学经济法学系列"、"21世纪民事诉讼法学前沿"、"中国政法大学民事诉讼法学系列教材"、"高等学校法学精品教材系列"、"高校法学'十二五'规划教材系列"、"江西省法学教材系列"等重点系列教材产品。法学图书特别是法学教材已成为我社的一个品牌,并在全国教材市场中占有了一席之地。

我社法学教材一直坚持自主策划,作者的自由来稿较少,因此,在教材系列化上做得较好。我社最早以厦门大学法学院为依托,策划出版了包括民商法学系列、商法系列、经济法学系列、诉讼法学系列、刑事法学系列等多套法学学科的整体教材,其中多种教材荣获教育部国家级"十一五"和"十二五"规划教材荣誉。此后,我们开展了与中国政法大学、西南政法大学等多所知名法学院校的合作,出版了"中国政法大学民事诉讼法教材系列"、"西南政法大学经济法学系列"、"西南政法大学国际法学系列"等多个系列的法学教材。到目前为止,我社已出版32个系列的法学教材328种,系列教材的比例超过92%。

同时,我们注重法学教材的立体化、多层次开发。立体化表现在两个方面。一方面,对于本科教材,我们策划出版了相配套的辅导教材和案例教材。如"高等学校法学课程学习宝典"系列、"最新司法案例精解丛书"。另一方面,我们以策划出版本科教材为核心,同时开发研究生教材。如我们积极探索用于法律硕士教学需要的教材,通过联合全国20多所具备法律硕士教育资格的院校,策划出版了以全新的体例编写的适合不同类型法律硕士教育的专业教材——"法律硕士精品教材系列"。另外,我们还出版了多个适合法学硕士的教材系列,如"厦门大学法学院民事诉讼法学系列"(第二辑)、"21世纪民事诉讼法学前沿"。

在突出地方特色方面,我社策划出版了"高等学校法学精品教材系列"、"高校法学'十二五'规划教材系列"、"江西省法学教材系列"等涵盖法学本科所有主干课程和大多数选修课程的教材系列。这些教材以省为单位,综合福建省、广东省、江西省的绝大多数法学院校,突出各省法学教育改革和教学实践中的地方特色,因地制宜地编写适合该省法学学生使用的法学教材系列。同时,考虑到这些学校的法学学生参加国家司法考试的需要,教材在编写上注重教学案例解析和附加司法考试真题,并采用以法学通说为主的体例,厘清法学脉络,避免学生学习时混淆相关概念和理论。

此外,我们还出版了一些较为小众化的带有探索性的特色法学教材。如"质检法教材系列"、"21世纪法学本科实验实训教材系列"、"广州大学律师学书系"等,这是法学院校针对法学教育改革进行深入探索的成果。我们还依托地缘优势,与台湾地区知名法学院校和学者合作出版教材。如台湾大学法律学院黄茂荣教授的"债法通则系列",其博大精深的债法理论体系和丰富的资料汇编,可作为大陆法学学生学习债法时的辅助教材。

记者:国内法学名家大都是专业内的多产作者,出版社如何把握这些作者资源,形成自己的作者品牌优势?

施高翔:法学名家的经典著作历来是各家出版社争夺的重要资源。厦大社在长期的法学出版过程中,也与许多知名作者建立了良好的联系,并出版了许多经典教材。如西南政法大学李昌麒教授的《经济法学》、田平安教授的《民事诉讼法基本原理》,厦门大学齐树洁教授的《民事程序法》,中国政法大学柳经纬教授的《民法》和《商法》、宋朝武教授的《民事诉讼法学》等,许多教材也获得了国家级的荣誉。作为大学出版社,厦大社以"为高校教学科研服务"为己任,因此,在与知名学者联系的过程中,我们对他们充分尊重,为他们提供周到而细致的服务。知名学者往往都有一个完整的研究团队,且是这个团队的领军人物。因此,我们围绕着知名学者个人的主要学术研究领域和团队建设开发系列教材选题,这样,教材既能体现名家个人的学术成果,使教材具有权威性,同时能带动整个学科团队的成长,形成人才梯队,教材也因吸纳了年轻学者作为作者而更有时代气息,更适合当代学生的需求。我们应用这种模式成功策划了一系列法学教材。如李昌麒教授任总主编的"西南政法大学经济法学系列"。西南政法大学经济法学科是国家重点学科,拥有李昌麒教授这样的知名学者,也有大量具有一定知名度的中青年学者,形成了一个良性发展的学科人才梯队。这个团队在李教授的带领下,学术研究一直走在全国经济法学科的前头。李教授主编的经济法学教材是经典教材,已出版多年,在全国成为首选的教材。我们通过多年与李教授的交往,得到了李教授的信任。我们以李教授为核心作者,策划了以李教授主编的《经济法学》为基础的"西南政法大学经济法学系列"教材,带动了一批中青年学者参与编写,教材的质量有了保证,也培养了一批中青年学者,系列的品牌也非常好。此后,我们又策划了"西南政法大学经济法学系列(涉外经济法部分)"等,均取得了较好的双效益。

记者:法学教育改革探索是多年来各法学院校和大学出版社一直在进

行的重要工作。那么,出版社如何通过教材增强学生的研究和创新能力?

施高翔:针对法学教育的实践性和创新能力,教育部等中央部委分别制定了"卓越法律人才教育培养计划"和"2011协同创新计划"等涉及法学教育的战略举措。在此之下,各省教育部门也提出了不同的法学教育改革配套措施。各法学院校针对自身特点,也进行了法学实践教学的改革探索,主要是通过加强法律实践和实训教学,增强学生运用法律解决具体问题的能力,从而使其在走出校园后就能直接从事法律相关工作。我们在教材的策划中也很关注法学教育的这一发展趋势,通过教材编写体例的创新,在传统教材中融合实践和创新能力培养的相关教学内容。如我们策划的"高等学校法学精品教材系列",第一版时是按传统教材体例编写的,在第二版时,我们结合学生实践和创新能力培养的要求,对体例做了较大的创新,在每一章的开头加上一个与该章主要内容相关的真实案例作为引子,提出案例中的相关法律问题,引导学生带着问题阅读本章,并思考有关问题,以增强学生解决实际问题的能力。在每章后面,我们策划增加了与本章内容相关的司法考试题目,列出一些思考题,并提供与本章内容相关的拓展学术资源,让一些有兴趣和有能力的学生开阔学术视野,增强学术研究和学术创新能力。我们这样的体例设计得到了老师和学生的认可,教材的使用量一直保持着稳定。

厦大出版社精品战略结硕果

——"十五"期间荣获 95 项省级以上奖励

厦门大学出版社坚持学术为本的办社理念,在"十五"期间实施精品战略,努力贯彻高层次、高质量、有特色的编辑方针,策划出版了一大批学术含量高的精品图书,在全国高校出版社中图书获奖率排名居于前列。

在全国重要图书奖项中,《透视中国东南:文化经济的整合研究》荣获第十四届中国图书奖,《思想道德修养》获全国高校"两课"首届优秀教材奖,《英国证据法》和《民事程序法》荣获首届中国优秀法律图书奖,《世纪之交的中国文学》获第八届中国当代文学研究优秀成果奖。

在福建省第五届和第六届社会科学优秀成果奖评选中,厦大出版社有51种图书获奖。在日前揭晓的福建省第六届优秀成果奖评选中,厦大出版社的《台湾文献汇刊》(7辑100册)荣获特别奖,《透视中国东南:文化经济的整合研究》《新建地方性本科院校教育教学改革研究》(系列专著)获一等奖。《海洋法专题研究》等5种图书获二等奖,另14种图书获三等奖。在华东地区高校出版社第五届和第六届优秀学术著作评奖中,厦大出版社共有30种图书获奖。

厦大出版社本着弘扬学术、积累文化和传播新知的精神,积极出版反映学校学科前沿研究成果的学术专著,促进学校学科建设和师资队伍建设的同时,也大大提升了出版社的形象。

◎厦门大学报,2005年12月23日

《透视中国东南：文化经济的整合研究》荣获中国图书奖

该书的总策划人、出版社总编辑陈福郎和该书的主编陈支平、詹石窗在讨论出版计划

第十四届中国图书奖近日揭晓，由陈支平、詹石窗教授主编，厦门大学出版社出版的《透视中国东南：文化经济的整合研究》一书榜上有名。

《透视中国东南：文化经济的整合研究》一书首次对中国东南区域的文化经济展开全景式的论述。该书通过解剖中国东南文化经济的内在结构，揭示中国东南文化经济的发展动因，阐发中国东南文化经济的互动关系，全方位地勾画出中国东南部文化经济与社会发展的轨迹，挖掘出隐藏在其中的历史文化内蕴。其不仅有重要的学术价值，对我国的经济与社会发展也有重大的借鉴意义。

该部著作的策划始于1999年底。借助我校人文社科领域实力雄厚的教学科研队伍，依托学校的学科人才优势，组织一批学术精品，这始终是厦大出版社在实施图书精品战略过程中关注的事情。经反复研究论证，出版

◎厦门大学报，郑莉，2004年12月19日

社决定从人文学科入手,策划一部学术大书,作为实施精品战略的切入点。长期以来,中国东南部就是中国经济最活跃的区域,这一现象有其特殊的人文土壤,同时,中国东南的人文精神又是与发达的经济相关联的,中国东南区域文化经济所特有的内在结构、发展动因和互动关系,产生了具有独特社会景观的东南现象。出版社总编辑陈福郎编审瞄准了中国东南现象,通过与专家反复探讨,从而形成了这一以经济为主线,论述中国东南文化经济特质的选题,入选"十五"国家重点图书规划。

  本书出版后,受到了学术界的高度重视和媒体的广泛关注。学界同行专家给予了高度评价。清华大学历史系主任李伯重教授认为本书是至今为止最为全面系统地论述这一区域文化经济结构特征的著作。中国哲学史学会副会长周桂钿教授认为,过去虽有大地域的研究,但迄今为止还没有从文化经济角度系统研究一个大区域的。本书是在许多具体研究的基础上进行的综合研究,符合综合创新的思路。这种整合有非常重大的现实意义。对中国地区性的文化经济的研究,对华侨华人商贸经济,对海峡两岸的文化联系,对地区性文化经济的开发,乃至对世界上所有地区性的文化经济研究与开发,都可以提供非常有价值的参考。中国经济史学会秘书长、中国社会科学院经济研究所江太新研究员认为,本书是国内第一部全面论述东南文化经济的学术专著。结构新颖,资料翔实,理论上多有创新,是一部难得的好书。

《透视中国东南：文化经济的整合研究》荣获中国图书奖

　　厦门大学出版社出版的《透视中国东南：文化经济的整合研究》一书，在日前揭晓的第十四届中国图书奖评奖中上榜。

　　这部著作被认为是第一部全面论述中国东南文化经济的学术巨著。它是由厦门大学出版社总编陈福郎策划，厦门大学人文学院院长陈支平教授、哲学系系主任詹石窗教授主编的。该书是国家"十五"规划重点图书，自去年9月出版后，受到了学术界、出版界的瞩目，认为这本书堪称传世之作。

　　这部著作首次对中国东南区域的文化经济展开全景式的论述，不仅有很高的学术价值，也有重要的现实借鉴意义。

◎厦门晚报，2004年12月19日

厦门大学出版社图书荣获出版界最高奖

第二届中国出版政府奖日前揭晓,厦门大学出版社出版的学术大书《东亚华人社会的形成和发展:华商网络、移民与一体化趋势》榜上有名。这部内容宏大厚重、编校质量上乘、印制装帧精美的精品图书是由厦门大学南洋研究院院长庄国土教授和他的博士研究生刘文正合著,厦门大学出版社总编辑陈福郎编审策划,陈福郎、薛鹏志任责任编辑的。

中国出版政府奖是由国家新闻出版总署主办的出版界最高奖,每三年评选一次,这届评奖共有180种图书获奖,是从2007年至2009年三年间出版的90多万种图书中评选出来的,代表着近三年来中国出版界的最高水平。

《东亚华人社会的形成和发展:华商网络、移民与一体化趋势》(厦门大学出版社2009年9月版),全书分三篇十六章共70万字,是近20年来关于华侨华人研究篇幅最大的专著。这部著作凝聚了作者多年来的研究心得,资料宏富翔实,立论精当,展现了华人社会在东亚的形成与发展的画卷。虽然华人华侨研究的著作汗牛充栋,但以专题性研究居多,诸如国别、地方的华人研究;华人历史、文化、教育、民族和经济等专题,以及华人与祖国的关系和侨乡的研究,令人有"只见树木不见森林"之感。这部学术大书改变了这种常规做法,宏观、系统地梳理华人华侨社会产生和发展的脉络及其与当代华人社会的承继关系,在全球化的语境里讨论了当代华人华侨数量与分布、华人华侨与中国关系的现状及发展趋势,以及东亚华人社会的相互关系。本书还前瞻了东亚华人社会的整合前景。这些,不但是把握华人华侨历史、现状和发展趋势研究的需要,也是认识与理解中国最重要海外经济文化资源的现实要求。

《房地产大周期金融视角》
入围"2012年度中国影响力图书"

"2012年度中国影响力图书"名单

"2012年度中国影响力图书·读者推荐"(8种)——

《少年励志小说馆》[法]克莱尔·克莱蒙等著 蔡莲莉等译/湖北少年儿童出版社2012年2月版

《敬畏民意》俞可平著/中央编译出版社2012年3月版

《余英时访谈录》陈致远访谈/中华书局2012年3月版

《房地产大周期的金融视角》巴曙松著/厦门大学出版社2012年3月版

《赛尔号Ⅱ——飞向宇宙的征程》李志伟著/南京大学出版社2012年3月版

《追踪小绿人》金波著/江苏少年儿童出版社2012年4月版

《倒转"红轮"》金雁著/北京大学出版社2012年9月版

《禅荷影思》一水著/外文出版社2012年9月版

由新华网与中国图书商报社跨媒联合主办的"2012年度中国影响力图书"评选活动今日在京揭晓。中宣部、新闻出版总署、国信办、共青团中央有关负责人和30余位知名专家学者,以及来自全国各地的出版社、图书策划公司主要负责人共同出席了颁奖活动。

新华网总裁田舒斌表示,这份好书单是对过去一年中国出版业成果的全面梳理,也是对中国出版人的一次集体致敬。在新华网为期一个月的投票过程中,广大网民广泛关注和积极参与,先后有725万人次参加网络投票,最后产生"2012年度中国影响力图书"——小说类10种、非小说类10

◎新华网,2013年1月11日

种、人文社科类10种、商业类10种、传记类10种、少儿类10种、荣誉推荐3种、读者推荐8种，共有71种图书获奖，为广大读者奉献了一道"文化大餐"。这是一家中央重点新闻网站和一家行业权威媒体强强联合开展的文化惠民活动，积极为广大读者创造"多读书、读好书"的浓厚氛围，联合进行优秀出版物的推荐和推广。

本次评选主题为"阅读，成就另一种可能"，共推出300本候选书目，以2012年1月至12月国内出版的新书为主，候选书目入选秉承"媒体认可、市场表现、专家推荐、读者认可"等"社会价值"和"经济价值"的双重追求标准。300本候选书目于2012年11月20日刊登在《中国图书商报》上，并同步在新华网上开展读者投票活动。

谈到这次图书评选活动的主题，本次活动的评审委员会主任、中国图书商报社社长、总编辑孙月沐指出，中国改革开放30多年，经济、社会生活发生了很大变化，但随之而来的问题是经济读物多了，文化读物少了，物质层面的追求多了，精神层面的追求少了，这几年的国民阅读调查连续都在低位徘徊。人与动物最大的区别是人有头脑、有思想，不读书就不能深入思考。一夜可能造就一个暴发户，但三代才能造就一个贵族，贵族的气质就是从容不迫，以人的角度去思考问题。对社会个体来讲，阅读成就的是"把一个暴发户变成'贵族'的可能，把一个无思想的人变成有思想的人，他的内心就会很强大"。

300本候选书目由各出版社和文化出版类媒体推荐产生，同时参考国内主要排行榜数据，体现了大众阅读、精英阅读和经典阅读的综合需求。评选活动采取分类投票的方式，网友可对小说、非小说、人文社科、商业、传记、少儿等6大类各50本精选图书进行投票，最终评出60种"2012年度中国影响力图书"。投票起止时间为2012年11月26日至2012年12月25日。来自文化界和专业媒体的评委们，根据导向正确、内容健康、有阅读价值、深受读者喜爱、符合"三贴近"等原则，最终评出小说类10种、非小说类10种、人文社科类10种、商业类10种、传记类10种、少儿类10种。

在推荐评选的过程中，不少党政机关干部给活动组委会来信来电，要求推荐一些凸显主旋律和主流价值观的优秀读物。专家评审和媒体评审根据相关推荐情况，特别设立了"2012年度中国影响力图书·荣誉推荐"评选项目。2012年是雷锋逝世50周年，毛泽东等老一辈无产阶级革命家"向雷锋同志学习"题词发表49周年。出版界由此引发"雷锋出版热"，适合领导干部和大众阅读的《雷锋画传》最终被作为"荣誉推荐"。另外，2012

年中共十八大胜利召开,给人们带来新的希望和期待,中国共产党对社会主义中国的建设事业翻开新的一页;中日钓鱼岛争端激起全中国人民的极大愤慨,新华出版社出版发行《钓鱼岛是中国的》一书,全面阐述中国政府关于钓鱼岛问题的严正立场和钓鱼岛问题的由来,出版10天内两次加印。《中国共产党如何治理国家》《钓鱼岛是中国的》和《雷锋画传》一起被专家评审和媒体评审评为"荣誉推荐"图书。

为体现评选活动的开放性和公众性,主办方还开通了微博荐书通道,网友登录"新华悦读"官方微博(http://weibo.com/xhds)推荐补充其他好书,主办方根据网友推荐情况酌情增补或调整候选书目。专家评审和媒体评审根据广大网友的推荐情况和图书的品质,特别增设了"2012年度中国影响力图书·读者推荐"评选项目,经过多方考量和甄别,最后有8种图书获"读者推荐"奖,它们分别是克莱尔·克莱蒙的《少年励志小说馆》、俞可平的《敬畏民意》、陈致远的《余英时访谈录》、巴曙松的《房地产大周期的金融视角》、李志伟的《赛尔号Ⅱ——飞向宇宙的征程》、金波的《追踪小绿人》、金雁的《倒转"红轮"》、一水的《禅荷影思》。

五年磨剑,终获重奖——中国原创图书奖

由中国厦门大学国际关系学院院长兼南洋研究院院长庄国土教授、菲律宾《世界日报》社长陈华岳大律师等专家撰写的《菲律宾华人通史》,于2012年底由出版华人研究著作最负盛名的中国国家一级出版社——厦门大学出版社正式出版。该书列入中国国家"十二五"重点图书,是迄今为止国家"十二五"重点图书中唯一华人研究类的学术著作。

虽然区域华人史和国别华人史的著作甚多,但《菲律宾华人通史》长达100万字,对菲律宾华人社会的历史作全方位的详尽论述,是所有国别华人史中分量最重的。该书发前人之未发。许多精到的见解,不仅是已出版的多种菲律宾华人研究著作所未见,也是众多华人史研究成果中所仅见。该书的研究和出版,是中菲两国学者、菲律宾热心侨史人士和厦门大学出版社的共同努力。本书历尽五年,五易其稿,终于大功告成。本书出版后,在学术界引起了较大的反响,被誉为21世纪东南亚华侨华人历史和中菲关系史研究的一个里程碑,该书最近荣获国家新闻出版广电总局第四届"三个一百"原创图书奖。

中国"三个一百"原创图书奖,与中国出版政府奖、中国"五个一"出版奖,是中国图书出版界的最高等级国家奖。"三个一百"原创图书奖,是每三

◎菲律宾世界日报,周聿峨,2013年11月23日

年从全中国出版的120多万种图书中,评出300余种图书,近乎万里选一。

这是作者的荣誉,也是出版社的骄傲,更是中菲学术交流的标志性成果!

近20年来,庄国土教授率领厦门大学南洋研究学院团队,在东南亚华侨华人研究领域取得了一系列丰硕的成果。其中"十一五"国家重点图书《东亚华人社会的形成和发展:华商网络、移民与一体化趋势》,就是庄国土教授多年研究的成果,它首次对东亚华人社会进行了整合研究,深入剖析中国崛起与华人社会资源之关系,多角度探究东亚经贸与华人社会的互动,是首部泛东亚华人社会整合研究的学术大书,出版后荣获第二届中国出版政府奖。2007年《菲律宾华人通史》正式启动,2009年被列入国家"十二五"规划重点出版专案,并获得国家出版基金项目资助,可见作者和该书内容的重大影响。

近百年来,数以千计的学者都从各类学科的视角、从各种研究方式探讨菲律宾华人社会的历史,也取得了一些较出色的研究成果。但这些研究成果多是对菲律宾华人的局部或阶段性的论述,只有《菲律宾华人通史》对500年来菲华社会与1000多年中菲关系史做了全景式论述,是迄今为止菲律宾华人研究领域规模最大的学术成果。

在世界华人历史中,菲律宾华人社会可以说是最具特色、与中国的关系最为密切的。菲律宾华人人口超过150万,经济成就斐然,不但在菲律宾政治、经济、文化和社会生活中扮演了重要角色,还是推动菲律宾和中国友好关系发展的引擎之一。

本书把国别华人置于全球化的移民潮和福建人乃至中国历史移民潮中进行考察,对其他区域的华人移民及福建的全球不同地区移民进行比较和整合研究,昭示了福建华侨华人独特的人文精神和价值追求。作者运用和融合近年来流行的多种国际移民与族群理论来阐释菲律宾华人社会,从而较好地把握菲华社会的历史发展脉络和趋势。

该书印证各类文献资料近900种,各类中语种资料翔实,论从史出,在菲律宾华人华侨问题上的新论断与新观点,都建立在把握最新研究动态、新资料的发掘、旧有资料重新诠释的基础之上。

《菲律宾华人通史》一书是21世纪以来海外华侨华人研究领域不可多得的上乘著作,堪称菲律宾华人研究前所未有的标志性巨著,体现了该研究领域的国际前沿学术水准。我相信它的出版必将产生广泛的社会影响和学术影响。

《城镇化大转型的金融视角》荣获"2013中华读书报年度图书之100佳"称号

该书以中国城镇化的转型为线索,以金融角度切入,以翔实数据向我们展示了中国城镇化的历史、现状及未来的潜在图景。该书所涉及的问题包括城镇化的动力、机制;中国城镇化的经验、问题;中国未来城镇化的新常态、政策、金融及投资含义等,其中对中国城镇化历史经验的梳理和未来前景的描绘最为透彻。有助于厘清我们之前关于城镇化基本问题的一些含糊甚至错误的看法。(杨再平)

◎《中华读书报》,2013年12月25日

《城镇化大转型的金融视角》
获第五届中华优秀出版物奖

近日,由中国出版协会举办的第五届中华优秀出版物奖评选揭晓,2月12日的《中国新闻出版报》公布了获奖作品名单,厦大社《城镇化大转型的金融视角》榜上有名!中华优秀出版物奖设图书奖、音像电子和游戏出版物奖、出版科研论文奖3个子项奖,本届获奖图书100种、提名奖102种,获奖音像电子游戏出版物30种、提名奖76种,全国优秀出版科研论文30篇。

在获奖的338种优秀作品中,既有党史党建及社会主义理论著作、政治经济哲学法律等著作,也有受众广泛的文学、艺术、少儿、科普类出版物,还有工程浩繁的古籍、辞书。纵观这些优秀作品,不难发现有一些共同特点,那就是传承古今中外优秀文化,展示多学科多领域最新成果,书写历史记录当代,观照读者心灵,促进共同成长。这些作品是2012—2013年我国

◎中国新闻出版报,2015年2月12日

新闻出版业优秀成果的代表,反映了中华文化的精神内核,透视出我国出版业的欣欣向荣。

《城镇化大转型的金融视角》
巴曙松、杨现领著
厦门大学出版社

■专家点评

该书系统研究了中国城镇化的历史、现状及未来的政策选择,其中不少有价值的判断已经被实施或验证,具有很高的理论意义和现实意义。

——中国银行业协会副会长杨再平

编辑手记:为城镇化建设添砖加瓦

城镇化是中国现代化建设的必由之路,也是当前我国扩大内需的重大潜力所在。然而,城镇化的内涵、路径和演变规律是什么?如何采取有效的政策措施,有力、有序地推进中国的城镇化进程?从学界到政界、商界,人们众说纷纭。

作为出版人,我自然也十分关注这个热点问题,并希望能组织一部关于城镇化研究的"重头书",以期为中国的城镇化发展进程添砖加瓦,尽自己的绵薄之力。因此,我开始关注中国城镇化的发展动态和学界在这一领域的研究成果。当我在微博里发现巴曙松教授经常就城镇化问题发表高见,进而了解到他曾参与国家城镇化规划及关于城镇化的一系列国家级课题研究时,我不禁喜上心来。

作为国务院发展研究中心的金融专家和中国银行业协会的首席经济学家,巴曙松教授在海内外拥有广泛的影响力和知名度,自然,也有众多的"粉丝"。此前一年,他与我社曾有过一次愉快的合作,他倾力写作的论著《房地产大周期的金融视角》在我社出版后,受到了社会各界的好评,并成为 2012 年度国内多个图书榜单上的热门书。由此,我和巴教授也有了更多的联系,并由纯粹的作者、编辑变成了彼此熟悉的朋友。自然,"近水楼台先得月"。当我向巴教授约稿,请他撰写一部关于城镇化问题的专著时,他爽快地答应了。因为这既是他擅长的研究领域,也是他近期关注的重心所在。经与巴教授商讨,一致决定将该书定名为《城镇化大转型的金融视角》,作为此前出版的《房地产大周期的金融视角》一书的姊妹篇。

此后,巴教授便带着杨现领博士开始了日夜兼程的撰写工作,并如期将 30 多万字的书稿交给了出版社。此时已是 2013 年 7 月底,中央城镇化工作会议将在这年 12 月召开,会议将分析城镇化的发展形势,并将对推进城镇化进行重点部署。因此我们希望能赶在会议召开之前出版此书,以期与会议的精神相呼应。时间很紧,而书稿中的图表和数据又很多,为了保证图书质量,我们与巴教授及他的助手多次函电往来,反复核对,连标点符号和词语搭配都尽可能做到准确无误。

经过紧张的编校排印,2013 年 9 月底,这部书终于面世。由于题材的热度和作者的知名度,也由于时间点踩得好,加之营销得当,该书上市后得到了市场的青睐,在各大网店持续热销。

《城镇化大转型的金融视角》以中国城镇化转型为研究重心,直面城镇化转型中必然遭遇的诸多现实问题,并对这些问题从金融角度切入进行了深入的思考。全书不仅视野广阔,而且视角新颖,见解深刻。全书从理论阐释到实践总结,从历史经验到现实观察,海外经验到中国道路,全面、系统地探讨了中国城镇化转型所面临的种种问题,并提出中国未来城镇化的关键在于增长动力的转型,中国未来城镇化的核心内容在于人口城镇化的转型,中国未来城镇化的落脚点在于改革。

正是由于该书切中了中国城镇化转型的脉搏,书中探讨的问题对城镇化的发展进程具有积极的指导意义和较高的理论价值,因此不仅受到了读者的欢迎,也得到了专家的青睐。(宋文艳 厦门大学出版社总编辑)

厦大社《人约黄昏后》荣获文学大奖

日前于济南隆重举行的第六届冰心散文奖颁奖典礼上,厦门大学出版社出版的知名作家怡霖的散文集《人约黄昏后》榜上有名。据了解,获得此项殊荣的共有30篇单篇散文、30部散文集和8篇(部)散文理论。

《人约黄昏后》于2012年10月由厦大社出版发行,2013年再版重印。著名作家王蒙为该书题写书名,时任鲁迅文学院常务副院长白描作序,中国散文协会副会长丁一作跋。这部作品的突出特点是从家庭际遇与亲情关系入手,以平民视角描绘江南的乡村图景和寻常百姓的日常生活,对过去时期农民遭遇的一切做了细腻的刻画,没有虚饰与遮蔽,却呈现诗情与新意。冰心散文奖是全国文学大奖之一,是全国专业散文评奖的最高奖项,由中国散文学会主办。贾平凹、肖复兴、阎纲、赵丽宏、铁凝、迟子建、张胜友等100多位作家先后获得此殊荣。

◎中国出版传媒商报,文冀,2014年6月10日

2012年国家出版基金结项项目验收及绩效考评结果公布

绩效考评通报表扬名单

一、"优秀"项目及承担单位

项目名称	承担单位
1.中国共产党历史大辞典（增修本）	中共中央党校出版社
2.南京大屠杀史料集(56-78卷)	江苏人民出版社
3.先进制造技术与应用前沿（14分册）	上海科学技术出版社
4.中国现代产业经济史（1949.10-2009）	山西经济出版社
5.传染病与寄生虫病病理学彩色图谱	贵州科技出版社
6.中国古代历史理论（上、中、下三卷）	安徽人民出版社
7.钱学森文集——1938-1956海外学术文献	上海交通大学出版社
8.绵竹年画	四川美术出版社
9.从辛亥革命到五四运动	山西人民出版社
10.藏族传统手工宝典	西藏人民出版社
11.中国针灸全书	河南科学技术出版社
12.八路军	山西春秋电子音像出版社
13.中国共产党西藏历史图志	中央文献出版社
14.酶工程手册	中国轻工业出版社
（上述14家出版单位获得各增加1个申报2014年度500万元以下基金项目的奖励）	
15.1911	人民文学出版社
16.满铁档案资料汇编	社会科学文献出版社
17.绿色中国	安徽少年儿童出版社
18.盛世国粹——京剧经典剧目典藏集	北京文化艺术音像出版社
19.中国鲨生物学研究	**厦门大学出版社**
20.福建土楼建筑	福建科学技术出版社

◎中国新闻出版报，2013年5月3日

国家出版基金成果巡礼·中外学术精品

自然科学与工程技术成果丰硕

促进生产力发展

代表成果:《中国鲎生物学研究》《酶工程手册》

《中国鲎生物学研究》43万字

承担单位:厦门大学出版社

项目价值:该书是作者30多年致力于鲎生物学研究的总结,内容丰富,既有专深理论、精辟论述,又有实际应用实例、技术介绍。尤其引人关注的是,书中数百帧有关鲎发育生物学的精美照片,在国内外属首次刊登。该书对于人工恢复鲎种群数量、挽救这一濒临灭绝的物种,都具有较大的社会意义,极大地提升了我国鲎研究的学术地位。

◎中国新闻出版报,雷萌,2013年11月29日

厦大出版社编校大赛获奖项数全国第一

经过激烈角逐,12月21日,由中国出版协会、韬奋基金会主办的第四届韬奋杯出版社青年编校大赛结果揭晓。

本届参赛人数为336人,为历届之最。厦门大学出版社曾妍妍、李小青所在的福建二队荣获团体二等奖,高健、伍家丽所在的福建一队荣获团体二等奖。其中,高健荣获编辑组三等奖,曾妍妍荣获编辑组优秀奖,李小青荣获校对组优秀奖,伍家丽荣获校对组优秀奖。在总共109个奖项中,厦门大学出版社8人次荣获6个奖项,获奖项数量在全国名列第一。

第四届韬奋杯全国出版社青年编校大赛获奖名单

团体奖

一等奖(2个)
外语教学与研究出版社有限责任公司(刘虹艳、王昆鹏、赵旋宏)
中国人民大学出版社有限公司(毛先芳、李传、李东哲)

二等奖(6个)
厦门大学出版社 华东理工大学出版社 正则出版社
上海辞书出版社 胡政华 上海译文出版社 大象出版社(毛彦 大象出版社 安德华
大象出版社) 中原大众出版社
河南一队 肖馨锋 中原大众出版社
福建一队(蔡枫、岳冬英、邱琳)
厦门大学出版社 李小青 厦门大学出版社

三等奖(13个)
化学工业出版社(苹馨馨、刘鹏哲、吴琪)
公司，深圳市海天出版社、郝
妮艳

编辑奖

一等奖(2个)
毛先芳 广东科技出版社有限公司
友 然 广州出版社有限公司

二等奖(6个)
王昆鹏
葛鹏程（左军 广东科学技术出版社，叶贵莲 广东人民出版社）
周 敏（孟凡路 河南科学技术出版社，朱琳 河南科学技术出版社）
刘虹艳 外语教学与研究出版社有限责任公司
云露辉 上海辞书出版社
博 妙卷（广西师范大学出版社集团）

三等奖(12个)
杨树军 青岛出版社
张也朋 青岛出版社
江苏凤凰大学出版社(王井 宁波出版社，浙江大学出版社 居乃仕 广东人民出版社有限公司 李美英 人民教育出版社 浙江教育出版社)
有限公司, 林爱 广东人民出版社有限公司

优秀奖(34个)
许龙飞 黑龙江大学出版社有限责任公司
陈奕君 化学工业出版社
郑 祥 上海故事会文化传媒有限公司
王娜民 北京语言大学出版社有限公司
马天奇 学林出版社
陈曦敬 南京教育出版社
周 健 厦门大学出版社
陈 郁 东北师范大学出版社
丁 涛 广东人民出版社有限公司
熊 青 中国农业出版社
杨 旭 中国中医药出版社
刘胜蓉 人民教育出版社
李娟娜 百花文艺出版社
刘 宝 中国社会科学出版社全科医学出版社
文 雯 北京大学出版社

校对奖

一等奖
刘 博 华东理工大学出版社有限责任公司
邵慧婷 中国电力出版社
胡晓萍 江苏凤凰科学技术出版社
曾好研 河北少儿出版社
张少玮 广东人民出版社
冯铎丽 海燕出版社

二等奖(4个)
曹 捷 上海人民出版社
安德博 外语教学与研究出版社有限责任公司
龙明伟 广东高等教育出版社
蔡 毅 教育科学出版社

三等奖(6个)
吴 涛 北京师范大学出版社
郭 键 古海人民出版社
孟祥辰 中国科学技术大学出版社
邓红建 吉林省出版社
王思富 中国赛象出版社集团
解 栋 中国人民大学出版社

优秀奖(22个)
杨天杰 吉林摄影出版社
李小青 厦门大学出版社
赵 彤 春风文艺出版社
刘 杨 黑龙江科学技术出版社有限责任公司
伍雪丽 深圳市海天出版社股份有限公司
方娟娟 江苏教育出版社
陈奕薇 哈尔滨出版社有限责任公司
赵 芳 湖北人民出版社
魏旭阳 大象出版社
王金利 陕西人民教育出版社有限责任公司
段媒妮 辽宁少年儿童出版社有限责任公司
赵 娴 中国农业出版社
岑琴格 吉林教育出版社
王 艳 海燕出版社
藿德男 山西出版传媒集团
李红涛 青岛出版集团
张 涛 宁波出版社
胡 佳 人民出版社

优秀组织奖

外语教学与研究出版社有限责任公司
中国人民大学出版社
人民教育出版社
辽宁省教育出版社
吉林省出版协会
河南省出版协会
浙江省协会
新疆维吾尔自治区版协
内蒙古自治区版协
陕西四师范大学出版社

◎中国新闻出版报，2013年12月23日

"海外馆藏：中国图书世界馆藏影响力"报告（2014版）

厦大社跻身"2013中国图书世界影响力评价"出版百强，影响力排名位居全国大学出版社第13名。

◎中国出版传媒商报．2014年8月26日

The 30th Anniversary of Xiamen University Press

重大活动篇

《台湾文献汇刊》首发式
在北京人民大会堂北京厅举行

为纪念江泽民《为促进祖国统一大业的完成而继续奋斗》重要讲话发表10周年,推动两岸学术文化交流,大型历史文献《台湾文献汇刊》最近出版发行。出版座谈会今天在人民大会堂举行。

全国人大常委会副委员长成思危在座谈会上讲话时指出,《台湾文献汇刊》的出版,以无可辩驳的史实史料,证明台湾与祖国大陆密不可分的历史文化联系,有利于增进两岸学术文化交流。

国务院台办副主任王在希在座谈会上表示,台湾当局推行"台独"分裂活动的一项重要内容,就是搞"文化台独",搞所谓"去中国化",企图造成台湾民众国家认同、文化认同、历史认同的混乱,从而割断两岸人民的历史文化联系。《台湾文献汇刊》的出版,不仅是文献史料领域的一项重要成果,也是揭示两岸密不可分的历史文化渊源的有力证据。

◎人民日报海外版,陈斌华,2005年1月22日

中国国家主席胡锦涛访美并赠送《台湾文献汇刊》

中国国家主席胡锦涛访问美国期间,向耶鲁大学图书馆赠送"十五"国家重点出版规划项目、中央对台重点宣传项目、百册大型文献《台湾文献汇刊》。

◎《中央电视台》2006年4月21日

胡锦涛耶鲁赠书
包括厦大《台湾文献汇刊》

国家主席胡锦涛 21 日访问美国耶鲁大学时，向耶鲁大学赠送了 567 种 1346 册中国图书，其中包括厦大出版社出版的标志性大型图书《台湾文献汇刊》。

厦大出版社说，事先他们对赠书也一无所知。不过，22 日晚上央视《新闻联播》节目在报道赠书一事时，镜头出现了《台湾文献汇刊》。

厦大出版社花费 10 年完成的《台湾文献汇刊》，共有七辑 100 册，是国家重点出版项目，2004 年 12 月出版，收入珍贵文献资料近 200 种，以无可辩驳的史实史料，证明台湾与祖国大陆不可分割的历史文化联系。

此间的评论认为，《台湾文献汇刊》的价值在于：此前，研究台湾问题最基本和最重要的资料，是台湾方面出版的《台湾文献史料丛刊》，但是这套丛刊是极不完备的，因为它只能网罗台湾岛内的文献资料，而不能顾及台湾之外特别是祖国大陆收藏的众多文献资料。

而《台湾文献汇刊》收集了分藏于国内许多图书馆和文物资料部门以及民间的有关台湾问题的珍稀文献，这些资料无论在数量上还是质量上，均超越台湾的《台湾文献史料丛刊》。

◎厦门日报，佘峥，2006 年 4 月 24 日

《透视中国东南：文化经济的整合研究》首发，副省长汪毅夫出席首发式

由厦门大学出版社策划出版，陈支平、詹石窗教授主编，被学术界评价为"第一部全面系统论述中国东南文化经济的学术巨著"——《透视中国东南：文化经济的整合研究》一书于11月29日在我校举行首发式。

副省长汪毅夫，我校校长朱崇实，校党委副书记、副校长潘世墨，校长助理李建发和宣传部门、出版界、学术界人士参加了首发式。

朱崇实校长在首发式上讲话。他说，分析东南文化经济的内在结构，研究诸因素的相互作用，揭示其发展规律与运动趋势，具有重大的理论价值和现实意义。《透视中国东南：文化经济的整合研究》一书的出版，挖掘了东南的文化经济资源，加深了东南人民对自身生存其间的沃土的认识与情感，更多的东南文化经济资源将因此书的出版而得到社会更多的重视，将有助于推动我国区域文化经济学的深入研究，展开更广泛的争鸣。他希望我校人文社科的专家、学者写出更多高品位、高质量的文化产品。

该书是第一部系统论述中国东南文化经济的学术巨著，选题得到国家新闻出版总署的高度重视，被列为全国"十五"规划重点图书。全书分为上下两册，计143.6万字，由导论和十四个专题组成，涉及东南文化的自然基础和社会基础、宗族繁衍、海上交通、理学教育、民间信仰、方言流变、文学艺术，多角度多方位地对东南文化经济进行考察、分析和解读。

书中所指的东南，包括浙江、福建、台湾、广东诸省，并延及江西、安徽、江苏南部以及湖南东部区域。长期以来，这个区域是中国文化经济最活跃的区域，这一区域的人文精神和现象与发达的经济相关联和互动形成了当今中国的东南现象。厦门大学出版社总编辑、本书策划人陈福郎编审瞄准了中国东南现象，通过与专家反复探讨，从而形成了这一以经济为主线，论述中国东南文化经济特质的选题。这部著作由人文学院院长陈支平、宗教

◎厦门日报，王宏，2003年11月30日

研究所所长詹石窗教授主编,撰稿人均由对中国东南区域文化经济有深入研究的教授、博士担任,学术基础深厚。

该学术巨著有一编《台海关系东南文化经济的特殊分布》专门论述了台湾与祖国大陆东南沿海诸多身份之间的密切互动关系,以大量史实论证了台湾与东南沿海的地缘、血缘、物缘、商缘关系,文缘、俗缘、神缘关系以及台湾文化与东南文化及中华文化的关系。

中国大学版协代表团访美侧记

2004年9月13日至28日,以中国大学版协理事长、清华大学出版社社长李家强为团长的中国大学版协代表团一行27人,赴美国进行为期15天的访问。代表团由20家大学出版社的社长(总编)及大学版协的部分领导组成。在我国出版体制改革的大背景下,代表们对此次赴美考察都充满着期待。

访美期间,代表团访问了位于华盛顿的国家学术出版中心、巴尔的摩的约翰·霍普金斯大学出版社、纽约大学出版社。在纽约大学出版社的座谈会上,还邀请了牛津大学出版社和哥伦比亚大学出版社的代表参加。两国的同行都十分珍惜此次难得的机会,彼此就双方共同关心的问题进行深入交流。在霍普金斯大学出版社,代表们还详细参观出版社办公大楼,与该社各部门的员工面对面交谈。此次访美取得圆满的成功,代表们对美国大学出版社的历史、现状和未来发展方向及其所关心的问题,有了更多的感性认识。总的来说,有以下几方面的感受。

1.面临共同的难题

美国共有103家大学出版社,与我国大学出版社数量差不多。美国大学出版社基本上都是各大学的直属部门,很受学校的重视。在美国,大学出版社是学术出版的主力军,20世纪60年代它曾极大地推动了美国教育的发展,也为自己迎来了黄金时代。美国大学出版社的办社宗旨也都强调为大学的学术研究服务,属于非营利性(nonprofit)机构,因而获得美国政府在出版方面的免税待遇。但目前,学术出版受到前所未有的挑战,其压力主要来自以下几方面:一是电视传媒对读者的争夺。据统计,美国人每年花在看电视的时间是1050～1120小时,而花在看书的时间是123～127

◎大学出版,蒋东明,2004年第9期

小时。二是互联网对读者的吸引力，使得读者把许多时间用在上网。三是原来图书馆是出版社的最主要客户，现在图书馆却宁可花大量的钱用在网络建设上，致使购书量每年都在下降。统计表明，图书馆的图书采购量近年来减少了80％，馆际借阅的数量也大大减少，代之而起的是网上的活动。此外还有如人口增长率趋于稳定，教材需求量变化不大；书店进货减少，折扣提高等因素。还有一个重要的因素，那就是近年来，受经济持续疲软的影响，美国政府对高等教育的投资明显减少，各大学出版社都陷入财政困境。

美国大学出版社所面临的上述难题，与我国大学出版社所面对的问题，有许多相似之处。因此，如何面对这些挑战，走出困境，便成了双方共同感兴趣的话题。美国大学出版社也十分关注中国同行的发展，对中国大学出版社的迅速发展十分羡慕，每年的北京国际图书博览会吸引了越来越多的美国出版商。他们对中国政府将在2006年12月31日以后开放图书销售市场十分关注，而我们则对美国出版商准备如何进入中国市场也抱有极大兴趣。虽然双方并没有深入探讨，但彼此却心照不宣。

2.大学出版社必须坚持"学术为本"

美国大学出版社的历史都比较长，上百年的大学出版社不在少数。长期的历史和文化积淀，使得美国大学出版社有比较明确的办社思路和经营理念。由于大学出版社隶属学校，依托学校的学术优势就成了出版社的天然出版资源。我们所参观的大学出版社，无一例外都成了学校学术传播的主要出版基地。如霍普金斯大学出版社，他们学校的医学专业在全美大学里赫赫有名，他们出版的医学方面的图书也成了主打品牌，尽管学术专著晦涩艰深，不太可能受市场的欢迎，生存的压力迫使大学出版社不得不更多考虑赢利问题，但在压力之下，他们并没有动摇坚持学术出版的信念。访问期间，美国大学出版社的同行们尽管流露出对学术出版的担忧，但他们认为，大学的学者对出版他们的学术专著仍有极大的需求和渴望。一本印制精美的纸质图书，仍是其他出版物所无法替代的。大学出版社是依托研究型大学而存在的，大学的学术研究成果是人类科学活动的最宝贵结晶之一，大学出版社应该承担起学术积累和传播的责任。同时，大学出版社所处的地位无人可及，历史和现实都使他们知道，在激烈的市场竞争中，只有奉行"学术为本、专业立社"的秘籍，才能形成自己的专业化发展优势。在这个问题上，美国同行们显得非常自信，而他们对学术著作出版的专注程度和敬业精神,给我们留下了深刻的印象。

3.西情东鉴——大学出版社的出路

美国是市场化程度最高的资本主义国家,大学出版社说到底还是一个必须关注资本和利润的企业。即便如此,美国政府对承担学术传播重任的大学出版社还是给予一贯的扶持。这是因为美国政府知道,教育关系民族前途,出版是知识传播的手段,必须在政策上和资金上给予支持。20世纪60年代,美国国会颁布的《国防教育法》(*National Education Act*),把教育提高到国防的高度;国家人文和艺术基金的设立,各大学对大学出版社的扶持,才形成大学出版社的辉煌。即使在目前的经济困境中,各大学出版社仍得到政府或大学的大力支持,使得许多大学出版社在作为"非营利性"机构的保护下,能专心致志地从事学术出版的神圣工作。美国的大学出版社因此撑起了美国学术出版的半壁江山,成为学者实现学术梦想的理想家园,更是实现学术上飞跃的跑道。从这里我们可以看出,这种政策不仅是为了保护学术出版的需要,也是教育发展和人才培养的必要途径。

教育事关民族前途,科技是第一生产力。在我国,教育与科技的作用没有任何一个历史时期比现在更受到重视。在市场经济的大潮中,大学出版社不可避免地要为经济指标而奔波。但从对美国大学出版社的现实状况的了解和分析中,我们认为,大学出版社无论处在什么样的历史状态,都要处理好学术价值和市场价值的关系。而要平衡这一点,单靠大学出版社的力量是不够的,国家的资金扶持和政策倾斜是必需的。大学出版社学术品牌的构建、经营管理水平的提高、市场营销服务手段的完善、专业人才的培养和使用,也是大学出版社自身亟待解决的问题。对比美国大学出版社,从他们的发展道路和他们在出版界所处的地位来看,我们感觉到更深层次的问题,也就是如何保证所出版的学术专著的权威性及可信度。美国大学出版社的学术图书给人们以信任感和荣耀感,但在我们的大学出版社里,浮躁、平庸、堆砌而成的学术著作并不是少数,以致人们评价专著时甚至认为"有钱就可以出书",许多大学评职称并不把学术著作看成主要成果。反过来,一流学者潜心研究的著作往往因为市场价值不高,印数少而出版困难。因此,在保证出版基金扶持的前提下,应形成这样一种氛围,只要是高水平的书,出版应无忧。我国大学出版社的唯一出路,就是要净化学术环境,鼓励原创,鼓励出精品,使得自己的出版物在学术上名至实归,真正构建起品牌,真正起到别人无法替代的作用。只有这样,才能在市场竞争中找到自己的生存空间,才能完成繁荣学术的使命。

15天的访美活动虽然十分短暂,但每位代表的收获却是巨大的。开放的中国正走向世界,发展中的中国大学出版业同样也要走向世界。在感受到美国同行对中国人民热情和尊敬的同时,我们从他们的行走轨迹中得到了许多思考和启迪。

阮次山开讲　厦大现场挤爆

昨日下午,香港凤凰卫视时事评论员阮次山到达厦大克立楼时,大约只能容纳300人的报告厅,至少挤进600人,过道、地板,所有的地方都挤满了人,连地板都看不见了。费了九牛二虎之力的本次讲座组织者——厦大出版社社长蒋东明总算为阮先生开辟出一条通道,在学生们夹道欢迎下,阮次山到达被挤得不足一平方米的讲台,开始演讲。

59岁的阮次山花了两个多小时,讲解了中美、中日和台湾问题,并一一回答了学生的提问。此次演讲是厦大出版社建社20周年系列讲座之一。以下是演讲实录。

关于中美关系:中美关系前所未有的好

中国人被列强欺负的时代结束了,现在,全世界能和美国平起平坐的只有中国。我在复旦大学演讲时,有学生问我:你说中国20年可以赶上美国,但是,人家是不会坐在那里等你的。等你赶到后,它不知道已经跑到哪里了。

这个观点看起来是对的,但是,从另一个方面说,仍有问题。中国的发展,并不是从打算盘开始的,我们是踩在各国的高科技上往上跳,所以,我们不必等到美国发展了20年,再去追它。

布什总统昨日还说,中国的发展很惊人。从现在看,中美关系是前所

◎厦门日报,佘峥,2005年4月17日

未有的好。

我同意美国前国务卿鲍威尔的看法。他认为,中美关系是在撞机事件时进入正常化,在那13天内,两国冷静地处理冲突,体现大国风范。

鲍威尔退休后,要出自传,据说,他把那13天抽出来,另外出一本书。事实上,中美关系是对外关系中最不愿意发生改变的,美国明白中美贸易的重要性。

在两国关系中,没有永久的敌人,也没有永久的朋友,只有永久的利益。换句话说,国家的利益是第一位。有人认为美国人热情洋溢,他们骂人时不会大声,吵架时,也是笑嘻嘻的,但是,谈到国家利益,该翻脸就翻脸。

关于日本入常:联合国不是董事会

日本希望加入联合国常任理事国,但是实际上不可能。我们看到,中国已经提出:在安南改革联合国方案上,我们反对设时间表。

中国一提出来之后,马上有人跟着:第一是俄罗斯,第二个美国,这三个国家讲话一模一样。换句话说,联合国的改革遥遥无期。

日本提出加入常任理事国的理由之一是,每年承担联合国会费的16.7%,但是,联合国不是董事会,谁出钱就当董事长。

其实,日本人并不了解,反对增加联合国常任理事国席位的,就是美国。

对于美国来说,五个常任理事国,要说服其他四个还容易。而如果根据新的提案,联合国常任理事国增加六席,你以为美国人会高兴?道理很简单:如果增加到11席,除了我自己以外,还要说服其他10个国家。

由于美日之间的贸易关系,美国不愿意看到日本拥有更多的"牙齿",有讨价还价的资本,所以美国最不愿意看到日本成为常任理事国。

关于台湾问题:国民党来大陆"借东风"

现在,国民党一窝蜂要来大陆,他们是来"借东风"。大陆在此时给台湾民众、政党,发出善意信号,很明智。

事实上,我曾经私底下向他们献策,在选举中打出大陆牌,国民党能促成两岸和平。但是,连战说,我们不"卖"台。我说,你不"卖"台,但你都输了两次了。

江丙坤从大陆回去后，台湾当局千方百计找茬。事实上，它是借此告诉连战，你去大陆之前，要先跟我谈谈。

这是陈水扁在耍诈：先跟我谈，以后，你跟大陆达成的协议，那是我出的主意，我的授权。但是，连战也想明白了，说，我就不见你，最多可以走的时候在机场给你打个电话，说，我走了。

美国没有利用我传递信息

背景：2004年10月25日，美国国务卿鲍威尔接受阮次山专访。鲍威尔强调，台湾不是独立的国家，没有作为一个国家的主权。鲍威尔此番谈话被台湾媒体喻为"石破天惊"，是向陈水扁发出的最严厉的警告。

解密：直到今天还有记者在问我，那一刻，你一夜成名，是不是美国政府要利用你来传递信息。我告诉他，你错了，美国政府并没有利用我来传递消息。当时，我是看了报纸，才知道鲍威尔飞机上天了，我赶紧联系美国国务院采访的事情。采访报告在鲍威尔飞机快到东京时到达飞机上，他同意了。同意后，美国方面也没有问我要问什么。等找到了北京世贸大酒店，美国国务院的一位小姐才问我，阮先生，你到底要问什么问题？我说，就中美问题、台湾问题、朝鲜问题。所以，鲍威尔并没有存心要利用我对他的访谈传出什么消息。那次采访是我主动，不是他主动。在采访时，我问他，台湾当局一直在说：我们不必宣布独立，因为我们已经是主权独立的国家，因为已有26个国家承认我们，您怎么看？

这是我将他一军，鲍威尔回答说：无论他们怎么说，我们的政策是明确的，只有一个中国，台湾不是独立的，没有作为一个国家所拥有的主权。当天，台湾舆论说，像是挨了颗原子弹，是1979年和美国"断交"后，所受到的最严重打击。台湾媒体说：你为什么要问这个问题？但是，我为什么不问这个问题。

台湾媒体又说，这是个口误。过了三天，美国副国务卿在接受媒体采访时说，这不是口误，这是我们的一贯政策。

大型丛书《中国稀见史料》首发

在26日开幕的第三届海峡两岸图书交易会上,《中国稀见史料》第一辑首次发行,《太平天国史日历》1933年手稿本等一些濒临散亡的史料首次呈现给观众。

《中国稀见史料》第一辑限印150套,由厦门大学出版社历经5年策划组稿,共收集了海内外稀见史料79种,其中明代史料8种,清代史料42种,民国史料29种。

《中国稀见史料》作者、著名历史学家、杂文家王春瑜介绍,此丛书共涉及海内外图书馆和民间秘藏的孤本、稿本、秘不示人的官府档案、私人日记、笔记、文集、家谱、唱本、歌曲集、科举图书、簿记、政商民间实用图书、秘密社会会簿、名人手迹、外交文件、日历、医药等多种类型的史料。

记者从《中国稀见史料》第一辑简介中了解到,书中有日本京都大学收藏的明朝嘉靖年间宫廷档案《吏部考功司题稿》、国学大师清代洪门秘籍《香花僧秘典》旧抄本、《江阴社会调查》1935年铅印本、咸丰六年《曾国藩手札》手迹等许多海内外图书馆、大学、学术机构非常重视的珍贵资料,具有极高的史料价值和收藏价值。

据介绍,此丛书对于这些人们不容易见到的、濒临散亡的史料,具有抢救、保存、传播的积极意义。

◎新华网,余瑛瑞、孟昭丽,2007年10月26日

潘维廉签售《魅力厦门》系列

"老潘在那签售呢!"昨日上午,厦大美籍教授潘维廉在厦门国际会展中心 D 厅举办的中英文版《魅力厦门》系列的签售活动,成了第三届海峡两岸图书交易会上一道独特的风景。

签售现场,拿到老潘签名书籍的读者激动不已,因为老潘诙谐可爱的签名独具匠心,感染了他们。签名上除了"Enjoy Amoy!"的英文外,还有一幅可爱的小漫画:一个人,头戴斗笠,身着唐装,双眼又圆又大,充满活力,斗笠上还写着"I love XM"。老潘说,希望通过这种卡通幽默的方式,自然而然地打破彼此间的沟通障碍。潘维廉还透露,目前他已着手写《老外看老厦门》(暂定),此书主要是让厦门人了解 150 多年前外国人眼中的老厦门。

◎厦门日报,朱莹莹,2007 年 10 月 29 日

"共和国六十年法学论争实录"丛书昨日在厦首发

昨天下午,由中国著名法学家、中国政法大学终身教授江平先生总主编,厦门大学出版社出版的"共和国六十年法学论争实录"丛书首发式在厦门国际会展中心A厅305室举行。

"共和国六十年法学论争实录"丛书,不同于以往对法学名词和理论的解释性著作,而是以"实录"的方式,从学术史的层面上再现共和国六十年历史进程中发生的一次又一次法学重要问题的论争,从一个侧面记录我国法学从"蛮荒之地"走向"显学",从"幼稚之学"走向成熟,与时俱进、不断开拓的历程。

◎厦门晚报,徐林武,2009年10月31日

大学出版社捐款情况统计表

(截至4月27日)

序号	捐赠单位名称	捐款金额	其他捐助情况	序号	捐赠单位名称	捐款金额	其他捐助情况
1	安徽大学出版社有限责任公司	10 000.00		49	陕西师范大学出版社	75 000.00	
2	北京大学出版社	500 000.00		50	汕头大学出版社	4 210.00	
3	北京大学医学出版社	50 000.00		51	上海财经大学出版社	10 000.00	
4	北京工业大学出版社	15 000.00		52	上海外语教育出版社	600 000.00	
5	北京航空航天大学出版社	30 000.00		53	上海音乐学院出版社	5 000.00	
6	北京交通大学出版社	30 000.00		54	首都经济贸易大学出版社	34 000.00	
7	北京理工大学出版社	20 000.00		55	首都师范大学出版社	20 000.00	
8	北京师范大学出版社	2 000 000.00		56	四川大学出版社	14 800.00	
9	北京邮电大学出版社	20 000.00		57	苏州大学出版社	40 000.00	
10	北京语言大学出版社	50 000.00		58	天津大学出版社	60 000.00	
11	大连海事大学出版社	10 000.00		59	外语教学与研究出版社	600 000.00	
12	大连理工大学出版社有限公司	50 000.00		60	武汉大学出版社	43 565.00	
13	电子科技大学出版社	10 000.00		61	武汉理工大学出版社	10 000.00	
14	东北财经大学出版社有限责任公司	20 000.00		62	西安电子科技大学出版社	24 000.00	
15	东北大学出版社	10 000.00		63	西安交通大学出版社	50 000.00	
16	东北林业大学出版社	5 000.00		64	陕西师范大学出版社	74 400.00	
17	东北师范大学出版社	60 000.00	2.6万码洋图书	65	西安外语音像出版社	5 000.00	
18	东华大学出版社	20 000.00		66	西北大学出版社	20 000.00	
19	东南大学出版社	20 000.00		67	西北工业大学出版社	20 000.00	
20	对外经济贸易大学出版社	30 000.00		68	西北农林科技大学出版社	10 000.00	
21	复旦大学出版社	100 000.00		69	西南财经大学出版社	10 000.00	
22	广东高等教育出版社	35 000.00		70	西南交通大学出版社	10 000.00	
23	广西师范大学出版社	200 000.00		71	西南师范大学出版社	50 000.00	
24	哈尔滨工程大学出版社	5 000.00		72	厦门大学出版社	80 000.00	
25	合肥工业大学出版社	10 000.00		73	湘潭大学出版社	5 000.00	
26	河北大学出版社有限责任公司	10 000.00		74	新疆大学出版社	5 000.00	
27	河海大学出版社	3 270.00		75	延边大学出版社有限责任公司	10 000.00	
28	河南大学出版社	50 000.00		76	云南大学出版社	20 000.00	
29	黑龙江大学出版社	10 000.00		77	浙江大学出版社	100 000.00	
30	湖南大学出版社	10 000.00		78	浙江工商大学出版社	10 000.00	
31	湖南师范大学出版社	20 000.00		79	郑州大学出版社	20 000.00	
32	华东师范大学出版社	150 000.00		80	中国传媒大学出版社	30 000.00	
33	华南理工大学出版社	37 700.00		81	中国海洋大学出版社	10 000.00	
34	华中科技大学出版社	30 000.00		82	中国科技大学出版社	10 000.00	
35	华中师范大学出版社	20 000.00		83	中国农业大学出版社	30 000.00	
36	吉林大学出版社	10 000.00		84	中国人民大学出版社	600 000.00	
37	暨南大学出版社	10 000.00		85	中国人民公安大学出版社	55 000.00	
38	江苏大学出版社	10 000.00		86	中国人民解放军第四军区大学出版社	10 000.00	
39	教育科学出版社	500 000.00		87	中国石油大学出版社	10 000.00	
40	兰州大学出版社	24 800.00		88	中国政法大学出版社	23 320.00	
41	立信会计出版社	20 000.00		89	中南大学出版社	10 000.00	
42	辽宁大学出版社	80 000.00		90	中山大学出版社	28 000.00	
43	旅游教育出版社	30 000.00		91	中央广播电视大学出版社	104 000.00	
44	内蒙古大学出版社	15 000.00		92	中央民族大学出版社	10 000.00	
45	南京大学出版社	30 000.00	0.9898万码洋图书	93	中央音乐学院出版社	1 000.00	
46	南京师范大学出版社	50 000.00		94	重庆大学出版社有限公司	25 000.00	
47	南开大学出版社	10 000.00		95	中国协和医科大学出版社		22万码洋图书(2200册)
48	清华大学出版社有限公司	500 000.00			合计	7 927 065.00	

厦大社向青海玉树灾区捐款8万元,通过大学版协在中央电视台赈灾晚会上捐款。

◎《中国新闻出版报》,2010年5月5日

厦门大学在台展销《中国稀见史料》

厦大图书馆的馆藏孤本书昨日"登台"。在第六届海峡两岸图书交易会上,厦门大学出版社带来了全套20册的《中国稀见史料》。

据展台工作人员介绍,《中国稀见史料》中的内容全部来自厦门大学图书馆珍藏的孤本书、善本书和手稿本,其中大部分为古籍直接影印本,主要面向台湾图书馆推荐展销。《中国稀见史料》一上展台,立即引起了台湾民众的兴趣。

除了珍贵的图书史料,为了与台湾民众进行更直接、质朴的交流,厦门大学出版社还特地准备了东南亚研究、台湾研究、闽南方言、华人文化以及中英文对照的厦门旅游书等近500本图书参展。

厦门外图集团的展示区也展出了自主创作的《书香两岸》杂志。版权区则展出了受两岸出版商委托展示的1500种图书,两岸出版业者也就版权输出和代理问题进行现场商谈。

◎厦门日报,林雯,2010年9月17日

巴曙松畅谈房地产市场

　　4月24日下午,著名经济学家、国务院发展研究中心金融研究所副所长、中国银行协会首席经济学家巴曙松做客厦大管院EDP"名家大讲堂",并做与厦大出版社近期推出的新书——《房地产大周期的金融视角》同名的主题演讲。

　　整场讲座显示出巴博士专业的研究视角,独到的研究方法,极强的语言驾驭能力和现场把控能力。讲座中多次以幽默的方式力推新作。该书从金融政策和市场研究者的独特视角,以房地产骤起波动于房地产转型为主线,对我国房地产市场运行进行了跟踪研究,并得出了许多令人信服的结论。巴教授在演讲时,不时调侃经济学,也不时调侃自己,还多次以幽默的方式为厦大出版社"插播"广告。

◎厦门大学报,施建岚,2012年4月27日演讲结束后,厦大出版社组织巴教授新书《房地产大周期的金融视角》的签售活动。由于时间有限,现场只准备了 100 本新书,结果在十分钟内就签售一空,由此可见读者购书热情之高。

厦门大学出版社新书
"漳州与台湾关系丛书"在台北首发

在9月13日于台北开幕的第八届海峡两岸图书交易会上,厦门大学出版社出版的新书"漳州与台湾关系丛书"举办首发式,受到与会人员特别是广大台胞的高度关注。

漳州是台胞宗亲的主要祖籍地,这套丛书从历史、文化、经济、地缘以及台胞政要的漳州祖根等方面,全面论述漳台关系的历史源流。其中《台湾涉漳旧地名与聚落开发》一书,洋洋300多万字,分上下两卷。它逐一介绍台湾地区2300多处涉漳聚落开发历程,是迄今为止最为系统地研究明清以来漳州人民开发台湾历史与文化的学术著作,为漳台两地人民绘制了一份历史上漳籍移民开发台湾的"寻踪地图"。

在此次图书交易会上,本书主编、漳州市政协主席谭培根先生还带着本套丛书及近两年厦门大学出版社出版的展现漳台历史文化渊源关系的《漳州与台湾族谱对接指南》《海峡两岸开漳圣王庙宇楹联集》,明正德版和万历版的《漳州府志》等书拜会了连战、江丙坤、王金平等漳籍台湾政要名人,受到他们的高度肯定。

厦门大学出版社自创办以来一直致力于出版有关台湾研究的图书,并形成了良好的品牌影响力,近几年来更是把出版展现台胞主要祖籍地的闽南与台湾的历史文化渊源关系的图书作为自己的工作重点。厦门大学出版社有关这方面所取得的业绩受到国家有关部门和业界的高度赞赏与肯定。

◎厦门大学报,黄茂林,2012年9月29日

《战神刘玉栋》在宁波书城举行新书发布会

刘玉栋在现场签售与读者见面互动

1月19日下午三点,《战神刘玉栋》新书发布会暨读者见面会在宁波书城四楼报告厅举行。作为曾代表国家队首次闯入奥运会前八、两次担任奥运会中国代表团旗手,带领八一队七次勇夺CBA总冠军,CBA历史上唯一单赛季独揽"联赛最有价值球员"、"常规赛最有价值球员"和"得分王"三大奖项的运动员刘玉栋,人称"战神"。此次新书《战神刘玉栋》的发布,讲述了"战神"的成长历程,在无数荣耀背后所付出超乎常人的努力和满身的伤病,还原了一个鲜活、真实的刘玉栋。

下午两点半,报告厅里已经座无虚席,球迷们早早地等待"战神"的到来。看来"战神"的人气仍不减当年。三点稍过,眼见刘玉栋还没出现,球迷们不停地询问工作人员,想见"战神"的焦急心情可见一斑。

过不多时,刘玉栋在工作人员的陪同下步入报告厅,现场响起一阵热烈的掌声。在主持人简单介绍之后,刘玉栋开始回答球迷们的提问。

最近八一队战绩不佳,球迷问刘玉栋是否有出山做主教练的想法。刘

◎中国宁波网,陆锋,2013年1月19日

玉栋说,优秀的运动员不一定就能当好优秀的教练员。"我现在也在教练组,只是做管理的工作。也会经常指导年轻队员,"刘玉栋说,"当主教练这要看领导的决定,军人要服从命令。"当球迷问及是否愿意复出,来帮助八一队时,刘玉栋说,我喜欢挑战,从没放弃过,年龄也好,伤病也罢,如果阿导愿意,我愿意复出。看来是老骥伏枥,志在千里啊!在现场,刘玉栋还鼓励小球迷好好学习,要坚强、勇敢。

发布会结束,"战神"到书城一楼总台进行签售。

外甥出书揭秘陈景润爱情故事
在厦门外图书城首发

在陈景润所有的外甥中,宋力和舅舅相处的时间最多,感情深厚。于是,历经7年努力,宋力在陈景润诞辰80周年之际,创作完成《铸梦——追忆舅舅陈景润》。昨日上午,这本书的首发式在厦门外图书城举行。

关于陈景润,他的同事、朋友和有关学者专家曾先后整理出版了个人传记和文集。这些作品,从不同角度和侧面,展现了陈景润别样的人生奋斗轨迹。宋力的这本书,浸染着血脉亲情,把一个有血有肉、活灵活现、生命不止、奋斗不息的陈景润,客观地呈现在读者眼前。

《铸梦——追忆舅舅陈景润》观察入微、叙述流畅、笔触细腻、感人至深。其中一些不为人知的细节,得益于宋力在北京读书的几年间与陈景润的近距离接触。在陈景润去世前,宋力也一直与陈景润及其夫人由昆保持联络。2006年开始,宋力不断收集陈景润生前的有关资料,并着手编撰《追忆陈景润舅舅》。今年初,在由昆的鼓励下,宋力重新修改了书稿,并将原书名改为现在的名字。

在大多数人的印象中,陈景润这个数学天才,除了数学之外,其他的都不会。"科学怪人"曾一度成为他的简单标签。事实上,陈景润的一生,都在跟命运做抗争——与时代抗争、与病魔抗争、与科学难题抗争。面对流言和挫折,他毫不动摇,拼搏奋进。

真实的陈景润,为人谦虚正直、务实低调,大是大非面前是非分明、立场坚定,生活中对己勤俭、对人大方。宋力在书中讲述了这样一个故事:"在我上大学的时候,陈景润曾请客吃饭,三菜一汤,他自己闷头吃完后,走到开水桶边,将盘中的剩菜汤兑开水喝下去,用舌尖舔尽那碗中的剩余饭粒。"

在婚姻爱情方面,陈景润和普通人没有太大区别,追求妻子由昆时,就努力想办法接近她。成家后,看起来有些木讷的陈景润在工作之余很"黏"夫人。由于不善表达,他跟夫人说得最多的一句话就是:"我要和你一起卷毛线。"

◎厦门日报,陈冬,2013年5月28日

《闽商发展史·总论卷》在榕首发

《闽商发展史·总论卷》在福州举行首发仪式

13日,《闽商发展史·总论卷》在福州首发。省政协副主席、省委统战部长雷春美,老同志李祖可出席首发式。

雷春美在首发式上说,《闽商发展史·总论卷》的出版发行,只是研究闽商发展史的第一步,希望各有关部门、各位闽商和专家学者一如既往地大力支持闽商文化研究和《闽商发展史》研究编纂工作,让闽商文化建设与闽商事业共成长,让闽商精神成为实现"中国梦"的有力支持。

《闽商发展史》由厦门大学出版社出版,共15卷,包括福建省现有九个地市辖区、港、澳、台、海外、国内异地商会以及"总论卷",全方位展示了闽商自远古至近代的萌芽、形成、发展、转型、再扩展的过程,多角度呈现了闽商发展过程中集团化、行业化、网络化特色。

◎福建日报,严顺龙,2013年6月13日

《中国会馆志资料集成》首发式在"图交会"举行

首发现场（你好台湾网 图）

26日上午，厦门大学出版社新书《中国会馆志资料集成》的首发式在厦门会展中心第九届海峡两岸图书交易会及第六届海峡两岸文化产业博览会上隆重举行。福建省新闻出版局出版管理处处长翁孟武、厦门文史专家洪卜仁先生、福建省社科院研究员客家研究中心主任杨彦杰、厦门市图书馆馆长林丽萍、厦门大学图书馆馆长肖德洪、厦门大学历史系教授黄顺力、厦门大学人文学院副院长王日根等领导出席了首发式。

首发式由厦门大学出版社总编辑宋文艳主持，社长蒋东明发表了致辞。本书编纂者、厦门大学人文学院副院长王日根教授介绍了本书的特色。厦门大学历史系教授黄顺力、福建省社科院研究员客家研究中心主任杨彦杰在首发式上发表了热情洋溢的讲话。最后，由厦门大学出版社社长

◎你好台湾网，陆凯，2013年10月27日

蒋东明向厦门大学图书馆、厦门市图书馆赠送样书。

《中国会馆志资料集成》收辑大量散见于各地图书馆、民间或私人手中的会馆志和征信录等珍稀藏本，系统展现不同历史时期各地会馆的设立过程、运行机制、管理规约、捐输源流、兴衰历程及其特点各异的社会功能，对于挖掘和保存中国优秀的本土文化资源，借鉴和发扬传统乡土社会流动人口和行会社团管理的有效经验，都具有深刻的现实意义。会馆是明清以来凝聚了中华文化内在精神、管理流动人群的民间社会组织，较西方传入的商会组织具有更大的包容性。它既管理寓居同乡官员，又顾及同乡应试试子、工商阶层乃至一般移民，具有较强的社会功能。当今仍然在海外华人社会大量延播和发展，彰显了中国传统文化的软实力。

厦门大学出版社两种新书隆重上市

10月25—26日,厦门大学出版社新书《福建翻译史论》《中国会馆志资料集成》在厦门会展中心第九届海峡两岸图书交易会及第六届海峡两岸文化产业博览会上隆重首发。

历时5年撰写出版的《福建翻译史论》全书分为古近代卷、现代卷与当代卷,首次系统考察了从古至今福建省众多译家、译事、译论及其产生的深刻影响,填补了国内在福建翻译史出版方面的空白,具有重大学术价值和深远历史意义。

《中国会馆志资料集成》收辑大量散见于各地图书馆、民间或私人手中的会馆志和征信录等珍稀藏本,系统展现不同历史时期各地会馆的设立过程、运行机制、管理规约、捐输源流、兴衰历程及其特点各异的社会功能,对于挖掘和保存中国优秀的本土文化资源,借鉴和发扬传统乡土社会流动人口和行会社团管理的有效经验,都具有深刻的现实意义。

◎中华读书报,施建岚,2013年10月30日

《菲律宾华人通史》在马尼拉首发

菲律宾《世界日报》社与中国厦门大学 23 日在菲律宾首都马尼拉联合举办《菲律宾华人通史》首发仪式,中国驻菲律宾大使马克卿到场祝贺。

《菲律宾华人通史》是由菲律宾《世界日报》社与厦门大学南洋研究院联手历时 5 年编纂,中菲两国的学者、报人参与写作,全书约百万字,详细记述了菲律宾华人社会 500 年来的发展、变迁。

中国驻菲律宾大使马克卿当天到场对《菲律宾华人通史》一书在菲首发表示祝贺。她指出,中国与菲律宾一衣带水,两国人民的密切交往已超过千年,早在中国宋代的历史文献中,就有关于菲律宾群岛的详细记载。16 世纪后期,中国商人开始大规模定居菲律宾,菲律宾的华人秉承勤奋、节俭、仁义、善贾的中华民族的秉性,经过数十代人在菲律宾的努力,终事业有成。迄今,菲律宾华侨华人为菲律宾经济发展、社会进步,为促进中菲两国的友好关系及在经济、文化等方面交流与合作,作出了不可磨灭的贡献。

马克卿大使表示,相信《菲律宾华人通史》一书的出版不仅是菲律宾华侨华人社会的大事,而且能够进一步增进两国人民的相互了解,促进中菲友好继续向前发展。

菲华商联总会理事长施文界称赞该书是一部"菲华社会百科全书",可让华人新生代和所有华裔子弟加深了解先辈在背井离乡、远渡重洋后如何以血汗与泪水开创一片天地,更让华社年青一代认识中华文化血脉、根基。

一直积极推动该书编纂的菲律宾《世界日报》社社长陈华岳在致辞时指出,菲华社会是一个历经苦难的社会,但华人奋发图强,创造出骄人的成绩。他举例说,2009 年一项统计显示,当年菲律宾上市公司共有 248 家,其中华商占到 73 家,华商上市公司总资产达 424 亿美元,占菲律宾股市总

◎中国新闻网,张明,2013 年 11 月 23 日

市值32%。而今年10月,美国福布斯杂志列出菲律宾全国40位首富,其中有19人是华人富豪。

陈华岳认为,菲律宾以及海外其他国家的华人社会不会因为中国和平崛起而萎缩,"我们有理由相信,一个强盛的中国会使(海外)华人社会更具活力,因此,《菲律宾华人通史》可以也只能被视为一个起点,随着华人社会的强化,更优质的作品会出现"。

(注:菲律宾世界日报,2013年11月23日)

著名归侨作家高云览
百年诞辰纪念文集在厦首发

一部荟萃著名爱国归侨作家高云览先生100周年诞辰纪念文章和书评的文集《永远的丰碑》，30日由厦门大学出版社正式出版并在此间首发。

由厦门市作家协会主办的《永远的丰碑》首发式暨《小城春秋》品读会，当天在厦门市图书馆举行。厦门市部分知名作家、评论家、教授、读者和高云览的亲属与会。

高云览以长篇小说《小城春秋》驰名中国当代文学史，与另一部著名小说《青春之歌》，一南一北，互相辉映。本书编者、高云览的女儿高迅莹介绍说，该文集是继《永远的纪念》《永不磨灭的光辉》之后出版的第三本高云览纪念文集。她说，为出版该书，很多人尽心尽力，令其感动和温暖。厦大中文系老教授柯文溥先生为给纪念文集撰写文稿《高云览三部小说比较论》，到厦大图书馆索查资料，不慎从梯架上摔下来，胳臂动弹不了，伤痛好几个月无法执笔。

厦门市委宣传部副部长张萍称，高云览是厦门文学史上不可多得的著名作家。其身上强烈的爱国主义精神、本土作家的高度责任感和呕心沥血、精益求精的创作态度，都使她深受感动和教育。

"读到文集封面上那段提纲挈领式文字：'我不量力地想用我的生命来写这件党的光辉史诗……写那些死在国民党刀下活在我心灵里的人'，我不禁感动得有些鼻酸。"她说。

厦大中文系老教授郭启宗说，他1956年进入厦大中文系就读，当年《小城春秋》正式出版，在全国产生很大影响，几乎到了人人争先阅读的境地。这给他留下了深刻的印象，几十年都未磨灭。

《小城春秋》以1930年5月25日中共福建省委在国民党"白色恐怖"笼罩下的厦门展开一次震撼中国的破狱斗争，成功营救出40多位革命者，

◎中国新闻网，杨伏山，2013年12月10日

史称厦门破狱事件为创作题材,历经多年酝酿和创作,在高云览1956年6月英年早逝半年后,才正式出版,后又由作家出版社、人民文学出版社等再版、新版。作品还被改编成连环画、拍成电影,被译成英文、法文、西班牙文、俄文、日文等文字。

高云览1910年5月出生在厦门市一个华侨商人家庭。从1996年至今,厦门市政府和社会各界,为纪念、缅怀高云览爱国的一生及其作品对中国当代文学的贡献,支持出版了多本书籍,并为《小城春秋》举办了多场学术研讨会。

校友捐设"凤凰树下随笔集"出版基金

11月13日下午,"凤凰树下随笔集"出版基金捐赠仪式在厦门大学出版社举行。该基金由厦大物理系1982级校友捐赠,筹集资金达30万元。校党委副书记、纪委书记赖虹凯出席仪式。捐赠仪式由厦门大学出版社总编辑宋文艳主持。

捐赠仪式上,厦大物理系1982级校友代表洪峰表达了校友们始终热爱母校,愿为母校出版社发展做出点滴贡献的愿望。厦门大学出版社副社长施高翔宣读了《"凤凰树下随笔集"出版基金捐款协议》,明确该基金的使用范围及管理办法等。洪峰和厦大出版社社长蒋东明分别代表捐赠、受赠双方郑重签约。赖虹凯等出席会议领导向物理系1982级学生代表颁发证书和捐款牌匾,并赠送"凤凰树下随笔集"样书。

赖虹凯感谢物理系1982级校友的这一义举,并希望他们的行动能激发更多校友对母校的热爱,更加关心母校的发展。

◎厦门大学报,王洪春,2014年11月21日

《台海文献汇刊》《闽南涉台族谱汇编》全国首发式在京举行
填补闽南历史文化研究空白

全国台联会长汪毅夫、党组书记梁国扬出席首发仪式

9月29日上午,由全国台联、闽南师范大学主办,北京市台联协办的《台海文献汇刊》《闽南涉台族谱汇编》新书全国首发式暨闽台非物质文化遗产保护学术座谈会在北京台湾会馆举行。该书历时一年多时间编纂而成,汇集了两岸专家学者智慧,填补了闽南历史文化研究的空白,具有较高的学术价值和社会意义。

全国人大常委、全国台联会长汪毅夫,全国政协常委、全国台联党组书记梁国扬,第四届全国侨联主席庄炎林,国家行政学院原副院长周文彰,北京大学党委副书记叶静漪,北京市台联党组书记王兰栋、副会长郑大等领导出席了发布会。来自北京大学、中国人民大学、厦门大学、中国社会科学院、台湾成功大学等两岸相关高校和研究机构的专家学者,以及两岸知名

◎台声,洪鸿,2014年第11期

人士、在京台胞等近百人出席了首发式。全国台联副会长杨毅周、闽南师范大学党委书记林晓峰在首发式上致辞。首发式由闽南师范大学副校长萧庆伟主持。

汪毅夫将赠送的两套丛书转赠北京大学图书馆留存

梁国扬接受赠书

填补闽南历史文化研究空白

杨毅周在致辞中说,闽南与台湾一水之隔、血脉相连,80%以上的台湾居民祖籍在福建,闽南话也是台湾的主要方言,闽南文化深深地扎根在两岸民众精神生活中。闽南保存了众多原生态的民族民间文化,由于历史和地缘关系,许多早已在中原土地消失的文化形态和种类在福建尤其是闽南一带不仅保存完好,而且呈现融合、发展的态势。闽南文化与台湾文化一脉相传,具有高度的相似性和继承性,同为中华文化的瑰宝。

杨毅周说,近年来,持续不衰的"闽南文化热",推动了以"闽南文化"为主题的闽台文化交流进一步密切与丰富,成为维系两岸人民情感的重要纽带。《台海文献汇刊》与《闽南涉台族谱汇编》的编辑出版正是与两岸闽南文化交流同步进行的,它填补了闽南历史文化研究的空白,也再一次佐证了两岸文化同根同源、两岸同胞同是一家人的历史事实。正如许多学者所指出的,闽南的学术思想、语言、宗教、戏剧、音乐、民俗等方面,都是异常丰富的文化宝藏;闽南文化的多元性、开放性等特征,都非常鲜明,值得深入探讨,从中吸取有益的养分。可见,加强闽南历史文化研究具有很强的现实意义和长远意义,这一研究方兴未艾。

杨毅周表示,闽南师范大学长期以来紧紧依靠闽南特殊地域及特色区域文化资源,精心凝练闽南文化学科建设方向,培育课程体系,取得了丰硕的成果。全国台联高度重视闽南师范大学在这方面的重要意义和作用,于2012年在闽南师范大学设立"全国台联闽南文化研习交流基地",就是希望通过双方的密切合作,更广泛地应用推广研究成果,服务于两岸文化大交流、大合作,以促进两岸关系和平发展。他说,作为台湾同胞在大陆的乡亲组织,大力弘扬中华优秀传统文化,大力推动两岸文化交流,是全国台联长期以来推动的一项重点工作。全国台联愿意与闽南师范大学、在座的各位来宾一起共同努力,一如既往地推动闽南历史文化研究、保护、传承和发扬,以此团结两岸同胞,共同早日实现中华民族伟大复兴这一中国梦。

具有较高学术价值和社会意义

林晓峰在致辞中说,闽南师范大学是福建省重点建设的省属高校,始终坚持立足闽南区域,注重发掘地方历史文化资源优势,把闽南文化融入办学和育人的全过程,形成了鲜明的闽南文化办学特色。《台海文献汇刊》《闽南涉台族谱汇编》是闽南师范大学近年来精心打造的学术精品和标志性学术成果,其出版发行,具有较高的学术价值和积极的社会意义,必将有力地促进闽台文化研究,推进两岸文化交流,推动两岸关系和平发展,也为台湾同胞回大陆寻根谒祖提供坚实的资料基础。

林晓峰致辞

台湾成功大学人文社科中心
副主任陈益源发言

林晓峰表示,进入新时期,闽南师范大学将继续借力东风,乘势而上,在国务院台办、全国台联、福建省人民政府和海峡两岸相关兄弟院校以及在座各位知名专家学者的关心、帮助和支持下,学校一定能在传承创新闽南文化、促进两岸文化交流方面取得新的更大成绩，为推动两岸关系和平发展、促进祖国统一大业作出新的贡献！

厦门大学出版社社长蒋东明、丛书编者代表闽南师范大学特聘教授陈支平、专家代表中国社会科学院历史研究所所长卜宪群、台湾成功大学人文社科中心副主任陈益源也在首发式上发言。

将成为两岸文化交流的重要内容

发布会上，闽南师范大学还分别向全国台联、中国社会科学院台湾研究所、北京台湾会馆、成功大学赠书。闽南师范大学特聘讲座教授汪毅夫还将赠送给他本人的两套丛书转赠北京大学图书馆留存。

借由此次两本重量级闽南文化书籍的发布，当天下午，主办方还举行了闽台非物质文化遗产保护学术座谈会，两岸专家学者围绕闽台非物质文化遗产的发现、保护、传播等议题进行深入的交流和探讨。

两套丛书均由闽南师范大学闽南文化研究院编纂，分别由厦门大学出版社、福建人民出版社出版。其中，《台海文献汇刊》是《台湾文献汇刊》的姊妹篇，由厦门大学陈支平教授主编，闽南师范大学闽南文化研究院组织策划编选。该项目在2012年6月启动立项，历时两年多完成，入选新闻出版改革发展项目库项目、福建省社会科学规划重大项目成果、福建省新闻出版广电局重点立项项目，共4辑60册，分为"台湾义勇队档案文献集成"、"台海诗文集"、"海疆文献丛编"、"民国时期台湾稀见刊物丛编"等四辑，包括首次公布有关武夷山垦荒台民和台湾义勇军的档案资料、海疆文献丛编、台海诗文集、民国时期台湾稀见刊物丛编、散失于海外的有关海洋问题的珍稀文献；《闽南涉台族谱汇编》100册，涵盖陈、林、黄等目前台湾民众中人数较多的姓氏，以及连、辜等在台湾有重要影响的姓氏，兼具姓氏源流、堂号、世系表、家训、家传、风水图等丰富内容。

成立于2012年10月的闽南师范大学闽南文化研究院现有专兼职研究人员46人，曾多次承担国家社科规划项目、荣获省部级社科优秀成果奖，成为海内外闽南文化研究的重要学术机构。

The 30th Anniversary of Xiamen University Press

厦门大学出版社
建社30周年
[1985-2015]
Xiamen University Press

精彩图书篇

近水楼台先得月——厦大出版社推出一批台湾、东南亚研究书籍

中国大陆唯一一家地处经济特区的大学出版社——厦门大学出版社创办6年来,坚持发挥本校的台湾研究及东南亚研究优势,已初步形成上述两类图书的出版特色。

厦门大学地处闽南,与台湾、港澳地区及东南亚各国有着地理、历史、人文等方面的密切联系。厦大出版社充分利用校内台湾研究所和东南亚研究所的人才优势,抓住重点,出版了一批此类专项研究书籍,并已形成系列化。该社出版的《台湾研究丛书》《当代台湾政治研究》《战后台湾经济分析》等,既有高水平的学术研究专著,又有加强海峡两岸相互了解的知识性读物;既有对台湾历史与现状深入研究的,又有对大陆改革开放具有参考价值的经济信息。东南亚华人华侨的研究是厦大出版社图书品种的另一特色。此类图书已成龙配套,有《世界华侨华人简史》《中国封建政府的华侨政策》《新马华人国家认同的转向》及《近代华侨投资国内企业概论》等。

据悉,"八五"期间,此类研究书籍出版前景继续看好,目前即将出版的有《台湾继承法概论》和《东南亚华人企业集团研究》及《东盟国家经济发展与社会经济形态》等。

◎新闻出版报,郭晓虹,1992年5月20日

厦大出版社注重港台海外书籍的出版

地处厦门经济特区的厦门大学出版社注重有关港台与海外华人、华侨书籍的出版,成为沟通海内外中国人的一座文化"桥梁"。

该出版社紧密结合厦门大学台湾研究所、南洋研究所、经济特区研究所等研究机构及各院系的研究课题,成龙配套出版相关书籍。自1985年成立以来,先后出版图书500余种。其中《战后台湾经济分析》《华人在东南亚经济发展中的作用》《闽台婚俗》等图书颇受读者欢迎。

该出版社负责人陈福郎、郑耀宗在接受本社记者访问时透露,近期出版社将推出台湾研究丛书、南洋研究丛书和涉外经济系列丛书等国家级规划重点图书,以加强原有特色。他们表示,欢迎海内外同行与之合作,多出好书。

◎人民日报海外版,1993年1月26日

厦门大学出版《陈立夫与中医药学》

一部首次较为全面系统地介绍陈立夫先生半个多世纪以来对中医药事业的发展及其在中医药学术上的贡献的专著《陈立夫与中医药学》，最近由厦门大学出版发行。

陈立夫先生是中国近现代史上的风云人物，也是一位博学多识、对中医药研究造诣很深的学者。尤其在晚年，陈先生潜心于中国传统文化及中医药学的学术研究，发表中医药学术论文、医序和演讲稿50多篇，主编中医专著10余部。

《陈立夫与中医药学》全书共12章，较为全面地介绍了陈立夫先生的中医药学术思想、养生长寿之道、医事卫生政绩、知识结构与思维特点、推动海峡两岸中医药双向交流及为台湾中医药的生存与发展所作出的不懈努力。书后附有陈立夫先生中医大事年表。

中国著名细胞生物学家汪德耀教授、中国医史文献研究所所长余瀛鳌教授等欣然为该书作序，赞其"选题新颖别致"、"内容丰富"、"阐述生动精辟、雅俗共赏"。

◎中国新闻，1993年4月22日

学术巨著《透视中国东南：文化经济的整合研究》出版

隆重推出的《透视中国东南：文化经济的整合研究》

第一部首次系统论述中国东南文化经济的学术巨著《透视中国东南：文化经济的整合研究》一书今天上午在厦门隆重推出，该书全面解剖了中国东南文化经济的内在结构，揭示了中国东南文化经济的发展动因，阐发了中国东南文化经济的互动关系，不仅有其重要的学术价值，对于我国的经济与社会发展也有重大的借鉴意义。

这部学术巨著由厦门大学出版社出版，从策划组稿到写作出版，前后历时三年多，是第一部系统论述中国东南文化经济的学术大书。该著作所谓"东南"主要是指浙江、福建、台湾、广东诸省，并延及江西、安徽、江苏南部和湖南东部区域。

本书主编之一詹石窗教授认为，中国东南由于开放精神的作用，不断有人移居海外，成为华侨的主要发源地。东南社会与海外华侨存在着密切关系，这是文化经济建设的重要资源。海外华侨之所以积极支持祖国文化

◎中广网，刘立忠、刘英惠，2003年11月29日

主编詹石窗教授分析此书出版的意义

主编陈支平教授在发言中

经济建设,与其固有文化传统的保留关系密切。鉴于民族精神的培育需要,当今的东南社会在接受西方外业文化的时候千万不能丢掉自己的民族传统文化,更不能数典忘祖。

长期以来,中国东南部就是中国文化经济最活跃的区域,其沉浮兴衰直接影响全国文化经济的生态结构,这一现象有其特殊的人文土壤,同时,中国东南的人文精神和现象又是与发达的经济相关联的。特别是改革开放以来,中国东南部成为人们认识中国社会的主要窗口。本书策划人陈福郎编审瞄准了这一中国东南现象。

通过与专家反复探讨,从而形成了这一以经济为主线,论述中国东南文化经济特质的选题。本书主编陈支平、詹石窗教授组织了文、史、哲、经等学科的学者担任撰稿人,他们都是我国在中国东南区域文化经济各个专题上具有深入研究的教授、博士,阵容强大、学术基础深厚。

策划人陈福郎编审介绍出版情况

专家学者都给予高度肯定,
他们迫不及待地翻看

本书选题得到国家新闻出版总署的高度重视,将其列入"十五"国家重点图书选题。在主编的组织下,各位作者深入研究,精心写作。本书分为上下两册、十四篇,计140多万字。全书从历史和现实两方面,全方位地勾画出中国东南部经济与社会发展的轨迹,挖掘出隐藏在其中的历史文化内蕴,透视出中国东南现象的本质特征。

《台湾文献汇刊》正式出版

大型历史文献集《台湾文献汇刊》，经过厦门大学人文学院、福建师范大学闽台区域研究中心专家学者和九州出版社、厦门大学出版社近10年的努力，近期正式出版。全集共分7辑100册，第一辑收录郑氏家族与清初南明相关的文献，第二辑收录康熙统一台湾的有关文献，第三辑收录闽台民间关系族谱，第四辑收录台湾相关诗文，第五辑收录台湾舆地资料，第六辑收录台湾事件史料，第七辑收录林尔嘉家族及民间文书资料。

现存两岸及海外其他有关图书馆、档案馆和资料管理单位的台湾历史文献约有1000种，散落于民间的族谱和文书等类的民间文献与史料的数字尚无法统计，这些文献是见证和研究台湾历史最基本和最重要的资料。20世纪50年代至70年代，台湾省文献委员会和台湾银行组织整理出版了《台湾文献史料丛刊》一书，该丛刊收录台湾历史文献309种约4500万字。《台湾文献史料丛刊》出版后成为重要的见证和研究台湾历史文化的参考资料，广为海内外研究者引用，但它本身对台湾文献的收录是不完备和片面的。由于20世纪70年代以前，海峡两岸的社会文化交流处于完全隔绝的状态，《台湾文献史料丛刊》的编者只能尽量收集台湾岛内的文献，而无法收集祖国大陆图书馆、档案馆和资料管理单位保存的大量的文献，更无法收集散落于民间的史料。祖国大陆图书馆、档案馆及民间收藏的许多有关台湾历史的文献资料，在数量上和价值上都要超过《台湾文献史料丛刊》。

厦门大学人文学院和福建师范大学闽台区域研究中心的专家学者历经10年时间，广泛收集大陆图书馆、档案馆及民间保存的台湾历史文献资料600余部，约1亿字，从中整理出珍稀文献，编辑而成《台湾文献汇刊》。凡是《台湾文献史料丛刊》已经收入的文献，除了少量有明显差异的原稿

◎教育评论，王杰，2005年5月28日

本、传抄本之外，其他文献《台湾文献汇刊》均不再收录。《台湾文献史料丛刊》和《台湾文献汇刊》相互补充，这两套文献堪称迄今为止研究台湾历史文化最基本和最重要的资料。

《台湾文献汇刊》所收录的文献史料的特点是：

——收入许多珍本古籍，如清初主持收复台湾的闽浙总督姚启圣的文集《忧畏轩遗稿》、文告《忧畏轩文告》；钱仪吉的《碑传集》中有关姚启圣、施琅、万正色等平台功臣的传说，朱克简的《按闽奏议》等等。

——将清初郑成功家族满文档案，由中国第一历史档案馆译成繁体汉文后收录，方便读者阅读。

——收录鳌江范氏族谱，溪南陈氏族谱，颍川陈氏族谱集成，漳州吕氏、吴氏族谱，广仁堂徐氏族谱，施洋刘氏族谱等几十种闽台民间关系族谱，其中有与陈水扁、吕秀莲等人有关的族谱。

——还收录了许多民间文件、契约文书等史料，如《云霄杨氏弘农衍派家谱叙录军功志》《台湾民间契约文书》《台湾居留民公报》等。

——所收录的台湾事件史料更加完整，如黄叔敬的《南征纪程》、吴桐云的《台湾进退志》、吴德功的《让台记》等。

为了确保文献资料的原始真实性，《台湾文献汇刊》采取影印和标点相结合的形式，保存完整和质量较好的古籍文献基本上以影印印行，稿本、钞本、缺本及民间文书等无法保证影印质量的古籍文献则以标点、繁体字形式印刷。

百册文献重击"文化台独"

祖国大陆人文社科学者、出版人经过10年的努力,编辑出100册的《台湾文献汇刊》,近日由九州出版社和厦门大学出版社联合出版。这部国家重点出版规划项目,展示了大陆在台湾历史文化研究领域的最新成果。它收录了有关台湾的珍本、古籍、档案、族谱、私人文件、契约文书、碑刻等大量资料,卷帙浩繁,印证海峡两岸具有割不断的血缘关系,拥有源远流长的历史文化传统。该书以最原始、最有力的证据,给予"文化台独"一个重击。

学术上可迅速超越"台湾版本"

这百册巨著的策划、搜集、甄别、编辑,主要由厦门大学人文学院、福建师范大学闽台区域研究中心完成。据汇刊主编、厦大人文学院院长陈支平教授1月21日在人民大会堂举行的该书出版座谈会上介绍,原来台湾早已有一个类似的文献版本。

自20世纪50年代以来,当时的台湾当局及台湾银行出资组织大批文史专家,经过近20年的努力,搜集编辑了大型《台湾文献史料丛刊》,收文献资料400余种,长期成为研究台湾历史最基本和最重要的资料,广为海内外研究者引用。大陆学者从事台湾问题的研究,基本上也都以此为据。它规模宏大,影响广泛,但不完备。当时两岸处于隔绝状态,这套丛刊只能网罗台湾岛内的文献资料,而不能顾及台湾之外特别是大陆收藏的众多文献资料。更为突出的是,近年来台湾某些别有用心的人推行"文化台独"活动,在台湾历史的学术研究上蓄意割断台湾与祖国大陆的渊源联系,使得文献史料的整理受到了很大的阻碍,学术研究日益出现偏颇的"去中国化"

◎人民日报海外版,连锦添,2005年1月28日的恶劣倾向。如目前台湾一些官方机构，热衷于整理研究日据时期的日本总督府档案，而对于一些与祖国大陆有联系的历史文献档案，则故意视而不见。

因此，陈支平教授认为，大陆版的这套台湾文献，可以在学术上迅速超越台湾方面在这一领域的研究成果，弥补台湾方面在文献史料建设上的不足，更重要的是其以扎实厚重的文化积累的形式，揭露"文化台独"的荒谬。

据悉，《台湾文献汇刊》7辑100册，收入珍贵文献资料近200种，"台湾版本"已收入的，除少量有明显差异的原稿本、传抄本之外，基本上都不再编入，而收入的，大部分是分藏于大陆各地图书馆、档案馆以及散落民间的孤本、珍本、抄本，也有近年在日本等国及台湾地区新发现的珍贵文件，具有很高的史料价值和研究价值。

链接一 相关评点

成思危（全国人大常委会副委员长、全国台湾研究会会长）：这套文献的出版，用无可辩驳的史实史料，证明台湾与祖国大陆密不可分的历史文化联系，深刻地阐明了台湾的中国属性。日据时代的史料表明，台湾人民顽强地坚持自己的中国属性不被改变，证明任何力量都无法改变已根植于台湾人民心中的这种意志。今天的历史是昨天的延续，这套文献对"去中国化"作了有力的回击，也将有力推进有关台湾的学术研究。

王在希（国务院台办副主任）：《台湾文献汇刊》是揭示两岸密不可分的历史文化渊源的有力证据。当前，摆在全体中华儿女面前的一项紧迫任务，就是要坚决遏制"台独"分裂活动。我们反对"台独"，但我们热爱台湾同胞。反"台独"与爱台湾是一致的。广大的台湾同胞是希望社会安定、经济发展和台海和平的，我们将坚持不懈地为台湾和平而努力。"台独"分裂活动的一项重要内容，就是搞"文化台独"，搞所谓"去中国化"，企图造成台湾民众国家认同、文化认同、历史认同的混乱，从而割断两岸人民的历史文化联系。因此，这套文献的出版，不仅具有学术意义，而且具有现实意义。

台湾的中国属性铁证如山

综上所述，扭转岛内文献研究及学术研究的某些"去中国化"倾向，消除"文化台独"的恶劣影响，需要做大量扎实的基础工作。《台湾文献汇刊》用史料揭示台湾的发展变迁，如同一位历史老人在默默叙说，娓娓道来。面对岛内"去中国化"的杂音，那些线装古籍、契约文书、墓碑石刻，仿佛都从沉寂中鲜活地站立起来，愤怒控诉。

陈支平教授以"闽台民间关系族谱专辑"为例说，该辑收录了福建沿海地区大量关于移民台湾记载的民间族谱，《颍川陈氏族谱集成》《溪南陈氏族谱》《漳州吕氏族谱二种》等，其中包括陈水扁、吕秀莲、游锡堃等民进党人士先祖的族谱。近年来有些"台独"分子数典忘祖，大量民间族谱所提供的史实，都无可辩驳地证明了两岸源远流长的血缘关系。

有趣的是，清代不少台湾地方志的撰修，是借助福建的人力物力完成的,所以很多稿本、未完稿本保存在大陆,都是仅存的孤本,汇刊提供了台湾社会方方面面的原始资料。

"康熙统一台湾史料专辑"收录许多宝贵史料。关于康熙统一台湾,是台湾当局最为忌讳的问题,因此当年台湾在编辑《台湾文献史料丛刊》时,编者有意无意地回避这部分文献史料的搜集整理。在当前"台独"活动猖獗的情形下,将康熙统一台湾的历史原貌呈现出来显得尤为必要。当时闽浙总督姚启圣的文集、文告,如《忧畏轩遗稿》《忧畏轩奏疏》等,都是研究这段历史不可替代的资料。

"台湾事件史料专辑"是汇刊中的一个"震撼弹"。清代台湾在移民社会的形成、发展过程中,各地之间、各宗族之间时有冲突发生,民间的械斗、暴乱事件较多。到了清代后期,日本殖民主义者野心勃勃,不断侵犯台湾,制造出许多事件。"台湾版本"虽然有所收录,但是顾忌良多,有所隐讳。此次《台湾文献汇刊》收入了许多至今为止未见引用的罕见文献,填补了"台湾版本"的史料缺陷。如王韬《辛末壬申间日本扰乱台湾事实》、佚名《日本窥台始末》、唐贤龙《台湾事变内幕记》等,都是珍贵文献。

"林尔嘉家族及民间文书资料专辑"述说爱国者的故事。板桥林家是清代台湾的显赫家族。其后裔林尔嘉先生不愿与日本人妥协,在日本军队占据台湾之后愤而内迁福建厦门鼓浪屿定居。该辑收入了目前厦门鼓浪屿林尔嘉故居保存的文件资料,体现了台湾同胞具有爱国爱乡的光荣传统,是难得一见的珍贵史料。

台湾文献篇目例举

第一历史档案馆	《清初郑成功家族满文档案译编》
佚 名	《台湾外志》
丸山正彦	《台湾开创郑成功》
姚启圣	《忧畏轩遗稿》
李世熊	《寇变记》
王捷南	《闽中沿革表》(节选)
	《颍川陈氏族谱集成》
沈葆桢	《沈文肃政书续编》
邱逢甲	《金城唱和集》
蒋师辙	《台湾通志》(原编本)
叶宗元	《台湾府总图纂要》
佚 名	《日本窥台始末》
台湾省行政长官公署新闻室编	《台湾暴动事件记实》《台湾民间契约文书》《林尔嘉家族信件》
吴桐云辑	《台湾进退志》
佚名辑	《筹议台湾事宜折奏》
陈寿彭译	《新译中国江海险要图志》(节选)

《台湾文献汇刊》上海书店上架，引起台湾史学者兴趣

联经出版公司引进大陆九州出版社和厦门大学出版社合作的《台湾文献汇刊》，全套共7辑100册在上海书店上架，引起岛内台湾史学者的高度兴趣。"中研院"院士曹永和表示，台湾史研究目前该收集的资料大多找齐了，不足的史料得靠大陆的部分补足。这套丛书中收录珍贵的文集、族谱和手抄本都是台湾过去无法网罗的珍贵史料，因此有极高的学术价值。

《台湾文献汇刊》收入的文献资料大部分是原本珍藏在大陆各地图书馆、档案馆及散落民间的孤本、珍本、抄本，也有部分是在台湾、日本等地发现的珍贵文献。此套丛书由厦门大学人文学院院长陈支平主编，大陆九州出版社授权，由农学公司担任台湾总代理。上海书店进货250套，已售出60套，"中研院"的研究单位及各大图书馆大多购入一套收藏。

台湾银行经济研究室曾在1957年到1972年间编印出版的《台湾文献史料丛刊》（台版）已是台湾史研究的重要依据。

曹永和表示，早年在小小冰果室中拟定丛刊的编辑方向，虽然由台湾

◎台湾民生报，2005年9月21日

银行出资编印,曾被人质疑不务正业、偏重经济层面,但后来也扩及台湾史各层面,而当时碍于海峡两岸政治的阻绝,只能尽量网罗岛内文献,大陆许多图书资料部门收藏的史料则无法纳入,如今这套汇刊恰好补足台湾丛刊的不足。

台北大学历史系教授张胜彦表示,《台湾文献史料丛刊》是重新编辑排版而成,过去影印、扫描技术不如现代进步,人为编辑多少有所疏失,而大陆版的《台湾文献汇刊》采用原版史料。"中研院"台史所助研究员翁佳音指出,此套丛书出版也许可刺激政府注意史料的出版及研究不要被大陆赶上。

《台湾文献汇刊》编辑原则为凡是《台湾文献史料丛刊》已收入的文献除了少数有明显差异的原稿本和传抄本不再编入,往后五年将再收入更多明清台湾时的族谱及珍贵史料,将扩充至 700 册。

悦读自己是一种美丽

记者：您为什么会答应主编这套丛书呢？

林丹娅：我对女性的关注，注定我写下的第一篇文学作品是关于女性，写下的第一部学术著作是关于女性。现在，主编的这第一套丛书还是关于女性。我愿意更感性地把这种关系表达为这是我与女性血肉相连的一份缘。

记者：我看完了这套书，它是从地域文化的角度来看女性的？

林丹娅：一方水土养一方人，有着悠久文明历史的中国，幅员辽阔的中国，文化多样性的中国，必然产生极具内涵又各具奇妙的中国女性。正是她们，一方面构成了中国地域人文文化中最具表现力与震撼力的有机部分；另一方面，她们又总是笼罩在男权传统的文化视角下，成为一个聊供观赏的"空洞能指"。因此，本套丛书的创意，意在通过对女性相知甚切的有缘人，能够拨开历史的云雾、岁月的尘埃、性别的偏见、地域的隔膜，把明明白白、真真切切、有血有肉、风骨绰约的各地女性，尽可能多角度、多层面地呈现出来。

记者：最初您认为这套丛书应有什么特色？

林丹娅：这套丛书所要突显的第一个特点，是地域文化及其女性所特有的生命形态、生存状态、生活姿态之间的特殊联系；第二个特点，则是作者灵心慧眼所构成的独特视角对这种联系的观照、感受与解读。力求历史

◎中国图书商报，谢迪南，2005年6月3日

与现实兼具,中心与边缘兼顾,上下纵横,点面结合,从名门闺秀到小家碧玉,从乡野巧妇到坊间才女,从巾帼英烈到贤妻良母,从时尚白领到另类小资……或个体或群类,或日常或传奇,都有最贴近地域风味、最切合生命本真、最具个性风采的崭露。

记者:您这套丛书写的是北京、上海、江南、湖南、台北五个地域的女子。为什么会选这五个地方?有什么特别的意图吗?

林丹娅:我觉得这五个地方的人,地域性格的特色很明显,譬如江南女人很内秀、湖南女人很火辣、上海女人很时尚等,所以我们暂选了这五个地方,可能以后我们会写全国各地的女性。

记者:这五个作者在内容和写作风格上的表现各有什么不同?

林丹娅:写北京女子的李青菜,是典型的SOHO一族,但还像上辈年轻人那样喜欢文学,常在网上操练。也许是文学让她不仅少年老辣、见多识广,还满腹典故,既入得书香戏味又出得街市俚语,诙谐、幽默、爽利。读她的书,惊讶怎么老北京的风味,竟然活生生地会让这么一个浑身后现代气息的小女子得了真传,还让她传得卡嘣卡嘣脆,一丁点儿顿都不打。

写上海女子的孙佳妮,是文章出少年,早早就在全国新概念作文大赛中一连拿下两个一等奖,被保送到厦门大学读文学,现在又去瑞士学管理。这是个从石库门里走出来的地道上海女孩,聪颖、灵慧,有着从大上海根子里浸染出来的梦幻与现实、眼光与品位,写起上海滩上的女性一族来,当然就是在写自己,纵然不能烛照全体、入木三分,却也是深得其中三昧的,有着旁人无法企及的精彩。

写湖南女子的肖欣,是长沙颇有名气的才女记者,这块盛产辣子的土地,造就的似乎就是大起大落、大喜大悲、大红大绿的情绪色彩与文化格调。她的心上笔下,似乎饱蘸的也是这块大地的精气与豪气、刚性与柔情、韧性与认真劲,在她的挥洒点泼之间,或慷慨悲歌,或缠绵悱恻,把个潇湘女子的古往今来,写得酣畅淋漓。

写江南女子的小雨,是个诗人,这是西湖边太多历史诗意的沉积,是她的天生。她几乎不能不走进这由几千年的江南雨编织而成的诗廊里,每一串水晶般的雨丝,每一滴玲珑剔透的雨珠,都是她笔下江南女子的精魂、命脉与形象,所以,她也几乎是不能不把江南女子写成现在这本书的样子:清逸、灵性,既创造着,也感动着。

写台北女子的徐学,是台湾文学的老朋友,据说他对台北女子的了解程度比她们自己更清楚——还有什么比了解自己更不清楚的呢?徐学学有专攻，自然下笔有神。所有的睿智与精辟，都是为了我们可以更真切地隔海遥望在水一方的她们……

记者：再给我们详细介绍一下这套丛书版式上的特色。

林丹娅：这套丛书原就要做成图文并茂的特色书。先着手文字稿。幸运的是，我们抓到了很有灵气、很有才气的作者。他们不仅写出了自己的个性，而且还特别写出了各个地方不同的风味来。文字本身就十分精彩。然后是图片部分。负责美编的张文化老师，决定把文字融进图片中，成为图片的有机构成部分。美编根据文字所提供的内容与特色，给每一页都设计一个独一无二的页面。她们的理想是，不管你在何时何地，只要你翻开任何一页，你都能读到最精彩的文字，欣赏到与文字相得益彰的美术。

总之要造成与传统意义上完全不同的阅读，在视觉上带来冲击力与震撼，或者说惊奇感与美感。为了达到这个效果，最后不惜工本，全用了彩印。有一个读者看了以后，像是专门为这套丛书做广告似的说：不要说去读，就是放着也是份收藏啊。

记者：女性出版物是一个什么样的状况？

林丹娅：从女性文学这个专题来看，市场上的女性出版物鱼龙混杂。从作者的角度来看，有相当一部分具有女性自我意识与女性话语自觉的作家在产生。她们正在逐渐摆脱一种自古以来以男性视角为中心的书写习惯与模式，发出自己的声音，写出自己的感受。

但实事求是地说，如果这个社会还是以男性为中心，那么就还会存在模仿男性的女性，存在事事以男性为标准的习惯性心理与势力，这类女性作者不在少数。

从出版市场来看，也存在两种情况。一种是具有社会良知与文化自觉的出版商，出于对传播新事物的热爱而关注女性文学的变化；另一种是出于经济利益的驱动，仍然把女性定位在男性欲望化对象进行出版活动，迎合的是性别歧视传统形成的低级趣味。多年来，女作家因封面图案、书名、广告词被偷梁换柱成具有"性"招揽色彩与意味的东西而状告书商的事，即是此证。不过，相信随着大众性别意识的拥有与增强，社会文明程度的提高，这种靠"性"来吸引人的出版物，一定会逐渐被市场厌之、唾之、淘汰之。

记者：您怎样评价这套丛书？它达到当初的理想状态了吗？

林丹娅：这套丛书的文章很精彩，很有个性，很有内涵。图片很精美，很有个性，很有美感。二者的结合，应该说还是超出我当初的想象。

天南地北觅女缘

[缘起]

"女缘丛书"是厦门大学出版社最新推出的一套表现地域女性特质的图书,分别为《悦读京城女》《悦读海派女》《悦读江南女》《悦读潇湘女》《悦读台北女》,该套丛书强调读者必须是与女子特有缘的人。这套丛书近期在天津书市举行了首发式,亮相不久,就引起读者的强烈关注。它以生动活泼的文字,细致入微的理性分析,赏心悦目的图片,拨开历史的云雾、岁月的尘埃、性别的偏见和地域的隔膜,把明明白白、真真切切、有血有肉、风骨绰约的各地女性,尽可能多角度、多层面地呈现出来,读来令人心旷神怡。这套丛书是如何产生的?具体写作过程中又发生了哪些故事?本版编辑特约图书策划人陈福郎(厦门大学出版社总编辑)、主编林丹娅(厦门大学中文系教授)为读者答疑释惑。

[对话]

女性自我发现的读物

陈福郎: 我们都知道你一向高扬女性主义的旗帜,不仅是一位知名作家、文学教授,同时也是研究女性文化的著名学者与社会活动者。当我在策划这套表现地域女性特质的丛书时,我想到你是最适合的主编人选。

林丹娅:身为女性的我,始终活在女性的世界里,因此从来就不能抑制也不会隐瞒自己对女性有着更深切的关注与偏爱。在人类性别文化的不平等语境中,女性所背负的从身体到精神的苦难,我感同身受;浸染其中而生成的各色陋习顽疾,我感同身受。然而,尽管如此,我仍然还是会看到女性的另一面:她们总是从斑驳陆离的文化影像中顽强地浮出,显示出与那永恒的自然同在的美丽与和谐,与那在任何境遇下都能显示出来的作为大写的人的智慧与能力。

陈福郎:你对女性的感受,我以为是一种女性主义的呐喊。在当下,女性的呐喊往往是一种无奈。策划这套丛书,我期盼它是女性自我发现的读物,发现自我美的图书。因为美丽,不仅是可视的,它也是可感的。

林丹娅:这个感受,也几乎化为我的宿命——它注定我写下的第一篇文学作品是关于女性,写下的第一部学术著作是关于女性,现在,主编的第一套丛书还是关于女性。这或许可以被表述为是我对性别话语中男女成规的一个最明显的文化歧出,但我愿意更感性地把这种关系表达为这是我与女性血肉相连的一份缘。

陈福郎:你认为这套丛书应有什么特色?

林丹娅:这套丛书所要突显的第一个特点,是地域文化及其女性所特有的生命形态、生存状态、生活姿态之间的特殊联系;第二个特点,则是作者灵心慧眼所构成的独特视角对这种联系的观照、感受与解读。力求历史与现实兼具,中心与边缘兼顾,上下纵横,点面结合,从名门闺秀到小家碧玉,从乡野巧妇到坊间才女,从巾帼英烈到贤妻良母,从时尚白领到另类小资……或个体或群类,或日常或传奇,都有最贴近地域风味、最切合生命本真、最具个性风采的崭露。

五位作者个性鲜明

陈福郎:这套丛书计划写北京、上海、江南、湖南、台北五个地域的女子。名为"女缘丛书"加盟的作者我想一定是有缘人。

林丹娅:的确如此,这是一份有缘人的工作。也因为有了这份缘,本套丛书的第一批五位作者才会天南地北聚集而来,在这里以他们精美的文字与图片,呈现了他们缘自不同地域与视野中的女性。其实,能得到他们加盟这套丛书的写作,真是机缘。他们是那样富有才华、灵气与个性。

陈福郎：从书中可以看出，五位作者都非常有个性。

林丹娅：写北京女子的李青菜，是典型的 SOHO 一族，只是还像上辈年轻人那样酷爱文学，常在网上操练。也许真的是文学让她不仅少年老辣、见多识广，还满腹典故，既入得书香戏味又出得街市俚语，诙谐、幽默、爽利。读她的书，惊讶怎么老北京的风味，竟然活生生地会让这么一个浑身后现代气息的小女子得了真传，还让她传得卡嘣卡嘣脆，一丁点儿顿都不打。

写上海女子的孙佳妮，是文章出少年，早早就在全国新概念作文大赛中一连拿下两个一等奖，被保送到厦门大学读文学，现在又去瑞士学管理。这是个地道从上海石库门里走出来的女孩，聪颖、灵慧，有着从大上海根子里浸染出来的梦幻与现实、眼光与品位，写起上海滩上的女性一族来，当然就是在写自己，纵然不能烛照全体、入木三分，却也是深得其中三昧的，有着旁人无法企及的精彩。

写湖南女子的肖欣，是长沙颇有名气的才女记者，这块盛产辣子的土地，造就的似乎就是大起大落、大喜大悲、大红大绿的情绪色彩与文化格调。她的心上笔下，似乎饱蘸的也是这块大地的精气与豪气、刚性与柔情、韧性与认真劲，在她的挥洒点泼之间，或慷慨悲歌，或缠绵悱恻，把个潇湘女子的古往今来，写得酣畅淋漓。

写江南女子的小雨，是个诗人，她几乎不能不走进这由几千年的江南雨编织而成的诗廊里，每一串水晶般的雨丝，每一滴玲珑剔透的雨珠，都是她笔下江南女子的精魂、命脉与形象，所以，她也几乎是不能不把江南女子写成现在这本书的样子：清逸、灵性，既创造着，也感动着。

写台北女子的徐学，是台湾文学的老朋友，据说他了解她们比她们了解自己更清楚——还有什么比了解自己更不清楚的呢？徐学学有专攻，自然下笔有神。所有的睿智与精辟，都是为了我们可以更真切地隔海遥望在水一方的她们。

割不断的"女缘"

陈福郎：你认为最初的创意在书中体现得如何？

林丹娅：每本书的书写风格都与其所书写的地域女性一样，鲜明卓然，精彩迭出。而这些地方的女性也在他们饱含才情与见识的描述中，得以从各有千秋与神妙的地缘、史缘、亲缘、情缘中浮出。而尤其令人惊喜的是，丛书的创意在他们的写作过程中完全化为他们自己的主观能动，他们都能做到这一点,正如其中一位作者的自白:我和这个群体一起生长在这里,我是她们,她们是我。我愿我所能知能解的,便是你将所能知能解的。这里很显明的,与其说是作者与这套丛书的有缘,不如说是作者与女性之间不能分割的缘。

陈福郎:这是一套从内容到形式都经过精心策划的图书,融文学性、资料性和视觉冲击感为一体,可以说是另类图书、时尚图书。策划人要对红尘滚滚中的女同胞进上一言:都市白领丽人,其实你可以悠着点,不要总是脚步匆匆,阅读自己其实也是一种美丽。不过,帅哥酷男也不要错过而悔之莫及哟。

林丹娅:其实,作为人类全体中的每一个成员,谁又能与女性没有一份至情至深的缘呢。这一份份的缘,便如参天大树的根蔓与枝条,上下纵横,伸向四面八方,无论是天空还是泥地。当这些参天入地的根根缘须,终于都化为眼前这书籍的形式,在表达着她们缘起的时候,亲爱的读者,现在,你也成为她们至为重要的缘中人。

厦大的青春记忆
——《凤凰树下——我的厦大学生时代》出版絮语

年复一年在美丽的厦大校园里忙碌与徜徉,看到那一张张青春焕发的面孔,就想:青春多好。干了出版这一行,总想给年轻的学子一个"立此存照"。在这依山傍海、被誉为全国第一美丽的大学校园里,在这素有"南方之强"美称的著名高等学府里,我们能看到的是莘莘学子的欢声笑语和轻快步点,可是他们作为个体的所思所想却不是他人所能了然的。于是脑海中就跳出了一个选题——《我的大学丛书》,让大学生自己写自己,从各自不同的视角,选择各自最值得书写的事件,原汁原味地再现"我的"大学校园生活。

人常说,大学时代是一个人的黄金岁月,它不会因时过境迁而褪色。今日之大学生活固然丰富多彩,斑驳陆离,往日的大学生活又何尝不是如此?各个时代虽有其不同的况味,但青春的血液都是一样火热的。何不将每个时期的厦大学生生活汇聚于一册,不必仅仅拘泥于现今呢?于是与同好相商,各个都有跃跃欲试之意。林其泉老师系历史专家,又曾任王亚南校长之秘书,深得厦大历史之精髓。黄宗实老师交游甚广,对学校一往情深,时下正在校友总会服务。郑启五老帅是性情中人,生于斯长于斯,对厦大的一草一木了然于胸。如此这般,编委会便破壳而出了。加之本社的施高翔、王鹭鹏二君,属厦大的新生代,与当代大学生心意相通,参与其事可充任历史与现实的桥梁。创意得到认同,队伍得以建立,随之紧锣密鼓地行动起来。征稿、约稿、搜索文献,三管齐下,一时间,厦大的往事新篇在我们面前一一浮现。

在厦大85年的辉煌历程中,在洒满阳光的凤凰树下,留下了数万厦大学子的青春背影。本书的作者通过抒写自己在大学时代的亲历亲为,展现了丰富多彩的厦大校园生活。这里有私立时期大师对莘莘学子的谆谆教

◎厦门大学报,陈福郎,2006年3月31日

海,有抗战时期厦大内迁长汀时学生的爱国情怀,有50年代学生历经的"八二三"炮战,有60年代学生的政治热忱,有70年代"老三届"学生只争朝夕的学习情景,有80年代学生熙熙攘攘的出国潮,有90年代学生挑战自我的社会实践,有新世纪学生的个性张扬……种种故事展示出一幅色彩斑斓的校园图景。

这部校友回忆文集共收入新中国成立前至今各个时期的厦门大学学生所撰写的回忆文章80多篇,作者以生动的笔触、饱满的情感,从各个方面反映了厦门大学的变化,表现了学生时代丰富多彩的生活,可以说是一部厦门大学形象的微观史。它折射出时代的变迁,大至政治环境、教育环境、人文环境的印记,小至语境文气的变化、人生价值的不同取向、思想情感的流动,都在本书中有生动的写照。

《凤凰树下——我的厦大学生时代》伴着一年两度的凤凰花开,恰似在迎新送旧。在时代的强音中,我分明听到厦大学子心中"南方之强"的鼓点,"止于至善"的人生乐章。岁月可以洗旧一切,却洗不掉青春的记忆。大学时代是你的青春驿站,更是你人生永不熄灭的亮点,无论风把你吹向何方,凤凰树下永远站立着你的身影。火红的凤凰树,火红的人生,属于每个曾经厦大的人。

《凤凰树下——我的厦大学生时代》

"生我于今世者父母,使我有今日者母校","母校"一词,可令天下学子刹那意动情深。只因母校曾是他们的新生,他们的梦想,他们的青春,他们的情结。厦门大学散播于海内外的学子数以万计,不管他们序齿老少,地位高低,财富多少,功业厚薄,火红的凤凰树下,都是他们魂牵梦绕的家园。感应着一届届校友眷念母校的殷殷赤子之心,呼应着一代代师生之间密切相关的美好情感,厦门大学出版社借85周年校庆之际,隆重推出纪念文集《凤凰树下——我的厦大学生时代》,一册在手,可阅尽厦大春秋,一片冰心。现摘编片断,以飨读者。

——林丹娅

21级叶国庆:我们那时候

我们那时候,校舍只囊萤楼一间,群贤楼、映雪楼以及镇北关上教员的宿舍都还未盖好。演武场上,灰木砖石,东西堆叠。一边是蔓草零乱,一边是砖瓦纷披,新栽的相思树高不满尺,十足表现着筚路蓝缕的气象。"陈嘉庚先生创办厦门大学"的风声那时传遍全国,所以学校虽是初办,各地的同学都有。同学间由此语言异声、风尚异习,但有一共同点,十分之八九是穿大褂的,膏泽不施、形容淡淡。吃饭时,遇着菜不够,各人袋中摸出小菜来,或是一包肉松,或是一包干虾米。那时马路还未开筑,往厦门市的路线,一条是由实验小学门前坐船,一条是走镇南关。同学们多半仗两只健腿走镇南关,走累了,只好停古树下擦擦汗。同学们生活虽淡泊,却虎虎有生气。我们有种种学会、诗社。使我最不能忘的是苕苓诗社,社员似有三十多人。

◎厦门晚报,萧春蕾,2006年4月2日

每学期征诗一两次,出题的是毛夷庚师和陈石遗师。

34级校友樵：最珍贵的一段

不久,我们又得到两位名教授,一位讲授语音学,一位讲授小说史。他们演讲的时候,庄谐并出,非常幽默有味,同学们接连听了两个钟头,也没有一个感觉到疲倦。要是你到了他们的寓所去,无论跟他们谈什么问题,他们很少有过厌倦的表示,相反的,他们不但会时时给你许多研究学问上有价值的启示,而且会教你一些抽烟的艺术和生活的艺术。这几个奇特的人物,各有他的奇特脾气。不过,在整个人格和学问的表现,他们都一样是真诚的、伟大的。我觉得厦大的环境是优美而严肃的。厦大学术研究的空气是极其浓厚而自由的。厦大师生间的感情是真挚而热切的,好像家庭中父母子女那么亲切自然。

42级陈兆璋：怀恩师

郑朝宗师喜爱写作,尤长散文,其《护花小集》等谈文说史、抚今追昔,既饱含浓情又富有人生哲理,在散文界自成一格。他学贯中西古今,既讲授"中国文学史",又讲授"欧洲文学史";既讲授"中国古典文学作品选读",又讲授"西洋小说选读";既讲授"大学语文",又讲授"大学一年级英语",能如此把中外古今一肩挑的老师,郑师是我所见所闻唯一一人。1944年我选修他的"欧洲文学史",用的是他自己用英文编写的教材。文史类教材用英文编写,这是我首次看到的。教材内容又十分有趣,我读了一遍又一遍,以至于滚瓜烂熟。修了这门课,真是欧洲文学史知识与英文能力双丰收。

长汀时代的母校,尽管学习和生活条件较为艰苦,但学校仍尽一切努力,建立一支素质较高的师资队伍,用以充实教学力量,我的"大一"国文课由著名作家施蛰存老师讲授就是一个明证,这也许就是母校能成为"加尔各答以东的一所著名大学"的原因之一吧。

42级胡师社：厦大在长汀

不禁想起梅林与北山。梅林在长汀南郊,面对汀江、后依南山,有山水之秀、具四时之景。蛰存师的一本散文集里,曾有一篇小品文称赞"梅林之美"真是毕生难忘。北山在母校校舍之后。山顶北极楼是一所宫殿式的道观,远望似乎是山在虚无缥缈间,有神秘莫测之感。登楼远眺,则汀江如带,东西塔山如砺,使人不禁精神振奋,兴起澄清天下之大志。北山又有百株枫树,无数的杜鹃。春天满山花朵,笑脸迎人;秋来枫叶如火,灿烂夺目。母校师生大都在北山留有回忆的足迹,一些情侣,亦曾用红叶题诗,珍藏行箧。有不少教授,在北山麓的宿舍里,完成他们的著作。萨校长就在北山东麓老古井的木屋里,完成了萨氏物理学。后来这部物理学,被美国各大学采用作课本。

44级彭驾骍:师恩浩荡不敢或忘也

1944年前后,物资仍甚匮乏,伙食至差。众人之大多脸有菜色,然所有同学反而因为身处逆境而奋发图强,更由于师生感情之浓厚与高年级学长之不断鼓舞,中途辍学者,几如凤毛麟角。更难得的是厦大萨本栋、汪德耀前后两任校长,在优秀师资之延揽与图书设备之充实方面,不遗余力。而学风之纯朴、力行,尤足称道。厦大对大一学生之要求尤严,第一学期成绩不及80分者,全公费生一律改为半公费生;半公费生成绩不及75分者一律取消其资格。是以大一学生大多兢兢业业,不敢有所懈怠。学校对于大一师资之安排,亦至为注意。几乎所有课程均由院长、系主任,至少副教授以上老师担任。驾骍有幸,在名师教诲下,无论在学问之钻研或应有处世之道,均受益良多。师恩浩荡,一生一世,不敢或忘也。

49级许怀中:青春燃烧的年代

校园的上空,飘扬着"解放区的天是明朗的天"和"团结就是力量"的歌声。那是青春热情在燃烧的年代,一边在楼上发奋读书,一边热情地参加各种社会活动。魏巍的《谁是最可爱的人》一发表,组织座谈,赴朝英勇作战的人民志愿军是我们心目中"最可爱的人"。《新厦大》校刊创刊后,参加编辑工作,在群贤楼楼下的办公室,有时通宵达旦工作。还创办了厦大有线电台,办公室设在囊萤楼楼下一间房间。寒暑假很少回家。那时无论是学生会,或是团委会,大家相处融洽,配合默契,工作热情高,情绪愉快。念到大学三年级,遇上土改高潮,群贤楼的黑板报上大幅标语:状元三年一考,土改千载难逢。我们怀着激情,背着背包参加惠安的土改运动。在厦大学习期间,所受到的培养和锻炼,影响毕生。

54级陈超真:反空袭斗争

1954年的某一天,对岸的飞机在厦门扔下两百多颗炸弹,有四颗落在厦大校园内的大操场上,同安楼附近和水库等处,有两位职工,两位农民受伤,炸死七条牛。校党委领导成立"防空指挥部",以学生为主成立"纠察大队",大队部设在映雪楼。为了躲避炮弹的袭扰,在教室宿舍的周边,主要道路旁都有人工挖成一条条一人深的防空壕坑道,全校共有一万多米,另有十来个用石头、泥土垒成的圆形碉堡,还有著名的"厦大十八洞",从五老峰到凌峰山的上下,利用天然洞穴进行编号,刻上字。洞穴大的,指挥处设在洞内,装有电话日夜有人值班,较为平坦的就成为讲堂、考场,或开会场所。南普陀禅堂的后山山洞上刻有"厦大第一洞"、"厦大第二洞",我们曾在那儿进行期末考的口试。

56级胡明辉:金色片段

1958年秋冬,北京文艺界前线慰问团率先来厦慰问,在我们大礼堂演出。有男、女两演员高唱临场自编的小调:"厦门大学志气高,海防前线逞英豪,慰问团今天来到此,我先向大家来问好",随后开始精彩表演。梅兰芳的《洛神》,马思聪演奏小提琴曲《故乡》,真叫绕梁三日。慰问团过后流传下来的歌曲,我至今还记得,《厦门颂》:厦门,厦门,你是英雄的城,千里海涛万里浪,你屹立在祖国的国防线上。大炮雷轰金门岛,打得敌人心惊胆战,神勇炮艇歼敌舰,英雄成名天下扬。《厦大赞歌》:厦大,你是文化战线上的花;厦大,你是英雄战斗的花。朵朵鲜花红似火,青枝绿叶御风沙。学习劳动,在前线;科学研究,在炮火下。你在战斗中百炼成钢。你在毛泽东的双手抚养下成长……

60级陈安全:特殊年代

1960—1962年国家困难时期。粮食匮乏,饿肚子是寻常事。时间一长,大家身体虚弱,患浮肿病的师生越来越多,人人面有菜色。幸而政治思想工作强大而有效,大难当前,大家仍然斗志昂扬,信心百倍,开荒种菜种地瓜,生产自救,克服困难。领导对群众生活很关心,亲自下食堂蹲点,在有限的条件下尽量改善师生伙食。考虑到大家的体能精力下降,有一段时间学校宣布早上上课,下午卧床休息,减少体力消耗。大礼堂的门窗蒙上了红黑两层的厚绒布,每周有三个下午放映电影,有时是当时难得一见的外国片。学生宿舍每个房间都安上一个话盒子,可以听到有线广播。至今记忆犹新的是躺在床上收听世乒赛实况广播,中国选手第一次获得世界冠军的情景,大家那股兴奋劲儿,令人终生不忘。

77级林擎国:难忘而立之年后的大学生涯

捧着厦门大学的入学通知书,我彻夜难眠。来到宿舍,大家都惊讶:怎么会有这么一个苍老而憔悴的同学!可不是吗,同班同学,最小的小我14岁,刚从中学"新鲜出炉",他怎么能感受在"广阔天地"苦斗了将近9年而饱受风霜的我?我入学那年底,女儿来到人世,可我一天也没有请假,一次课也没有落掉。我全身心地投入大学生涯,过得很辛苦、很愉快、很充实、很荣耀。我要感谢培养我家三代人的母校——厦门大学,感恩辛勤耕耘的老师们,感念四年同窗的莘莘学子。我们一起见证了中国改革开放的艰辛起步,一起度过了高校恢复正常运转的1400多个日日夜夜,一起分享了科学的春天播撒的知识种子生根、开花和结果的喜悦!特以母校大楼的名字,组合一诗,纪念校庆85周年:芙蓉丰庭汇群贤,博学笃行逞南强;囊萤映雪励勤业,凌峰凌云扬国光。

89级陈新华:"中毒"太深

那些有趣的景象好似就发生在昨天:我们被元杂剧所感染,喜欢用"痛煞也么哥!"表达嘻嘻哈哈的"痛切"之情;每当我们想呼朋引伴、啸聚成群时,我们喜欢学着阿Q吆喝"同去,同去!";《窦娥冤》中的"行动些,行动些!",成为我们催促同伴提高效率的惯用语。大一的"三八"节我们还在校园里军训,班上男生集体送了女生两个宿舍各一面巨镜,上书:"没揣菱花,偷人半面","照花前后镜,花面交相映"。这些简单的词句把大学时代生动地编织在一起,想起它们就想起群贤同安集美长廊同学一起读书的时光,想起它们就想起芙蓉湖边已经消失的那条林荫大道,想起它们就想起曾经意气风发少年轻狂的岁月,还真庆幸自己傻乎乎地做过文学梦。89年我们入校,90年我们第一次在校内军训,91年男生被禁止上石井,92年我们花钱雇同学熬夜排队购买股票认购证,93年我们作为告别毕业统配的第一届毕业生,全部自主择业……1989—1993年,也许是厦大最"多元"变化的四年:学生会与自律会并存,大学生开始交学费,食堂的炒肉从2毛变成了2块……

94级陈意安:喜欢厦大的N条理由

喜欢的是上图书馆自习,有限的座位总是僧多粥少供不应求。喜欢的是"鼓浪听涛",它是我触网沦陷的第一站。喜欢的是学习氛围,有人在钻研有人在创业也有人在享受生活,百花齐放各不相扰。而化学系鼎鼎有名的是六位院士与许多准院士级的先生,他们将我们导入科学殿堂中,从此沉浸其中受益匪浅。喜欢的是轻快生活,晨起后慢跑着沿凌云上山去锻炼,到那小桥边随意地扭扭脖子扭扭屁股然后回到宿舍冲个冷水澡。喜欢的是那些厦大的缺点与不足,当初也曾是咬牙切齿深恶痛绝的,但现在回想起来却无比亲切。喜欢的远不止这些吧。有太多的故事,值得回味;有太多的友谊,让人感念;有太多的风景,没有看够;有太多的本领,来不及学会;有太多的事物,用笔是记不下来的;有太多的朋友,想起时就有要哭的冲动;有太多的地方,让我们忆起那份青涩年少……

设计古雅清朗兼具历史的厚重
厦门大学出版《连横研究论文选》

最近几天来,中国国民党荣誉主席连战在福建的"祖地行"再次掀起人们对连战及其家族的关注。记者了解到,就在他抵达福建前夕,厦门大学出版社出版了由福建省副省长汪毅夫主编的《连横研究论文选》,共印刷500册。

据介绍,《连横研究论文选》收入祖国大陆学者已公开发表的论文24篇、台湾学者论文2篇,也是迄今为止大陆集中研究连横的第一本高水平的论文集。

连横是连战先生的祖父,他的《台湾通史》是第一部系统研究台湾历史的学术著作,可以称为台湾史的开山之作,至今仍然是研习台湾历史的重要参考书之一。同时,连横在学术文化上的成就远不止一部《台湾通史》。他在对台湾的语言研究、诗文创作以及数十年的报刊编创工作都取得了很高的成就。

◎厦门日报,王文静,2006年4月21日

《连横研究论文选》主要对连横和他的《台湾通史》、他的民族精神与爱国思想、他的学术思想和学术成就、他的家族渊源与祖籍地等问题进行了深入的研究。厦大出版社社长蒋东明说，论文选从筹备到完成只用了一个月的时间。一是因为论文是厦大台湾研究院收集的，双方沟通比较方便；二是因为厦大出版社动作快，效率比较高。

连战决定来福建时，厦大出版社正是最忙的时候，因为要赶在4月6日厦大85周年校庆前出版的书很多，但是，厦大对这件事非常重视，校长指示全力以赴，社长亲自"挂帅"，将论文集列入"急稿"，并动用了出版社的优秀人才。

"既要体现学术分量和历史厚重感，又不失古雅清朗。这是我们对这本书和放书的木盒从空间运用到版式设计的一条主线。"厦门大学出版社美术副编审张文化说。

张文化说，书籍的目录、封面、内页，都有了中国传统的如意纹样，封面用的是深蓝色布纹，字体用小标宋，都是中国传统的老式字体。我们选用的是环保的轻型纸，虽然是大部头的书，却不重。

厦大出版社还制造了几个放论文集的木盒。这个木盒与鹭江出版社存放《四库全书》的木盒是同一家厂家制作。从形式的选择到制作完成，可谓一波三折。最开始的开合设计是活页式的，一扇门从中间打开，寓意"开放之门"，装饰是中国传统的福寿图案，从效果图上看很不错，但是一时又找不到工艺合格的厂家提供配件，只好重新做一稿。也就是最后的定稿。也是传统木盒的开合方式，盒盖上有完整的如意图案，和书名一样做成浮雕效果，盒子四周的边纹为朵朵浪花，里面是枣红色的丝绒布，处处蕴含着两岸一脉相承的文化和亲情。

我校出版社出版
《连横研究论文选》赠连战

连战先生在福建之行的最后一站武夷山,收到了省委副书记梁绮萍赠送的一份厚礼——由汪毅夫副省长主编、我校出版社出版的《连横研究论文选》。连战伉俪对这份意外的厚礼非常满意。《连横研究论文选》和连战先生福建行相册,为其寻根问祖的"祖地行"画上了圆满的句号。

连横是连战先生的祖父,他编的《台湾通史》是第一部系统研究台湾历史的学术著作,可以称为台湾史的开山之作,至今仍然是研习台湾历史的重要参考书之一。同时,连横在学术文化上的成就远不止一部《台湾通史》。他在对台湾的语言研究、诗文创作以及数十年的报刊编创工作都取得了很高的成就。

《连横研究论文选》收入祖国大陆学者已公开发表的论文 24 篇、台湾学者论文 2 篇。这是迄今为止大陆集中研究连横的第一本高水平的论文集,主要对连横和他的《台湾通史》、他的民族精神与爱国思想、他的学术思想和学术成就、他的家族渊源与祖籍地等问题进行了深入的研究。

◎厦门大学报,徐长春,2006 年 5 月 12 日

"厦门文史丛书"面世了

——"第一方阵"包括《厦门名人故居》等4册,总共将出版30册

由厦门市政协与厦门市文史工作者合作完成的"厦门文史丛书"、"第一方阵"——《厦门名人故居》《厦门电影百年》《厦门史地丛谈》和《厦门音乐名家》4种政协文史资料读物于近日隆重推出,为即将召开的厦门市政协十一届一次全会献上厚礼。

这是一套充分体现厦门社会各界精诚合作的文史丛书,以政协为平台征集史料,得到了文史界、新闻出版界等方方面面的全力支持。据市政协文史学宣委主任沈松宝介绍,厦门的文史书籍原本比较零散,而外地已经有了将零散的资料汇编成丛书的做法。于是,厦门市政协主席陈修茂提出要借鉴外地的经验和做法,在原有史料的基础上出版厦门自己的文史丛书。"厦门文史丛书"预计出版30册,前4册从去年下半年开始酝酿。为了书籍的顺利出版,市政协召开多次会议进行反复研究,力求质量高,内容真实而有新意。

这4本书凝聚了许多人的心血。《厦门名人故居》的作者走街串巷深入调查,向熟悉故居主人的后代子孙、长者等了解情况,并反复核实材料。摄影师为故居拍照,除了屋内的摆设和局部构造外,还要爬到屋顶上拍摄全景,几次脚下打滑,险些从高处摔下来。遇到下雨,要等到雨停了才拍。大雾弥漫时,也要守到雾散了为止,用废寝忘食来形容一点也不为过。

《厦门史地丛谈》的作者洪卜仁在患有严重眼疾,一只眼睛睁不开的情

◎厦门晚报,龚小莞,2007年3月23日

况下，坚持查阅、整理、抄写大量的资料，并四处收集历史照片。不方便使用电脑，洪老就一个字一个字地写，其间几次因过度劳累而病倒。书稿送到出版社后，他又数次与出版社的编辑取得联系，亲自参与排版工作，把包括标题、编排顺序在内的每一个细枝末节都考虑得非常周到。

《厦门音乐名家》的作者彭一万为了丰富史料，利用每次出差的机会，到音乐家在北京等地的家中，或到上海音乐学院，甚至到台湾寻访音乐家的家人及亲朋好友，获得详细的资料。访问厦门钢琴"神童"牛牛更是下了一番大功夫。由于牛牛经常在国外演出，只能抓住他每一次回家的机会上门了解情况，直到本书印刷前夕，牛牛的照片还被临时撤换，换上了他在国外演出的最新照片。

市政协文史学宣委卢怡恬处长表示，"厦门文史丛书"可以作为教材，让青少年了解厦门的情况；作为一面镜子，让城市的建设者更加热爱厦门；也希望引起人们的思考，在现代化建设的同时应该保护厦门的历史文脉，考虑这座城市的可持续发展。

书中故事

陈嘉庚发起"闽南烟苗禁种会"

《厦门史地丛谈》的文章虽然都曾在报刊上发表过，但有许多早期的资料早已被人们遗忘。书中有关爱国华侨领袖陈嘉庚先生的一段史实就鲜为人知。据书中记载，1919年，陈嘉庚为筹划创办厦门大学，从新加坡回到厦门。他在厦门生活期间，目睹北洋军阀政府强逼农民种植鸦片、征收鸦片烟捐的罪行，义愤填膺。他毅然联合厦门各界知名人士，发起成立"闽南烟苗禁种会"。

1920年9月17日下午4时半，闽南烟苗禁种会60多个发起人，集合在小走马路青年会（今思明区少年宫）开会，讨论禁种鸦片烟苗的有关事项。陈嘉庚先生在会上痛陈鸦片的祸害，与会人士纷纷响应，于是会议决定立即成立"闽南烟苗禁种会"，以便开展工作，选举陈嘉庚先生任会长，黄廷元任副会长，并选举教育界人士李禧（绣伊）、卢心启，基督教人士陈秋卿、王宗仁以及社会人士柯孝灶、马大庆、庄英才等为干事。

《云水谣》取景鼓浪屿

翻开《厦门电影百年》,你会惊讶地发现,竟有《英雄小八路》《小城春秋》《海囚》《台湾往事》等数十部电影以厦门为题材或者在厦门拍外景。最近的一部就是由海峡两岸和香港联手打造的爱情史诗巨片《云水谣》。

鼓浪屿永春路14号的一所三层楼的老别墅(鼓浪屿中国雕塑艺术港)成了片中王碧云台湾的家。主演陈坤和徐若瑄两位演员都是第一次踏上鼓浪屿,他们在此拍摄了许多对手戏,在此"相遇",并共度了一段纯真的恋爱时光。在金瓜楼别墅门口的小巷内,陈坤与香港演员张致恒拍摄了一场夜戏。两人饰演情敌,在滂沱的大雨中拳脚相向。

饰演王医生的秦汉在厦门还留下了一段小插曲,他把珍贵的纪念册遗忘在厦航的班机上,在厦航空姐多方寻找后,纪念册终于回到了秦汉手中。秦汉说,这是他第一次来厦门,纪念册失而复得使他对厦门有了很深的印象。

书本简介

《厦门名人故居》收录了厦门名人苏颂、陈健、洪朝选、蔡献臣、叶成章等68处故居。每篇内容大致分两部分,包括名人姓名、籍贯、生平事迹,以及故居的具体地址、始建年代、原来风貌、现今状态等方面的介绍。

《厦门电影百年》记述了厦门小城在100年里所拥有的与电影相关的记忆。让厦门人为之骄傲的吴村、艾霞、鹭红、凌波等厦门籍电影明星,都在书中再现了他们的绝代风华。

《厦门史地丛谈》是洪卜仁从他20多年来发表在《光明日报·史学》《近代史资料》《厦门日报》《厦门晚报》等报刊上的文章中挑选的结集,共收录了精选的36篇文章,是一本通俗地方史读物,有助于人们了解厦门的历史。

《厦门音乐名家》填补了蜚声国内外的厦门音乐家档案资料的空白。本书30余万字,从厦门众多音乐家当中,选出最具代表性的21人入传。在音乐家传略之后,还附录了《厦门音乐大事志》《厦门音乐世家》《厦门音乐之旅》等9篇文章,并附100多幅照片。

奥运邮票"全家福"下月首发

由厦门大学出版社出版,被称为图文式"奥林匹克百科全书"

记者近日获悉,应国际奥委会终身名誉主席萨马兰奇先生之邀,厦门市民、中国收藏家协会体育纪念品收藏委员会首席策划师张以民先生将携即将由厦门大学出版社出版的中英文版《奥林匹克运动会邮票集》参加在北京举办的第十三届世界奥林匹克收藏博览会,在博览会上展示这一迄今为止同类集邮书籍中,收集奥运邮票最全、难度最大的一部图文式"奥林匹克百科全书"。

据介绍,世界奥林匹克收藏博览会自1994年在国际奥委会总部所在地瑞士洛桑首次举办以来,已成功举办了12届,第十三届博览会将于今年6月在北京举办。作为第五届北京奥林匹克文化节的重要活动之一,国际奥委会终身名誉主席、国际奥林匹克集邮纪念币纪念品收藏委员会主席萨马兰奇先生将亲自出席本届博览会的开幕式。届时,来自五大洲的奥林匹克体育集邮及纪念品、纪念币收藏爱好者,生产厂家和经销商将携见证奥运百年发展历史的各种邮品、纪念品、纪念币,齐聚博览会进行展示和交流。

张以民介绍说,已经86岁高龄的萨马兰奇对体育集邮可谓情有独钟,被称为"奥林匹克集邮文化的创始人"。2004年雅典奥运会期间,我省著名集邮家江孝铿老人将他收集、编辑的包含全球225个国家和地区的3113枚奥运邮票的《奥林匹克运动会邮票集》寄给萨翁,萨翁对这部邮集的国际性、权威性、实用性和收藏性惊叹不已。为了向北京奥运会献礼,江老又经过一年多的努力,编辑了中英文版《奥林匹克运动会邮票集》,该邮票集共收编了269个国家与地区发行的奥运邮票4255枚,萨翁亲自为这部邮票集作序并盛赞道:"我要称赞江孝铿出版《奥林匹克运动会邮票集》的创举,这对奥林匹克运动会的历史和宣传奥林匹克的理想作出了重要的贡献。"

◎厦门日报,海鹰、李汝佳,2007年5月15日记者了解到，为了更好地在本届博览会上宣传厦门，张以民先生计划在博览会上举办《奥林匹克运动会邮票集》首发式、赠书仪式和"百年奥运珍品邮票"展览。此外，正在筹建中的厦门民国体育博物馆的3件"镇馆之宝"也将在博览会上"亮相"。

让史料复活 为文明存史

——厦门大学出版社出版大型丛书《中国稀见史料》始末

抢救、传播中华文明史料的责任

胡锦涛在十七大报告中指出,要弘扬中华文化,建设中华民族共有的精神家园。中华文化是中华民族生生不息、团结奋进的不竭动力……要加强对各民族文化的挖掘和保护,做好文化典籍整理工作。大学出版社,责无旁贷地肩负着文化积累的使命。她有责任抢救、传播记录着人类文明的史料。

五千年中华文明,博大精深,史料浩如烟海。但是,这些历史积淀的数量庞大的史料,原本就不是五千年文明的全部记录,更何况由于历代的水、火、虫、兵、乱,以及人们的轻视,其中大量的史料日渐消亡,不可再生,令人惋惜。现在世人更关注名山大川、重要历史遗迹与文物等,亟待将它们列入世界文化遗产加以保护,但是那些散落在民间的随时可能毁弃的图书文献的保护,还没有引起人们的足够重视;即使已经被保护在图书馆里的复本稀少乃至孤本的图书文献,其实也面临不测之灾。

厦门大学出版社依托厦门大学古籍整理方面的学术力量,长期以来关注这方面的出版工作,已经出版了一大批古籍整理的图书。正是基于上述对稀见史料濒临失传与寻觅困难的担忧,我社决定投入一定的人力物力,出版大型丛书《中国稀见史料》,以期保存、传播这些稀见史料,为学者提供更多更好的研究食粮。为此,我们请历史系古籍整理研究专家、我社副总编担任《中国稀见史料》责任编辑,并向中国社会科学院历史研究所研究员王春瑜约稿,由他提供一定的稀见史料,编辑出版《中国稀见史料》第一辑(共41册,精装本),经过近五年的努力,终于在2007年10月出版,引起了国内外史学界、出版界的巨大反响。综观整个出版过程，我们认为主要有以下三个方面的意义：

一、抢救日渐消亡的孤本或罕本图书

中国历代的仁人志士，素有不断翻版保存图书文献的优良传统。但"文革"后，中国大陆图书馆经常到民间收购图书的好传统已基本失去；中国大陆的一些地方，民间还保存着一些孤本或罕本图书文献，有些被当作废纸处理，有些进入旧书市场，有些被贩卖到境外，这种事情每天都在发生，令人痛心不已。此外，《中国丛书综录》《古籍善本书目》等各种图书馆联合目录，著录的各种孤本或罕本图书，如果不予重新出版，一旦遭遇不测，也将灭绝。因此，在目前我国文化昌盛的年代，我社这项工作的意义深远，自不待言。

二、扩大孤本或罕本图书的传播范围

虽然现在民间、图书馆收藏着各种孤本、罕本图书，但是流传在民间的图书分布零散，又缺乏检索系统；至于图书馆的收藏，即使是世界上最大的图书馆，也未能把全部记录人类文明的图书收齐。因此，学者欲见这些民间或图书馆的分散收藏，必须耗费一定的时间、经费。有时，即使耗费了许多时间、经费，也不免无功而返。如果出版社把这些分散收藏的孤本、罕本文献，汇集成一定规模，予以出版发行，那么就可以在一定程度上缓解学者阅读的这些困难。

三、推动"边缘史料"登上大雅之堂

散藏在民间的一些唱本（或称"时调"之类）、日历、课本、科举图书、政商实用图书等，是被排除在中国大陆五十多年来主流图书价值观之外的"边缘史料"，图书馆通常不予收藏（甚至多次剔除），但是随着学术界研究视野的拓展，日渐成为珍贵史料，成为主流史料。所以厦门大学出版社希望这套丛书引起出版界、收藏界对"边缘史料"的重视。

鉴定史料版本确保史料"稀见"

为了保证这套丛书中的史料确实是海内外"稀见"的，责任编辑查核了《中国丛书综录》《续四库全书》《四库全书存目丛书》《四库全书存目丛书补

编》《四库禁毁书丛刊》《古籍善本书目》《(哈佛燕京社藏)中国善本书提要》《古籍珍稀版本知见录》《明清稀见史籍叙录》《中国基本古籍库收书总目》《中国大陆古籍存藏概况》《日本现藏稀见元明文集考证与提要》《荷兰莱顿大学总图书馆藏中西文抄本与手稿目录》以及更多的出版社书目、图书馆藏书目录、学者图书知见录等,乃至核查以上列举的丛书本身,剔除并非稀见之史料,鉴定史料版本,纠正页码顺序,撤下重复页码,订正提要,力所能及地保证质量,尽量对读者负责。

确定入选《中国稀见史料》第一辑的海内外稀见史料,共78种,其中明代史料8种、清代史料42种、民国史料28种,涉及海内外图书馆和民间秘藏的孤本、稿本、秘不示人的官府档案、私人日记、笔记、文集、家谱、唱本、歌曲集、科举图书、簿记、政商民间实用图书、秘密社会会簿、名人手迹、外交文件、日历、医药等多种类型的史料。

其中,珍贵的史料例如:日本京都大学收藏的明朝嘉靖年间宫廷档案《吏部考功司题稿》,国学大师单士元先生珍藏的清朝光绪年间宫廷档案《内务府爵秩全览》,国学大师陈垣先生珍藏的清代《铁如意馆日记》同治间稿本与《天津一月记》光绪间稿本,国学大师单士元先生《太平天国史日历》1933年手稿本,中国大陆收藏的清代著名晋商《山西汾州府介休县张原村范氏家谱》清末抄本与山西榆次《常氏家乘》1925年铅印本,日本大阪大学收藏的清朝康熙年间湖北黄梅县令的政务笔记《令梅治状》康熙间刊本,中国大陆收藏的清初施琅儿子施世骠《靖海纪事》康熙间刊本,清朝康熙年间册封琉球使者徐葆光《奉使琉球诗》雍正间刊本,清代洪门图籍《香花僧秘典》旧抄本,中华民国外交部刊行《张勋逃匿荷兰使馆案外交文牍》1918年铅印本,《江阴社会调查》1935年铅印本,日伪湖北汉川县里塘乡联保处1944年档案《收文簿》,著名书法家文徵明手稿《京邸怀归诗》、咸丰六年《曾国藩手札》手迹,甲骨学之父清末王懿荣《福山王文敏公墨迹手札》、《西游记》作者吴承恩参加校勘的《明状元考》万历三十七年刊本,包括《游击队员之歌》早期版本在内的新四军江淮鲁艺工作团编的《演唱歌曲选集》,贺绿汀编的《视唱讲义》约1942年、1943年油印本,等等。这些都是海内外图书馆、大学、学术机构非常重视的珍贵资料。

出版的学术资源支持

厦门大学创办初期,文科方面汇集了许多北京等地的知名教授,他们的学风绵延不绝,代有人才,文史哲的师资力量颇强。其中,1983年建立了以著名史学家傅衣凌教授为首的古籍整理工作委员会,次年组建古籍整理研究所,校点出版了世界仅存7部的著名明代私修福建地方志《闽书》154卷,校注出版了明清之际的《黄道周年谱》,参与校注出版18—20世纪印尼雅加达华人社区档案《公案簿》大型丛书,培养了一批学风扎实,具有一定历史文献学修养的师资力量,为厦门大学出版社出版《中国稀见史料》提供了人才资源。此外,厦门大学在社会生活史、明清史、魏晋隋唐五代史、东南亚史、华人华侨史、台湾史、闽学、方言、文化人类学、文艺理论、钱锺书研究等方面,具有一定的优势。《中国稀见史料》的责任编辑,就是历史系、古籍整理研究所的教师,其教学与科研方向是中国古代史、历史文献学、史料学等。

在本校的这些师资力量的支持下,厦门大学出版社多年来出版了和正在陆续出版的《近代华侨投资国内企业资料汇编》《公案簿》《台湾文献汇刊》《福建旧志丛书》,以及一系列侨乡调查报告等史料丛书。其中,与九州出版社合作出版的《台湾文献汇刊》共100册,为汇集、保存、传播台湾历史文献,维护祖国统一大业,起了积极的作用,在海峡两岸产生很大的反响,曾作为胡锦涛主席访美时赠送给耶鲁大学的礼物。可以说厦门大学出版社出版的文献史料,在学术界和其他相关领域里,已经产生了较大的影响。

据调查,中国大陆及境内外的一些地方,民间还保存着一些孤本或罕本图书文献,亟须进行抢救性的收集;许多图书馆收藏的孤本、罕本图书,也有待于保护性的出版与广泛的传播,这是一项耗时较长、工作量大的出版系统工程。厦大出版社在《中国稀见史料》第一辑顺利出版发行的基础上,将把这项有利于抢救、保护人类文化遗产的出版工程继续下去。

"共和国六十年法学论争实录":
献礼共和国六十年

——访厦门大学出版社总编辑陈福郎

> 内容简介:"共和国六十年法学论争实录"以史家的笔法,以"实录"的方式,从学术史的层面上再现共和国六十年历史进程中发生的一次又一次法学重要问题的论争,从一个侧面揭示我国法学从"荒蛮之地"走向"显学",从"幼稚之学"走向成熟,与时俱进、不断开拓的历程。"共和国六十年法学论争实录"参照我国法学学科的划分,分为法理学卷、宪法学卷、行政法学卷、民商法学卷、刑法学卷、诉讼法学卷、经济法学卷和国际法学卷等八卷。读者不仅能从其间领略到我国法学成长过程的点点滴滴,同时也能真实感受到共和国六十年民主法治与法学发展的艰辛历程。

"共和国六十年法学论争实录"丛书是由厦门大学出版社社长、总编亲自组织策划,由法律编辑室具体实施的,因为是庆祝共和国六十年华诞的献礼工程,因此本丛书的起点和定位较高,从而组织策划的难度也相应加大。

在该丛书的策划阶段,社领导即将丛书定位为由权威学者撰写的、内容权威的、可传世的总结、梳理新中国成立六十年来法学发展的轨迹与成就的学术著作。定位后,最艰难的自然是寻找合适的作者。由于本丛书需要回顾共和国六十年来法学的发展轨迹和脉络,因此必须由资深法学家和公认的法学学者担当总主编,才能从整体上对丛书内容加以把握,以保证丛书的权威性和正确性。为此,我们首先想到的是我国著名法学家江平教授,他是我国法学界的泰斗,也是我国六十年法治进程的亲历者和见证者。在厦门大学法学院和中国政法大学许多教授的帮助下,几经周折,我们终于

◎书香两岸,2009年10月11日

联系上了江平教授。江教授也欣然接受了我们的邀请，并为丛书写了序言。

在确定了总主编后，确定各分卷的主编人选也是颇费斟酌之事。由于分卷数量的限制，许多有名望的教授、博导虽然都在我们的邀请之列，但最终主编人选也是我们在综合了丛书编委会成员的共同意见后，根据该学者在学界的权威性而确定的。具体包括：经济法卷的朱崇实教授，行政法卷的马怀德教授，宪法卷的韩大元教授，民商法卷的柳经纬教授，诉讼法卷的卞建林教授，法理学卷的张恒山教授，刑法卷的曲新久教授，国际法卷的廖益新教授等。对于许多积极热心帮助我们的学者却无法列入主编人选之中，我们也深表歉意。

关于本丛书的写作特色，也是我们在策划中反复讨论的难点。最先我们考虑用综述的形式来写，但在市场调研和向一些学者征求意见后，发现综述类的选题在新中国成立五十周年及改革开放三十周年时已有不少，同时我们了解到有些大社也在为新中国成立六十周年策划综述类选题。从写作形式上看，综述类图书显得没有新意，可读性不强。因此，我们必须策划一种新的写作形式，在同类选题中能独树一帜，除有较强的学术积累价值外，还兼顾较强的可读性。经执行主编和编委会多次研究、讨论后，本丛书采用了"论争"的形式，最终确定以"实录"的笔法记录大事件的模式来写作，通过大量真实的史料，以"问题"为中心，展示各个时期不同法学学科所关注的法学重大问题，并以"正"、"反"方的模式将不同观点逐一陈列，既有助于读者厘清各家观点，也增加了读者在阅读时的乐趣，感受身临其境的激烈辩论场面。

最后，由于本丛书从组织、策划到交稿、编辑，时间较为紧迫，加之法律编辑室人员有限，因此在书稿的集中处理上，也遇到了较大的难题。对此，社领导也给予了充分重视和关心，通过积极调动全社人员，统一部署，齐心合力，日夜奋战，从而确保了本丛书在保证质量的前提下得以及时出版。

本丛书的出版，是对我国六十年来法学各学科渐进式发展的一次整体性总结，也是对我国法学在论争中前行的一次梳理，通过这一总结，也为我国社会主义法治国家的建设做出力所能及的贡献！而在本届交易会，我们除在本社展位上以海报宣传及实物堆头形式陈列展示外，还将在交易会期间举办该丛书的首发式，届时丛书总主编江平教授及部分分卷主编将莅临现场，向读者及媒体进行推介，相信以他们的号召力，必将取得不错的效果。依托厦门对外图书交流中心的对台媒体及渠道优势，争取做到两岸同步发行。相信在双方的共同努力下，必将取得很好的销量。

陈孔立发布新书《走近两岸》

昨天上午,大陆学界的台湾研究泰斗之一、厦大台湾研究院资深教授陈孔立,携最新力作《走近两岸》举行首发仪式。海峡两岸关系协会副会长、厦大新闻传播学院院长张铭清教授及厦大台湾研究院院长刘国深教授出席首发式并致辞,对该书给予高度评价。

陈孔立教授已届耄耋之年,被誉为台湾研究"南派泰斗",至今活跃在海峡两岸关系研究最前沿。此次出版的《走近两岸》一书,是陈孔立教授对自己 20 多年间与台湾学者交往以及对两岸关系问题研究的回忆及总结。

《走近两岸》全书 20 万字,并提供多幅珍贵图片。全书分为三个部分,记述了从 1986 年至今厦门大学台湾研究院与台湾各界人士(主要是学界)交流的情况。作者著述重点在台湾方面对两岸关系的看法,记述了作者与民进党人的交往,以及作者在两岸关系研究过程中,与一些同行学者不同的看法及其解决过程等。

在陈孔立教授看来,思想与情感问题至关重要。要真正地了解台湾社会,不能仅仅停留于政治层面,要有全方位认识,尤其要渗入心理层面了解台湾民众的心态,这才能准确把握台湾民众的诉求,以实现两岸民众的充分交流,并达成相互谅解。

张铭清致辞表示,陈孔立教授所言所写,都是难能可贵的真话,而敢说这些真话,一定承受了巨大的孤独与压力。

◎海峡导报,燕子,2011 年 10 月 30 日

名家书评

凤凰卫视知名主持人杨锦麟

这是一位智者在过往二三十年间用心感受、用心倾听台湾社会各界声音的心路历程记录。在两岸关系进入新的发展阶段的当下，求真求实，超前研究，鼓励创新思维，突破政治瓶颈，为两岸关系最终实现的政治整合提供更多智者的意见与建言，似乎也是当务之急。

厦门大学台湾研究院院长刘国深

要走到台湾政治和社会现象背后，特别是走进台湾人的内心深处，并不是一件容易的事情。这本书表面上朴实无华，看起来有点琐碎，却真实地记录了一位年届八十的资深台湾研究专家曾经走过的对台交流交往之路。

记者感言"望重两岸"的孔立老师

我在厦大台湾研究院所上的第一堂课，就是陈孔立老师主讲的"两岸关系概要"。当日在课堂上，孔立老师郑重其事地告诫我们，只有对台湾人民做到"同情的理解"，才能"历史地、全面地、实事求是地"做台湾问题研究。

正是因为这种"同情的理解"，孔立老师在台湾有无数朋友，可谓真真正正的"望重两岸"。我赴台进行交流期间，但凡有台湾学者乃至政要，只要知道我是孔立老师的学生，无不刮目相看、关爱有加。一位大陆学者能在台湾有这样的受尊敬程度，实在令人肃然起敬。

台研老专家陈孔立图交会出新书
解析台湾人在想什么

被誉为台湾研究"南派泰斗"的陈孔立昨天郑重地穿上西装,戴上一条蓝领带,神情兴奋,这一切源于他最新力作《走近两岸》问世。

陈孔立教授现任厦门大学台湾研究院教授、博士生导师,中国社会科学院台湾史研究中心副理事长。从事台湾历史、台湾政治、两岸关系研究40多年。

"我已经81岁了,为什么写这本书?"陈孔立解释,这本书是用来回忆他与台湾学者交往的,是他研究两岸关系问题的"历史记忆"。

对于这份"历史记忆",海峡两岸关系协会副会长、厦门大学新闻传播学院院长张铭清教授给予了很高的评价,认为"它对加强海峡两岸之间的相互了解,增进沟通将起到独特的作用"。厦门大学台湾研究院院长、资深教授刘国深认为,这本工作回忆录性质的书真实地记录了一位资深台湾研究专家曾经走过的对台交流交往之路,其中有不少"原汁原味"的信息。

陈老昨天也解密了一些"原汁原味"的东西,比如,在台湾民进党还没有成立之前,他早在1986年就与吕秀莲等人相识。1992年11月,他去台湾进行学术交流,拜访了一些党派的高层,回来后预测台湾民进党拥有30%的选票,提醒相关部门要切实研究民进党。

陈老通过到台湾实地考察以及与台湾民众特别是学者、政治人物的长期接触,分析台湾民意、台湾同胞的政治心理,客观解读台湾岛内的政治体制及其运作特点,两岸对"一个中国"及一国两制的不同理解。认为两岸之间的问题,不是争个谁对谁错可以解决的,思想和情感问题至关重要。两岸分处不同的社会制度,民众在生活方式、价值观念乃至政治意识上存有不少差异,彼此之间缺乏充分的沟通与了解。只有保持开放的心态,包容"不同",才能真正做到"历史地、全面地、实事求是地"认识台湾和台湾民众。

◎厦门商报,陈凌,2011年10月30日

本是同根生　图书续亲情

——厦门大学出版社打造"漳州与台湾关系丛书"侧记

▲《台湾文献汇刊》

▶"漳州与台湾关系丛书"

厦门大学出版社坚持学术为本，以学术为纽带，充分发挥厦门大学的学科优势，充分利用厦门与台湾有"五缘"（血缘、地缘、文缘、商缘、法缘）的独有便利，在"台"字上做足文章。创办近30年来，他们一直致力于有关台湾研究图书的出版，涉台图书中，包括台湾历史、经济、政治、文化、文学等领域，并形成了良好的品牌影响力。这些学术著作，对台湾的历史与现状作了全方位的研究，加深了大陆对台湾的了解，增进了两岸的共识，有着重大的理论价值和现实意义。

厦门大学出版社在台湾研究图书出版方面所取得的业绩，获得国家有关部门以及海峡两岸出版业界的高度评价。

特别是大型历史文献《台湾文献汇刊》的正式出版发行，引起了海峡两岸学术界的高度关注。《台湾文献汇刊》共7辑100册，收入珍贵文献资料近200种。这些文献资料具有很高的史料价值和研究价值，为揭示台湾历

◎中国新闻出版报，涂桂林，2012年11月2日

史发展变迁,两岸不可分割的文化渊源关系,提供了最原始、最有力的证据。

在北京人民大会堂举行的出版座谈会上,全国人大常委会原副委员长、全国台湾研究会会长成思危指出,《台湾文献汇刊》的出版,将会进一步推动有关台湾问题的学术研究。《台湾文献汇刊》出版后,曾作为国家领导人2006年访美时向耶鲁大学图书馆的赠书之一。

在努力打造对台学术精品,彰显对台特色的过程中,近年来,厦门大学出版社把出版展现台胞主要祖籍地闽南与台湾历史文化渊源的图书作为工作重点。闽南,尤其是漳州市,是台湾民众最集中、最主要的祖居地,在现有2300万台胞中,至少有800万人的根在漳州。所谓"台语",其实就是漳腔闽南话。

改革开放以来,漳台两地的经贸、文化等交流活动日益热络,是两岸和平发展交流对话的主角之一。漳台血肉相连,手足相亲,通过两岸学者的共同学术研究,充分挖掘漳州与台湾的"五缘"关系,出版一套阐述台湾与漳州关系的学术图书是一项十分有意义的学术工程,可以让两岸民众更加了解漳州与台湾的渊源,进而增进理解与认同,促进交流与合作。为此,厦门大学出版社与漳州市密切配合,组织有关专家,历时多年,撰写了本套"漳州与台湾关系丛书",从寻根问祖到现实交往,全面地、历史地阐述两地关系。

"漳州与台湾关系丛书"共9册,500多万字,包括《漳台关系史》《漳州人与台湾开发》《漳台经贸关系》《台湾政要的漳州祖根》《漳州涉台文物》《漳台闽南方言童谣》《漳州芗剧与台湾歌仔戏》《漳台民间信仰》和《台湾涉漳旧地名与聚落开发》(上册、下册)等,涵盖漳台血缘、神缘、人物、文物、地名、经贸、民俗、语言、戏剧等各个方面,是一套系统介绍漳台关系发展全貌,展现两岸同根共源,集史料性、可读性为一体的历史专著和通俗读本。

该丛书是两岸专家学者携手打造、通力合作的结晶,阵容强大,实力雄厚。本套丛书策划者在编写过程中组织作者深入台湾各地,寻找漳州文化对台影响的现存史料。同时利用本地丰富的田野调查资料,挖掘漳台两地的史迹、史料,做到全面收集、认真整理。编委会组织了多轮讨论会、审稿会,共有200多人次对各册书稿进行修改、审核把关。每部书稿都由一位大陆专家和一位台湾专家进行审阅,几经修改,反复讨论,数易其稿,力求使丛书集两岸学界之智慧,为两岸同胞所认同。

《漳台关系史》

该书是丛书的总纲,它以历史事实为依据,以历史发展为线索,采取纵向考察与横向分析、宏观把握与微观探讨相结合的方法,分史前、隋唐宋元、明代、清代、晚清至民国时期五个阶段,对漳台社会、政治、经济、文化关系作了全面、系统、深入的阐述,揭示了漳台关系发展的基本轨迹、特点与规律,总结了漳台关系发展的经验与教训,多层次、多角度地展现了漳台关系的丰富内涵,为人们了解、认识漳台关系乃至闽台、两岸关系提供了一份全面、真实而又具体生动的历史素材。

《漳州人与台湾开发》

该书系统论述了明末清初海峡西岸以漳州籍垦民为主力军,连同泉州及省内和广东潮汕等其他州府垦民,跨越海峡,与台湾少数民族同胞一起大规模开发台湾的历史过程。在丰富史料的基础上,详略得当地叙述了漳籍先贤在拉开台湾大规模开发序幕后,从南到北,渐次推进台南、台中、台北、宜兰等地开发活动的动人事迹及显著成果,展现出漳籍垦民前赴后继,为开发和建设宝岛台湾作出巨大贡献的雄浑历史画卷,讴歌了颜思齐等一大批开台元勋不避艰险、勇于开拓的动人事迹、创业精神及不忘祖根的浓烈爱国爱乡思想,有力地说明了台湾的发展和繁荣是两岸同胞共同艰苦奋斗的结果。

《漳台经贸关系》

漳州与台湾经贸关系源远流长,漳台经贸交流的历史,就是互补互惠的历史,经济互补性在不同历史时期以不同形式表现出来。早期的漳台经贸关系是漳州向台湾输出先进生产工具和生活资料从而不断开发台湾的关系。明代中期开始,政府在月港开设"洋市","准贩东西洋",由此带动了漳台经贸交流的兴起。清代漳州与台湾经贸交流迅速发展,是漳台郊行贸易的黄金时代。1979年以后,两岸关系缓和,漳州与台湾经贸联系逐步增多,同时,漳州与台湾农业合作呈现快速发展态势。漳州也是台资企业投资的重要区域,漳州为台资企业发展提供了广阔的舞台。台商投资壮大了漳州经济总量,有力地促进了漳州经济和社会的全面发展。本书以翔实的资料介绍和总结了上述漳台经贸交流与发展的过程。

《台湾政要的漳州祖根》

台湾早期的汉族移民大都来自福建,特别是漳、泉地区。由于各籍移民的种族渊源、历史背景、风俗习惯的差异,因而在台湾开发、发展过程中呈现出不同的人文特色。在台湾政治舞台上,台湾政党领导人以漳籍者为多,这与漳州独特的区域族群文化有着紧密联系。该书选取其中较著名者作为考证重点,并附台湾漳籍政要一览表,以此作为了解台湾政治文化与漳台历史关系的窗口。该书追根溯源,剖析台湾政要与漳州祖地的血脉源流,探讨姓氏宗族的发展历史,阐释移民迁徙与宝岛开发等,这些论述对于了解台湾政治人文结构、重构漳台社会文化的历史影像、深入认识漳台之间的深厚联系,均具有重要意义。

《漳州涉台文物》

在福建省登记在册的1076处涉台文物中,属漳州的就有245处。该书以这批涉台文物的漳州部分为基础,依古遗址、家庙宗祠、岩寺庙宇、城堡土楼、碑刻、牌坊、造像、古墓葬等文物类型为章节,分成远古的履痕、海峡传薪、萦绕两岸的香火、凝固的烽烟、伫立的记忆、魂系家山六部分。该书通过这些以实物形式遗存的涉台文物,见证漳台从史前直至今天各个历史发展时期政治、经济、文化交流和交往发展的进程。

《漳台闽南方言童谣》

该书从漳州民间和漳台有关历史文献中,调查、挖掘、筛选、整理了400首流传在漳州和台湾的闽南方言童谣,附录漳台各地不同传本255首,标明流传地,比较其异同与传承流变关系。本书论述了漳台闽南方言童谣的音乐性、文学性及其社会教育应用价值,是研究闽台"草根文学"、方言、民俗风情的好材料,为闽台及漳台语缘、文缘、俗缘、血缘研究提供了新的有力证据。

《漳州芗剧与台湾歌仔戏》

本书从芗剧与歌仔戏的艺术之源、文化背景入手,论述了漳州歌仔戏传台湾宜兰、台湾歌仔戏回唐山、芗剧缘起及歌仔戏的转机和现状等历史发展过程。既反映戏曲产生发展传承的历史脉络,又从表演技艺和重点剧目及其价值等方面叙述介绍。通过专业知识的普及介绍,全面展示漳台地方戏曲种类的历史源流和艺术特色。

《漳台民间信仰》

本书对漳台民间信仰的源流作系统的论述,分析了漳台女神崇拜的背景与特点等。在众多民间神明的介绍方面,比如玉皇大帝、王母、七娘妈、三界公、文昌帝君、三平祖师、开漳圣王、辅顺将军、哪吒等,作者都有独到的见解。对漳台民间信仰的共同与差异方面的比较,也是本书的一个重要贡献。作者通过资料搜集和一定的田野调查,提供了部分研究数字。对漳台两地在史实、典故等方面的认识存在的差池,也给予澄清。

《台湾涉漳旧地名与聚落开发》(上册、下册)

明清时期,大批渡海迁徙台湾开垦的漳州籍移民,短时期内形成了许多以闽南方言为语源,按漳州移民的闽南语言、传统习惯、价值观念、思维方式命名的在台湾的新居住地,因此产生了遍布台湾各地的与漳州人相关而形成的特有的台湾涉漳旧地名。本书洋洋 300 多万字,分上下两册,以台湾乡镇市、村里为单位,以台湾涉漳冠籍、冠名、冠姓的旧地名、聚落;以垦台首领、历史人物、历史事迹命名的,以家族姓氏命名的,以始祖、家庙、宗祠命名的涉漳地名、聚落;台湾开发中涉漳聚落地名等三部分入手,对台湾各县市的涉漳地名、聚落进行介绍、考证。以一个个台湾涉漳地名的产生与存续为依据,介绍一个个悠久的历史传奇故事,从中可看到漳州移民在台湾拓垦走过的历史足迹。

书中不仅展示了台湾漳籍先民敬祖怀乡的情愫,更提供了漳台地缘、文缘、血缘、商缘、法缘关系的明证。本书是大陆第一部系统探索漳台地名历史渊源的著作。

本套丛书的出版发行,得到海峡两岸学界、业界和广大民众的高度评价。在 2012 年 9 月 13 日于台北开幕的第八届海峡两岸图书交易会上,本套丛书在台首发。在此次交易会期间,丛书主编还带着全套丛书拜会了连战、江丙坤、王金平等,得到他们的高度赞赏与肯定。

《房地产大周期的金融视角》荣登出版商务周报"2012年度风云经管书"榜单

在出版商务周报社主办的"2012年度风云图书"评选活动中,厦门大学出版社《房地产大周期的金融视角》荣登"2012年度风云经管书"榜单。该活动以推动图书阅读市场的发展,为读者发现好书、推荐好书,拉近作家与读者距离为目标,邀请国内外知名学者担纲评委,通过评委的"慧眼",评选出"2012年度风云图书"。出版商务周报通过强大的平面媒体和网络媒体宣传,辅以全国图书大型联展活动的形式,将评选出的好书介绍给全国的读者,缔造了有品质的阅读生活,营造书香社会。《房地产大周期的金融视角》从金融市场的专业视角审视房地产行业的经济周期,通过大量的数据和历史资料,分析和总结日本、欧美等经济发达国家房地产市场的发展经验与教训,试图分析其发生的机制与逻辑,对比我国房地产市场的发展现状,从而总结教训,吸收经验,以便使中国的房地产市场在经济发展的过程中能趋利避害。

◎出版商务周报,2013年1月6日

《魅力厦门》新版出炉　加大篇幅宣传鼓浪屿

日前,鼓浪屿申遗顾问潘维廉先生的新版《魅力厦门》(2013英文版)新鲜出炉了,潘维廉在新版《魅力厦门》中,力推鼓浪屿,希望老外都能像他一样深爱鼓浪屿。

厦门大学MBA中心美籍教授威廉·布朗,有个厦门人都熟悉的中文名字"潘维廉",他是福建第一位获得在华永久居留权的外籍专家。他热爱厦门、记录厦门,于2000年出版了第一版《魅力厦门》(英文),此后他又不断充实、推陈出新,目前,《魅力厦门》英文版已出版第四版。

为了让更多的外国人了解厦门、爱上厦门,新版的《魅力厦门》(英文版)有了较大幅度的改版以及内容和图片的更新,特别是加大篇幅宣传鼓浪屿。书中第二部分第四章"鼓浪屿纵览"融合了《魅力鼓浪屿》及《老外看老鼓浪屿》的精彩部分,并增加了鼓浪屿的医学、女子教育、交通以及鼓浪屿画家许曼克等相关内容;新增第五章为"鼓浪屿厦门装饰风格的建筑",概述鼓浪屿的风貌建筑,并通过不同的范例对体现厦门装饰风格的门、窗、门廊、柱子、屋顶等进行介绍。

◎《厦门日报·海鹰》,2013年7月2日

与闽商"结缘"

——《闽商发展史·总论卷》出版手记

古代部分

近代部分

6月13日下午,坐落在福州西湖边的福建会堂笼罩在一片雨雾中。五楼会议室里,由厦门大学出版社出版的《闽商发展史·总论卷》的首发式正在这里隆重举行。

看着与会者手中刚刚拿到的、还散发着油墨香的《闽商发展史·总论卷》,听着领导、专家对这部内容丰富、印制精美的图书的称赞,我的心中不禁有几分感慨。与会的嘉宾也许没有人知道,这部上下两卷、洋洋近百万字的著作,竟是在短短的一个月之内,由我社的编辑、校对、出版、印刷等部门的工作人员通力配合,在今年"6·18"第四届世界闽商大会召开之前赶印出来的。其间等待书稿的焦急、安排工作的紧凑、"为人作嫁"的辛劳唯有寸心所知。

应当说,无论是我本人,还是我们出版社,与《闽商发展史》这套丛书还

◎厦门大学报,宋文艳,2013年7月5日

是颇有缘分的。

首先是地缘。闽地人杰地灵,自古商业人才辈出。而厦门大学出版社地处闽南,地处厦门经济特区,恰好这是闽商最为集中和最为活跃的地方,可以说我们出版社和闽商有着天然的地缘联系。

其次是书缘。因为地处侨乡闽南,也因为厦门大学对华人华侨的研究一直处在全国的前沿,所以厦大出版社自建社以来,一直把研究华人华侨的有关学术著作作为出版特色来经营。经过许多年的积累,在出版界已小有名气,其中《东亚华人社会的形成和发展:华商网络、移民与一体化趋势》曾获得过中国出版政府奖。而华人华侨中有许多杰出的闽商,如陈嘉庚、李光前等。所以说,厦大出版社在图书特色上,早已经和闽商结缘。

再次是人缘。记得我第一次和本套丛书主编苏文菁教授见面,是在去年九月。当时我正在省妇联干校学习,而苏老师应邀到干校做了一次关于"中国海洋文明"的讲座,课间我们有些交流、互动,似乎一见如故。我由此开始持续关注中国和福建海洋文明相关的研究进展以及与海洋文明相伴而生的闽商的研究。

此外,我社特聘编审、厦大人文学院副院长王日根教授,既是中国会馆研究和闽商研究的专家,也是《闽商发展史·总论卷》的作者之一。作为出版社,和书稿的作者有着这样多方面的、良好的人缘,显然并不多得。

由于这几重缘分,当苏教授和我商量要在厦大出版社出版这套丛书时,我便欣然同意并决定给予大力支持。然而,这部著作出版的紧张和艰辛,仍大大超出了我的意料。

出版人都知道,按照正常的出版流程,要将一部100万字的书稿变成图书,要走完排版、编校、审稿、印刷整个流程,常规至少需要三至四个月的时间,可苏教授只给了出版社一个半月的时间。尽管我们知道很难,但还是"咬着牙"把它接了下来。

因为作为福建省唯一的一家国家一级出版社,作为一家长期出版华人华侨研究著作和地方史志的大学出版社,我们有这样底气和能力——因为我们有一支学术功底扎实、编辑业务过硬的队伍。

没想到,由于种种原因,因书稿交到出版社手上时,只剩下了短短的一个月时间。要在一个月的时间里完成三四个月完成的工作量,困难可想而知。

虽然时间很紧,任务很重,压力很大,但我们出版社考虑到这是闽商研究的一部重头书,又是为第四届世界闽商大会增光添彩的一部著作,便发动各方面的力量,从编、审、排,到校、印、发等各个环节,一环紧扣一环,并采取加班加点的工作方式,从而大大缩短了出版时间。

经过全社上下的共同努力和印刷厂的大力配合,《闽商发展史·总论卷》终于在"6·18"之前如期出版,并在新书发布会上和大家"见面"了。而在即将召开的第四届世界闽商大会上,所有代表也将每人获赠一套。看着这部印有"厦门大学出版社"标识的闽商研究著作将被海内外闽商带往全国乃至世界各地,我和同事们的心中不免多了一份骄傲。

《闽商发展史》丛书总共将出版十五卷,除"总论卷"外,还包含福建省九个设区市及港、澳、台、海外、国内异地商会等十四部"分卷"。作为中国各大商帮中历史延续时间最长、极具商业精神和海洋烈性的商人群体,闽商的整体形象将在本丛书得到一一展现。

作为这套丛书的出版单位,我们期待着与省委统战部、福州大学闽商文化研究院以及各卷作者的进一步合作,期待着《闽商发展史》各卷的顺利出版,也期待着能为推动海西经济的发展贡献自己的一份绵薄之力。

家族缘，串起两岸儿女情

——与《家族缘：闽南与台湾》作者苏黎明面对面

闽南家族文化随着闽南人的脚步跨越台湾海峡，家族缘则成了联结闽南与台湾的感情纽带，它把两岸族亲的意识、情感、行为紧紧地联结在一起，无论什么样的外部力量，都无法将其切断。由泉州师范学院教授苏黎明主编的《家族缘：闽南与台湾》一书，全景式地展现了闽南家族文化对台湾的影响。

家族缘是牢固的感情纽带

"我之所以写这本书，乃是在长期研究闽台关系过程中，愈来愈深刻地感受到在闽台'五缘'中，地缘、法缘、文缘、商缘或许有不同的解读，血缘亦即家族缘却始终得到两岸宗亲的高度认同。"苏黎明告诉记者，正是有了这条无形的感情纽带，两岸同胞不管政见如何，无论属于什么党派，纷纷到祖地寻根谒祖，共叙亲情。

苏黎明举例说，比如，龙海市榜山镇马崎村，乃中国国民党荣誉主席连战的祖籍地。2006年4月，连战携家人回到马崎寻根谒祖，在连氏祖祠思成堂祭拜祖先，又到附近的祖墓祭拜。在祭拜活动中，连战饱含深情地说："连家的列祖列宗，爷爷啊，我回来了，我终于回来了！"

闽南与台湾的家族亲缘关系，不只是一种简单的血缘关联，还是基于血缘关联基础上的家族意识与家族行为，以及家族之间的种种交往活动。唯有同祖同宗的认同感增强了，方能加强沟通，增进了解。

"这条牢固的感情纽带由多种要素构成，重点包括共同的家族标志、两地宗亲相互继嗣、共同遵循的辈分制度、族谱源流、祠堂亲缘、共祭先祖、同奉神祇、互助的宗亲等家族缘的八个方面。"苏黎明解释说。

◎福建日报，树红霞，2013年8月16日

用闽南话与台湾宗亲交谈

自清代以来,渡台的宗亲以家祭、祠祭、墓祭、杂祭等形式祭祖,且往往与祖地祖先紧密联系在一起。比如,在台兴建的许多家族支派祠堂,直接袭用祖地祠堂名称,建筑风格、布局、规模完全模仿祖地祠堂。

"两岸家族裔孙对祖宗神灵的敬畏根深蒂固。在他们心目中,列祖列宗不只是血脉的来源,还是神通广大的神祇。"苏黎明发现,这种祖宗神灵观,乃是两岸宗亲浓厚的家族观念的基础,这恰恰也是两岸家族关系历经几百年风雨沧桑依然得以牢固维系的重要支撑。

写这本书之前,苏黎明曾在台湾的淡水、台北、基隆等地调查走访近半个月。在这一过程中,他基本上用闽南话与当地闽南宗亲交谈,并特别留意年轻人对两岸家族关系的态度,他说,"多数年轻人对闽南祖地祖宗还是认同的,且颇有兴趣。不少人表示,如果有机会将回到祖地寻根"。

收集史料,收获的是感动

"这本书史料比较丰富,尤其是族谱,相当一部分散落在民间,收集起来比较困难。我抽时间实地走访,察看祠堂与家族神庙。"苏黎明说。其间,最令他难忘的莫过于宗亲们的热情与企盼。

在闽南地区,每走访一个家族,当苏黎明说明来意后,宗亲们颇为热情,拿出族谱,帮忙复印,如还有翻印余下的族谱,干脆奉送一部,讲述祖先动人的故事,甚至酒肉盛情款待,他们都希望把自己族人移居台湾的历史写进书中。

苏黎明说:"看来,闽南地区的宗亲们对远在彼岸的同胞,依旧非常怀念。更让人感动的是,有的宗亲还说,倘若有机会到台湾,一定要寻找早已杳无音信的渡台宗亲,看看是否还有后代,居住在哪里,现在过得怎么样。"

台湾读者的热情超乎想象

"这本书由厦门大学出版社出版后,在台湾书店亦有销售,台胞的反响还不错。"苏黎明告诉记者,当看到很多台湾读者愿意读这本书时,觉得辛苦还是有价值的。因为,写这本书的初衷,就是希望能有更多人了解两岸亲缘,促进宗亲交流,增进骨肉情谊。

"这本书的一大创新,就是在占有大量第一手史料的基础上,较为深入系统地阐述了闽南与台湾的家族文化关系。"苏黎明说,他曾收到台湾嘉义县义竹乡文史工作者翁炯庆发来的电子邮件。翁炯庆是安溪县龙门镇科榜村翁氏家族渡台族人的后裔,他在来信中说:"于台湾简体字书店购得《家族缘:闽南与台湾》,拜读您对于自闽南移居台湾各姓宗族的透彻研究,深感敬佩,兴奋万分。敬佩的是您找出闽南各姓宗族族谱可以衔接到台湾。兴奋的是许多台湾姓氏乡贯祖籍被您找到刊载。拜读时,竟也发现嘉义县义竹翁氏也是被您研究刊出的宗族之一,是幸!"这位不曾谋面的台湾同胞的这些话,让苏黎明感动不已。

希望建立一个族谱数据库

谈及当下两岸家族关系发展面临哪些困难,苏黎明认为,主要有三点:不少台湾宗亲,由于先辈迁台年代久远,记载缺失,对祖家情况已不大清楚,有的只知来自闽南某个县,而不知什么乡什么村哪个家族,如此,家族认同自然无从谈起;20世纪两岸隔离,不少家族宗亲之间长期没有往来,亲情淡化;一些年轻人家族观念淡薄,对参与家族活动热情不高。

如何破解这一现实难题?苏黎明建议,要充分发掘闽南各个家族的族谱,从中整理出渡台宗亲的相关资料信息,诸如姓名、辈分、渡台时间、渡台后去向、祖家父母和祖父母姓名,以及祖家住地名称的变异等。在此基础上,建立一个闽南与台湾关系族谱数据库。这样就可为台湾宗亲寻根问祖提供依据。同时,祖地开展较大型的家族活动尽可能邀请台湾宗亲参加,提供热情周到的服务,使其增强认同感。

拓展闽南文化研究的视野

"无论生产方式还是生活方式,闽南家族文化对当下闽南宗亲的影响依旧不小。"苏黎明说,像聚族而居的传统,尽管在市镇已被消解,但在广大乡村保存较好。另外,宗亲们仍在使用从祖地带去的"字芸"即辈序制度,适时编定新的辈序用字。

"就闽南文化对台湾的影响,我以前的研究侧重于文化,包括家族文化、宗教文化、民俗文化方面,这比较直观。我近期研究的重点,开始转向社会方面,包括政治与经济。"苏黎明说,一方面,闽南文化传播到台湾后,对台湾的影响很大,这种影响不仅是历史的,而且时至今日依然有显著的表现,值得研究;另一方面,由于这种影响较为隐性,也较为多元、复杂,研究难度较大,因而鲜有人涉足。也正因如此,我认为这是一件很有意义的事。

"接下来,我将以历史为切入点,进行较为深入的研究。内容主要包括:闽南文化对台湾社会、政治、经济发展的影响是如何形成的,它对现当代台湾的影响如何,主要表现在什么地方。在这个基础上,写几篇较有价值的文章,也可能再写一本书。"

中菲学者共撰学术巨著
促中菲友好继续向前发展
——《菲律宾华人通史》首发述评

正当菲律宾人民遭受史上最强台风"海燕"带来的巨大痛苦,中国派出的"和平方舟"医院船在灾区投入紧张的救援工作之际,筹备已久的由厦门大学出版社出版的《菲律宾华人通史》一书首发式在菲律宾首都马尼拉大饭店如期举行。《菲律宾华人通史》是由厦门大学南洋研究院与菲律宾《世界日报》社联手,中菲两国学者、报人参与写作,历时5年,全书达百万字,详细记述了菲律宾华人社会500年来的发展、变迁。到会的有中国驻菲律宾大使马克卿、主要撰稿人、菲律宾各界重要侨领及媒体记者共200余人。

本书的出版是菲律宾华人华侨社会的大事

中国驻菲律宾大使马克卿当天到场对《菲律宾华人通史》一书在菲首

◎人民日报海外版,蒋东明、宋文艳,2013年12月5日发表示祝贺。她指出,中国与菲律宾一衣带水,两国人民的密切交往已超过千年,早在中国宋代的历史文献中,就有关于菲律宾群岛的详细记载。16世纪后期,中国商人开始大规模定居菲律宾,菲律宾的华人秉承勤奋、节俭、仁义、善贾的中华民族的秉性,经过数十代人在菲律宾的努力,终事业有成。迄今,菲律宾华侨华人为菲律宾经济发展、社会进步,为促进中菲两国的友好关系及在经济、文化等方面交流与合作,做出了不可磨灭的贡献。马克卿大使表示,相信《菲律宾华人通史》一书的出版不仅是菲律宾华侨华人社会的大事,而且能够进一步增进两国人民的相互了解,促进中菲友好继续向前发展。

华人社会不会因为中国的和平崛起而萎缩

菲华商联总会理事长施文界称赞本书是一部"菲华社会百科全书",可让华人新生代和所有华裔子弟加深了解先辈在背井离乡、远渡重洋后如何以血汗与泪水开创一片天地,更让华社年青一代认识中华文化血脉、根基。本书主要作者之一、菲律宾《世界日报》社社长陈华岳在致辞时指出,菲华社会是一个历经苦难的社会,但华人奋发图强,创造出骄人成绩。他举例说,2009年一项统计显示,当年菲律宾上市公司共有248家,其中华商占到73家,华商上市公司总资产达424亿美元,占菲律宾股市总市值32%。而今年10月,美国福布斯杂志列出菲律宾40位首富,其中19人是华裔。陈华岳认为,菲律宾以及海外其他国家的华人社会不会因为中国的和平崛起而萎缩,"我们有理由相信,一个强盛的中国会使(海外)华人社会更具活力,因此,《菲律宾华人通史》可以也只能被视为一个起点,随着华人社会的强化,更优质的作品会出现"。

菲律宾华人最具特色

本书主要撰写人、厦门大学南洋研究院院长庄国土教授在致辞中说,我们说"中国梦"就是全世界华族共同携手,来实现中华民族的伟大复兴。当然,中华民族的复兴从来没有、也不想妨碍其他民族的发展。因此,我们要对华侨华人的历史做一个记叙、一个纪念,并弘扬他们的精神。菲律宾华人的特色在于命运特别曲折,特别让人动心,让我们觉得有责任来纪念曾经为菲律宾华人社会发生和发展做出贡献的前辈们,有责任有义务去记载他们的丰功伟绩。菲律宾华人跟祖籍国、祖籍地,也就是跟他们的家乡和祖国,情感和联系最深厚。在现代的中菲关系中菲律宾华人做了相当多的工作,化解了过去的敌意,让中国和菲律宾顺利建交。建交后,菲律宾华人又一直在充当两国之间政治、经济、文化交流的使者。这就是我们为何要把菲律宾华人史作为东南亚华人通史的第一篇。

菲律宾华人研究的标志性巨著

本书出版单位厦门大学出版社代表在会上介绍说,本书出版后,在学术界出版界引起了较大的反响,被誉为21世纪东南亚华侨华人历史和中菲关系史研究的一个里程碑,最近荣获国家新闻出版广电总局第四届"三个一百"原创图书出版工程。厦门大学出版社把出版东南亚华侨华人研究图书作为特色之一,在华人华侨与东南亚研究方面出版的图书涵盖政治、经济、历史、文学、教育等多个领域,已出版了200多种学术专著,成为全国出版这方面学术图书的重镇。本书2007年正式启动,2009年列入出版社的选题计划,该项目成功申报列入国家"十二五"规划重点出版项目,并获得国家出版基金资助。

《菲律宾华人通史》对500年来菲华社会与1000多年中菲关系史做了全景式论述,是迄今为止菲律宾华人研究领域规模最大的学术成果。在世界华人历史中,菲律宾华人社会可以说最具特色,与中国的关系最为密切。菲律宾华人人数超过150万,经济成就斐然,不但在菲律宾政治、经济、文化和社会生活中扮演重要角色,还是推动菲律宾和中国友好关系发展的引擎之一。本书把区域性华人置于全球化的移民群体进行整合研究,昭示了华侨华人独特的软实力。作者运用和融合近年来流行的多种国际移民与族群理论来阐释菲律宾华人社会,从而较好地把握菲华社会的历史发展脉络和趋势。该书引证各类文献资料超过800种,资料翔实,论从史出,在菲律宾华人华侨问题上的新论断和新观点都是建立在把握最新研究动态、新资料的发掘、旧有资料重新诠释的基础之上。《菲律宾华人通史》一书是新世纪以来海外华侨华人研究领域不可多得的上乘著作,堪称菲律宾华人研究前所未有的标志性巨著,足以体现该研究领域的国际前沿学术水平。

《房地产大周期的金融视角》入选"首届中国读友读品节108种指定读品"(商业类)

"4·23"世界阅读日期间,中国出版传媒商报主持策划和发起,由活动组委会及千余家机构共同联办首届中国读友读品节,厦门大学出版社图书《房地产大周期的金融视角》(巴曙松著)入选"首届中国读友读品节108种指定读品",该评选分"文学"、"社科"、"商业"、"生活科普"、"童书"5大类,《房地产大周期的金融视角》入选的是"商业类"(共20种)。

首届中国读友读品节以中国出版传媒商报近3年年度影响力图书大型评选活动年度书目,以及此次由活动组委会、专家、媒体、网民共同推选出来的近800种图书作为基础书目,适当参照其他机构评选的年度好书,并经过活动组委会组织多次讨论,反复筛选而产生。活动立足创新、规模、实用三个关键词,其108种指定读品名单,和近期其他机构推选的书单相较,有着鲜明特色:一、这次活动指定读品名单涉及的面广,时间跨度是近3年,相对较宽,选书量也相对较多,意在为读者提供更多的选择;二、活动指定读品书目在中国出版传媒商报多次、历届推选出的好书基础上筛选,优中选优;三、这次活动指定读品名单,将以各种形式传播到全国加盟联办本次活动的大书城以及实体书店、图书馆、出版社等千余家发起单位,并围绕活动指定读品书单,开展一系列有针对性的、持续性的全民阅读推广活动。

这次活动指定读品名单,既是本届中国读友读品节的专属书单,同时也是对"改革开放30年最具影响力的300本书"和"新中国60年最具影响力的600本书"书单的新传承和新补充。

书单将在第一时间通过主流媒体向全国发布,首届中国读友读品节组委会强调,"首届中国读友读品节"指定书单的问世,是加盟并联办中国读友读品节的全国千余家业界重要机构精心设计的力作,推荐、推广、荐售、馆配、评论多管齐下,一方面可以很好地促进图书市场的繁荣、作家(作者)

◎中国出版传媒商报,2014年4月22日的积极创作、出版方(策划方)的生产;另一方面,也方便读者在浩瀚的书海里第一时间找到适合自己阅读的图书,对大众读者来说无疑是福音。

《房地产大周期的金融视角》作者巴曙松是国务院发展研究中心金融研究所研究员、博士生导师,中国银行业协会首席经济学家,中国宏观经济学会副秘书长,商务部经贸政策咨询委员会委员。他从金融政策和市场研究者的独特视角,以房地产周期波动与房地产转型为主线,通过大量的数据和历史资料,分析和总结日本、欧美等经济发达国家房地产市场的发展经验与教训,试图分析其发生的机制与逻辑,对比我国房地产市场的发展现状,从而总结教训,吸收经验,以便使中国的房地产市场在经济发展的过程中能趋利避害。不仅开拓了人们的视野,而且使人们对我国房地产业的现状、存在的问题和未来的前景都有了较为明晰的认识。

"南强丛书"，厦门大学的学术品牌

小荷才露尖尖角，早有蜻蜓立上头。

20世纪90年代初，适逢厦大建校70周年，厦门大学出版社出版了第一辑"南强丛书"。其时，我社作为学校的一个窗口单位，为了向校友和来宾展示学校的学术成果，为校庆活动增光添彩，经过社领导多次讨论、调研，最后决定策划出版一套既能涵盖文理各学科，又能代表厦大学术水平、反映学校最新科研成果的学术丛书，并希望这套丛书的出版能够与逢五、逢十的校庆相呼应，每五年出版一辑。这一想法得到了校领导的大力支持，不仅在财力上给予资助，而且决定将这套丛书命名为"南强丛书"。

经过近一年的征稿、选稿和定稿，在各院系和老师们的大力支持、配合下，在出版社全体员工的共同努力下，第一辑"南强丛书"终于在1991年厦大70周年校庆之际出版了。这辑丛书共15种，是从参评的50多部优秀书稿中评选出来的，选题分别涉及自然科学和社会科学各个主要学科，其中既有久负盛名的老一辈学者专家呕心沥血的力作，也有后起之秀富有开拓性的佳作，还有已故著名教授的遗作。虽然数量有限，但在一定程度上体现了我校的教学、科研特色和学术水平，出版之后得到了学校老师和校友们的普遍欢迎和称赞。

正如时任厦大常务副校长、"南强丛书"编审委员会主任郑学檬教授在第一辑"南强丛书"序言中所说："几十年来，厦门大学师生弘扬'南强'精神，为实现自己的办学宗旨和追求自己的理想目标，作出了可贵的努力和贡献，培养造就了一批卓有成就的学者专家，编写出版了许多引人注目的优秀教材和学术专著，丰富了我国文化宝库。特别是新的社会主义历史时期，厦门大学满园春色，欣欣向荣，人才辈出，成果丰盈。以历史的眼光，选萃集成我校学者专家的优秀之作，出版一套以教材、专著为主的'南强丛书'，这

◎厦门大学报，宋文艳，2014年6月23日

是具有深远意义的文化积累工作,也是对建校70周年大庆的最好纪念。"

时光荏苒,从第一辑"南强丛书"出版至今,20多年过去了。20多年来,厦门大学先后举行了五次"逢五逢十"的校庆活动,我社也伴随着校庆的节拍,先后出版了五辑"南强丛书",共73种,其中28种获得了省部级以上奖项。例如,杨仁敬教授的《海明威在中国》一书,获得了"美国肯尼迪图书馆"1991年度海明威研究奖;韩国磐教授的《南北朝经济史略》一书,1992年获首届高校出版社学术著作优秀奖;万惠霖院士领衔主编、多位院士参与的《固体表面物理化学若干研究前沿》一书,不仅于2007年获首届福建省优秀出版物奖,而且入选原新闻出版总署第一届"三个一百"原创图书出版工程(为总署"三大奖"之一);洪水根教授的《中国鲎生物学研究》一书,2011年获得国家出版基金资助,2013年被评为国家出版基金资助出版项目代表成果。

20多年来,"南强丛书"在校领导的支持和教师、校友们的关爱下,不断成长、壮大。如今,它不仅已成为反映我校教学科研成果的重要窗口和培养我校师资队伍的重要园地,而且其权威性已得到校内外广泛认同,在学术界和出版界的影响日益扩大。

正如厦门大学校长、"南强丛书"编委会主任朱崇实在第四辑"南强丛书"序言中所说:"南强丛书"已成为厦大的一个学术品牌,它的出版"汇聚了著作者和厦门大学出版社所有同仁的心血与汗水,为厦门大学的建设与发展作出了一份特有的贡献,我要借此机会表示我由衷的感谢。我期望厦门大学"南强丛书"不仅在国内学术界产生影响,更希望其影响被及海外,在世界各地都能看到它的身影。这是我,也是全校师生的共同心愿。"

我社作为"南强丛书"的编辑出版单位,看到"南强丛书"的成长、壮大,自然感到无比的欣慰。可以毫不夸张地说,在我社出版的众多图书中,每五年出版一辑的"南强丛书",是最让我们费心、也最让我们骄傲的"出版工程"!

2016年,我校即将迎来95周年校庆。目前,第六辑"南强丛书"的征稿活动已经开始,新一辑丛书编委会业已成立。我们热忱欢迎广大教师踊跃投稿,我们将配合丛书编委会做好书稿的遴选及编辑、出版、发行等一系列工作,为校庆95周年奉献一批具有较高学术价值、反映我校最新科研成果的学术著作。

让我们共同携手,为"厦大梦"的实现披沙沥金、添砖加瓦!

厦大社《城镇化大转型的金融视角》入选"全民阅读年会 50 种重点推荐图书（2013 年）"

全民阅读年会 50 种重点推荐图书（2013 年度）

1. 中国哲学简史/冯友兰著/北京大学出版社
2. 大数据时代/[英]迈尔·舍恩伯格等著/浙江人民出版社
3. 出梁庄记/梁鸿著/花城出版社
4. 莎士比亚书店/[美]西尔薇娅·毕奇著/光明日报出版社
5. 信息简史/[美]詹姆斯·格雷克著/人民邮电出版社
6. 法兰西道路：法国如何拥抱和拒绝美国的价值观与实力/[美]理查德·F.库索尔著/商务印书馆
7. 中国思想文化史（修订版）/张岂之著/高等教育出版社
8. 教师第一课/朱永新等主编/福建教育出版社
9. 最美中国丛书·最美的汉字/莫增荣著/合肥工业大学出版社
10. 城镇化大转型的金融视角/巴曙松等著/厦门大学出版社
11. 3D 打印：从想象到现实/[美]胡迪·利普森等著/中信出版社
12. 中国历史上的廉政/王石著/西南师范大学出版社

……

50. 平如美棠：我俩的故事/饶平如著/广西师范大学出版社

近日获悉，在"全民阅读年会 2013 年度图书推选活动"中，厦门大学出版社《城镇化大转型的金融视角》从 518 家出版社推荐的 5000 多种优秀图书中脱颖而出，被列入《全国图书馆推荐书目（2013 年度）》，并获评"全民

◎图书馆报、中国高校教材图书网，2014 年 10 月 24 日

阅读年会50种重点推荐图书(2013年度)"。

2014年11月11日—12日,出版界图书馆界全民阅读年会(2014)在湖南图书馆举办。年会召开前期举办了《全国图书馆推荐书目(2013年度)》推选。该书目源于"全国图书馆2013年度好书推选"活动。本次共有518家出版社推荐的5000余种优秀图书参选。组委会最终确定了5个类别的1361种图书作为"初评入围书目",通过图书馆、新华书店、网上投票,形成了《全国图书馆推荐书目(2013年度)》。该书目包含296种图书,其中社科类100种、科普类46种、生活类50种、少儿类50种、文学类50种。这些入选图书既具备阅读价值,又体现社会价值;既符合主流价值观念、启发人性思考,又能够提升生活品位、展现阅读之美。组委会特别邀请了阅读与文化领域的资深专家,在296种推荐书目的基础上,进一步遴选出50种重点推荐图书,作为"全民阅读年会"的重点推荐读物。《城镇化大转型的金融视角》在两个书目中都榜上有名,堪称好书中的精品。

《城镇化大转型的金融视角》是著名经济学家巴曙松和杨现领博士对当前中国城镇化这一热点问题的研究力作,是国内第一部从金融视角研究城镇化的专著,有较高的学术水平和政策参考价值。本书是《房地产大周期的金融视角》一书研究的继续和深化。

通览全书,可以发现该书具有以下几个主要特点:一是视野广阔。作者从国际视野来看待中国的城市化进程和把握中国城市化的脉搏,并将美、日等国的城镇化进程和未来趋势与中国做对比分析。二是见解深刻。从理论阐释到实践总结,从历史经验到现实观察,从海外经验到中国道路,作者全面、系统地探讨了中国城镇化转型所面临的种种问题,真知灼见随处可见,令人茅塞顿开。三是视角新颖。作者在探讨中国新型城镇化问题时,善于从多种视角来进行比较分析,从而得出自己的客观结论。本书对中国当前稳妥有序地推进城镇化建设,具有很高的决策参考价值。

本书在出版后半年内销售15000册,取得良好的经济效益和社会效益,并获得很多荣誉,包括在教育部社科司和《光明日报》图书出版部联合主办的"中国高校出版社书榜"评选活动中,《城镇化大转型的金融视角》荣登2013年10月榜单。该"书榜"每月出一个榜单,入选10种高校出版社出版的人文社科类精品图书。

《城镇化大转型的金融视角》还入选《中国出版传媒商报》"2013年度中国影响力图书推展·第四季"商业类图书。

本书还获得国内多位知名专家学者的书评推荐。在网络书店上读者评价也很高。

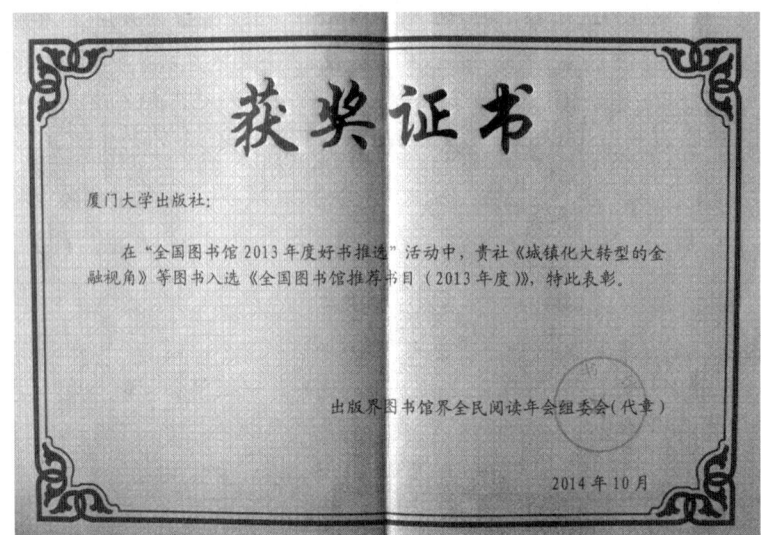

我社《东亚视阈汉语史论》荣登"中国高校出版社书榜"

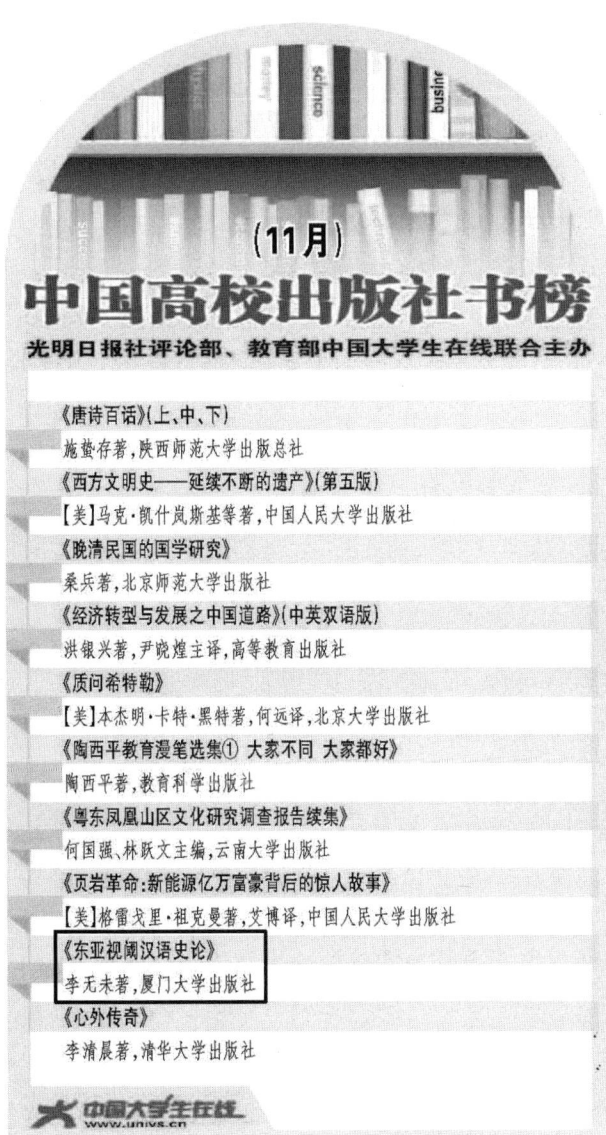

◎光明日报,2014年11月25日

访谈|鲁西奇:阴间为什么还需要买地券?(节选)

最近,厦门大学历史系鲁西奇教授《中国古代买地券研究》一书出版(厦门大学出版社2014年7月)。近日,我们就该书涉及的问题,对鲁西奇教授进行了访谈。

宋翔:您能不能跟我们讲一讲什么是买地券?

鲁西奇:买地券是古人安葬亡人时使用的一种明器,是作为随葬品,放置在墓中的。它的意旨或功用,是向地下神祇宣告亡人在阳世的生命已经结束,从而正式成为冥世的一份子,并通过"买地"取得了在阴间的居留权和居住地,而且此种权力受到诸如女青律令之类冥世法律的保护。

买地券的内容主要包括五个方面:

一是说明某某地方的某某人,于何年何月何时殁故。这部分内容是实的,一般据实书写。

二是说经过卜筮相地,决定安葬于何处,所以用钱帛若干(在唐中期以后,逐步固定为"用钱九万九千九百九十九贯文"之类),向土公、黄天父后土母、东王父西王母、张坚固李定度等地下神明,购买土地一段,写明所买土地的四至、面积,一般用"东西若干步,南北若干步。东至青龙,西至白虎,南至朱雀,北至玄武"之类抽象的语句表达。这里所说的"钱"指的是冥钱,就是营葬时烧的纸钱;而所买的"地",也并不是指墓葬所在的地方及其面积、四至,而只是虚构的一块土地。

三是"权属声明",声称上面的那块土地为亡人所有,得到丘丞墓伯、道路将军等地下神祇的承认和保护;如果有鬼魂侵入墓地,将军、亭长等地下神祇会将其逮捕起来,交给河伯或其他高一级的神明,予以惩罚。

四是立契过程,即写明契约是怎样订立的,言明钱物与土地交割完毕,工匠可以动土营墓,以及订立此项契约时的保人、见人或证人。

◎澎湃新闻,宋翔,2014年11月27日五是罚则,再次言明这块土地属于亡人,此前在这里活动的鬼魂要立即离开,不得打扰亡人魂灵;如有违反契约的规定,地下神祇要承担责任("自当其祸")。

宋翔:作为一位研究历史地理的学者,您是如何关注到买地券的呢?

鲁西奇:说起来,我进入对买地券的研究,是有很大偶然性的。2004年春、夏,我分别与武汉大学历史学院杨国安、周荣、徐斌、江田祥等四位博士以及当时还在武大历史学院读本科的席会东(现在西北大学工作)一起,在鄂东地区进行了两次田野考察,看到了很多珍贵的宋元买地券碑,前人多未及注意。我把这些买地券录文校释后,结合相关研究,认识到这是一批基本上可以界定为民间文献的宝贵资料。

当年5月,我因事到北京,去拜见北京大学李孝聪教授,向他报告正在开展的工作。他很感兴趣,让我在中国古代史研究中心做了一次介绍。邓小南教授了解到我的想法后,嘱我写成论文。当时正在北大中古史中心讲学的黄宽重、朱瑞熙先生也给予了我很大的鼓励。

得到这些鼓励,兼以那几年中我的学术兴趣正逐步从传统的区域历史地理研究向古代民众社会生活与思想研究方面转移,我决心把古代买地券作为一个重要研究领域。当时的想法,主要有三点:

第一,它是真正的民间文献,是那些不太识字或完全不识字的老百姓,请人书写的,书写人多为地理师、阴阳先生、僧道之流,不是士大夫。

第二,人在这个世上,无论荣华富贵抑或穷困潦倒,都是要死的。因此,如何对待及如何处理死,是人生大事。通过买地券,可以窥知古代民众如何看待以及如何处理死的问题。

第三,买地券的源头是战国晚期、西汉时代楚地所出的告地策,因此,我倾向于把它看作南方部分地区(长江中下游或整个长江流域)处理死亡的早期传统。也正是从这时候起,我开始思考"中国历史的南方脉络"这一论题,所以意识到这应当是一个不错的切入点。

我们来到这个世界上,是未经过我们自己同意的,也不曾有人征求过我们自己的意见,所以,我们无从选择"生"。我们当然也无从选择"死",因为死亡是必然,但我们却可以选择怎样死,以及怎样对待死、处理死。这些年来,也可能是随着年龄的增长,我越来越关注死亡的问题。同时,我也越来越意识到,我就是那些普通大众的一份子,和大多数人一样,我也不想死而不得不死,所以不得不去想死亡的问题。对于死亡的关注与思考,以及在死亡面前的平等,是我决意从事买地券研究的一个深层原因。但我不得不说,买地券的研究,没有给我关于死亡的思考带来多少意义,它对于我的一些思考的帮助,并不像我当初设想的那么多。

宋翔:您这本书最重要的贡献之一,应该就是系统校录、考释传世与考古发现所见之汉代至清代的买地券,给中国古代史相关领域的研究者与考古文博工作者提供了一份迄今为止最为全面系统、可资凭信、便于使用的古代买地券释文文本。能不能谈谈您是如何进行这项工作的?在您的研究过程中,有没有遇到什么困难?

鲁西奇:其实说起来也没什么。这是一个劳力活,没有太大的学术难度,更谈不上是什么智慧的考量。工作的步骤其实很简单:

第一步,先在各种考古、文物期刊上,石刻拓本著录文献中,以及部分可以见到的馆藏文物中,辑出已公布的各地买地券,一个字一个字地录出文字。如果前人已有录文,则进行比勘,琢磨怎样释文更合理、更妥当,力争得出一个最为可信的释文本。

第二步,在这个基础上,我着意于考定买地券所涉及的亡人生前的居里、墓地所在的位置,亡人相关信息中所涉及的官称、制度等,以便把买地券材料作为考定、补证某些历史地理与名物制度的史料使用。

第三步,是重新回到买地券本身,分析其所使用材质的变化、使用区域及其演变、文本类型及其差异等,以便分别出各种买地券的类型及其使用区域,从中寻找出某些值得注意的现象来。

这些工作,说不上有什么难度,只是费时费力,考验的是我的耐心、恒心以及目力。做到后来,大概到2011年,其实我有些倦怠了,几次都想放弃。以一个人的力量做这件费时费力的工作,是太累了。

宋翔:在您的书中,明清的买地券所占分量较少,除了您提到的"明清时期特别是清代,很多地区主要将买地券写在纸或砖瓦表面,而不再刻于石、砖之上,所以留存下来的实物较少"这一原因外,您还提到"朋友给我寄来了三种清代买地券的资料,我明知应当把这些材料采纳到书稿中,却顽固地不愿再做修改"。这是否也是一个原因?

鲁西奇:有三个原因吧。这是一个。前面说到的,做到后来,有些倦怠,是第二个。第三个原因,其实,我有些怀疑,到了明清时期,这些买地券,虽然也还在使用着,但对于民众来说,还有多少意义?我看见写在纸上的买地券,以及雕版印刷的类似文本,觉得人们对使用买地券似乎不再那么郑重、认真了,至少是少了一些庄严的感觉。

虽然买地券一直是由营葬的地理师、礼生、阴阳生之类的人书写并在葬仪中实际使用的,参与葬仪的亡人家属或亲人未必了解其意义,但我总觉得在早期的仪式与文本中,比较庄重些,能够看出一些对生命的重视;而到了后来,这些庄重与重视就越来越少了。也许是看得多了,我越来越觉得,从明清买地券里,我看不出太多对于死亡的严正对待与郑重处理了,对于生命的虔敬也因之而减少了。这可能是我的学术背景给我带来的局限,但我确实是这样想的。

宋翔:我们在买地券中经常可以看到这样的表达:"生人上就阳,死人下归阴;生人上高台,死人深自藏;生人南,死人北,生死各异路","生属皇天,死属地泉,生死异域","生居城邑,死安宅兆"。似乎买地券还有一层目的:使生人与死人处于绝对阻隔的状态。您能不能就买地券反映出来的传统时期基层民众处理死亡的方式及其反映的生死观念,跟我们谈谈您的看法?

鲁西奇:我们大概都熟悉《入冥记》的故事,讲述的就是唐太宗被召唤到冥府去进行"冢讼"的事情。人们相信,人死了之后,就归冥府管了,同时也获得了使用冥世司法体系的权力,在阳世间所受的冤屈、不平,可以到掌管冥府司法的阎罗王那里去,提出诉讼,要求得到公正审理。那些非正常死亡的死者,比如被杀、饿死或因瘟疫而死,可以提出诉讼。如果死者未能得到适当的安葬,比如没有棺木或其尸体残缺不完整,他也可以提出诉讼。因为没有棺材,他们在阴间就没有安身之所;尸体残缺,他在阴间也就没有完整的身体。他们还会因为在阳世有人欠了他们的债,而提出诉讼;也可能仅仅因为自己的爱憎而在冥府提出诉讼。

一旦死者提出的诉讼得到冥府的受理,还活着的人("生人")就有可能被传唤到冥府去受审,就像唐太宗那样。冥府还有权传唤阳世的证人,他在作证之后仍可回到人间。成书于5世纪末的《真诰》,记载了许多家庭遭受冢讼的故事,这些家庭已经过世的亲人在阴间提出或受到指控。不能确定成书年代的《赤松子章历》记录了81种冢讼的类型。冢讼一旦提出,无论其是否正确,活着的亲人就要开始遭罪,而很多冢讼会导致无后、疾病、所居不安、所做不利等问题。赤松子就把冢讼归结为死者对生人的祸害。所以,为了生人的福祉,就要尽可能地避免冢讼。最好的避免办法,就是给死者安顿好他的冥世的生活:让他有安全的房屋可以居住,有衣食保障,有奴婢可以使,有车马可以乘,有钱花。这样,他就不会对"生人"提出指控,也就不会因此而干扰"生人"的生活了。显然,买地券就是这些设计中一个重要的环节。

The 30th Anniversary of Xiamen University Press

名家书评篇

为毛泽东思想研究开拓了新的领域

——《毛泽东思想与中国文化传统》读后

在纪念毛泽东九十诞辰的文章中,我曾推荐过汪澍白主撰的《毛泽东早期哲学思想探原》。那本书的可贵之处在于将毛泽东从天上接回人间:从近代中西文化的现实冲突中作具体的历史考察,以研究他早期哲学思想形成和转变的双重渊源。时隔4年,又读到作者的《毛泽东思想与中国文化传统》(厦门大学出版社1987年12月出版)。这部新作虽是单篇论著的合集,但涉及的领域更广,时间跨度更大,融历史叙述、具体考订、思想探索与理论概括于各篇之中,言多有中,新见迭出,其最重要的理论价值即如书名,将毛泽东思想的研究与中国文化传统的研究结合起来,开拓了一个新的研究领域,这是时下很少有人问津的领域。正如作者在"后记"中所说:"时人研究毛泽东思想,大多只溯源马列,不详及近代中西文化论争,亦不深研中国文化传统的继承问题。而有些热衷于文化讨论者,又往往避开马克思主义的传入和毛泽东思想的演变,以至彼此如参商之难以相接。我一向认为,两者之间固有着深刻的内在联系,故不揣谫陋,为揭示此种联系,开始作一些尝试性的探索。"

众所周知,毛泽东思想是中国化了的马克思主义,是马克思主义在中国环境的实践和创造。那么,究竟"中国化"、"中国环境"的具体内容是些什么呢?显然,中国几千年来相对稳定的意识形态——中国文化传统,是其中极为重要的因素之一。关于毛泽东思想与中国文化传统关系的研究,在国内外学术界并非空白,但多限于从文史角度的语句索源之类,拙著《毛泽东的早期革命活动》也只是在这方面就毛泽东的早期思想有所论述。像汪澍白这样将两者作系统深入的比较研究,还属于开创性的工作。近年来,文化研究成为学术界的一个热点,论者多远溯鸦片战争以来中西古今之争,近及当前的改革与开放,对"五四"至"文革"这一大段的复杂演变则

◎人民日报,李锐,1988年3月28日

很少论及。然而,作为一种文化现象来考察,这一大段正是作为西方文化最高成果的马克思主义传入中国,在中国传统文化的深厚土壤中植根、发育、开花、结果而形成毛泽东思想的历史时期。在十月革命和五四运动的推动下,毛泽东和我国一批先进知识分子一道实现了世界观的转变;建党以后,特别是1927年大革命失败以后,毛泽东思想从萌芽、生长到成熟;革命胜利以后,特别是1957年以后,毛泽东本人的思想在前进中又发生曲折演变,终于导致晚年"文化大革命"的严重错误。随着时间的推移,人们对毛泽东本人思想演变会从不同的角度穷本探源,纵横比较,来进行评价。弄清楚它同中国文化传统的关系,这不论是总结过去、对待当前或瞻望未来,都具有重大的意义。

毛泽东是一个土生土长的中国人。五四运动留学高潮之时,他认为研究西学必先通中学,他的职责是守在国内。除两次到苏联外,平生未践西土,他对西方资本主义社会没有直接接触。在土地革命时期,他对仅有的几本马列著作反复研究,独立思考,学以致用。延安时期,他才有可能系统读到一些马恩列斯的著作。"大跃进"失败以后,他才着意研读政治经济学。自早年到晚年,观世立言,待人行事,他受中国文化传统影响至深且巨。新中国成立后,显然对中国古籍更感兴趣,他首倡标点印行的古书第一部是《资治通鉴》,其次是《二十四史》。尽管运用观点,不必引证,但以下情况也绝非偶然:通观《毛选》五卷,极少引用马恩原著,列宁著作也限于哲学,斯大林著作稍多几处,而中国古籍则信手拈来,俯拾即是,从"四书五经"、诸子百家、二十四史、《资治通鉴》到诗词曲赋、笔记小说,能找到几百条成语典故。可以说,中国传统文化是毛泽东一生的主要思想土壤。

一般来说,儒墨道佛尤其是儒学构成中国传统文化体系的主要支柱。这些传统通过毛泽东,在中国革命实践中是如何同马克思主义基本理论相结合的,吸取了哪些,扬弃了哪些,其间的吻合、差异、背离又如何,是非常值得学术界继续研究和深入探讨的。十月革命后,在俄国的中国人将"全世界无产者联合起来"译为"四海之内皆兄弟",又有人将"社会主义"译为"均贫富等贵贱"的"大同之学",等等现象,足以说明弄清楚中国传统文化与马克思主义之间的关系,是何等重要。

众所周知,"实事求是"是毛泽东思想的精髓,也是我们党的思想路线的灵魂,在《实事求是与儒家文化传统》一文中,作者深刻地指出,"实事求是"不仅是运用马克思主义原理对中国革命经验所作出的理论概括,而且也是对中国优秀文化传统的批判继承。儒家思想自孔子以后,即以孟子、荀子为代表，向"内圣"、"外王"两途发展。以后宋明理学家程朱陆王援释入儒，一意讲求"内圣"修养；而陈亮、叶适则致力于事功之学，至顾炎武、颜习斋更提倡"经世致用"和习行哲学，蔚为"实事求是"的学风。毛泽东在学生时代就喜好此种学风，身体力行；参加革命后，更加重视实地调查，反对本本主义，独立地运用马克思主义的基本原理分析中国国情，从而开辟了一条中国式的革命道路。将斯大林指示和苏联经验神圣化的教条主义者，曾嘲讽毛泽东建设革命根据地的创举是"农民意识的地方观念与保守观念"的表现，攻击毛泽东取得反围剿胜利的军事路线是："把古代的《三国演义》无条件地当作现代的战术，古时的《孙子兵法》无条件地当作现代战略。"他们可笑地提出，"这些不合时代的东西——《孙子兵法》《曾、胡、左治兵格言》，只有让我们的敌人蒋介石专有"。作者对此作了一个很好的偶比："如果说，清代诸儒的'经世致用'之学，是对宋明理学空谈心性的一种反动，那么，毛泽东所创导的'实事求是'的学风，则是在钻研马克思主义哲学的基础上，发展了'经世致用'的'实学'传统，是对以王明为代表的"左倾"教条主义的一种反动。"作者还考察了晚清及近代湘学传统的重要特征，理出从王船山—曾国藩—杨昌济，影响到毛泽东这样一条"实学"发展的脉络，尤其对"封建末世的最后一尊精神偶像"——曾国藩为学治事的实事求是精神，给予早年毛泽东的影响，作为切实的论证。在延安发动整风学习时，在《改造我们的学习》等著名报告中，毛泽东对"实事求是"这一命题作了新的科学解释，用它来清算一度在党内占据统治地位的教条主义思想，开创了一代新的学风和新的思想路线，为中国革命在理论方面作出了特殊的贡献。作者指出："实事求是"本是儒家实用理性的表现，它凝炼了传统文化的精华。在新的历史条件下，毛泽东运用马克思主义理论将这个古老命题加以改造，就把中国这条革命巨龙点活了。

如果说，毛泽东的实践观（用他自己的话说就是"知与行"的关系）是在新的革命实践和革命理论的基础上，更多地继承了儒学的实践理性精神，那么，他的矛盾规则从道家学说中汲取了不少营养。作者溯源《易经》和《道德经》，说明毛泽东肯定了古代的两点论（"一阴一阳之谓道"），直接采用了"相反相成"这一命题来说明矛盾的同一性与斗争性，并以老子"祸福倚伏"之说解释矛盾互相转化的道理，经常讲的"一分为二"也是宋儒从《周易》转化而来。当然，毛泽东摒弃了道家在矛盾面前消极无为的守雌观点，而代之以革命精神，正如作者所指出的："在中国革命的长期斗争中，不管内外矛盾何等错综复杂，毛泽东总是尽力创造条件来促使矛盾向着有利于革命的方向转化。"同时作者也指出道家社会发展观中"循环论模式"给予毛泽东的消极影响：从早年"伊古以来，一治即有一乱"的"治乱迭乘"的认识，到50年代和60年代初，将辩证法思想"一分为二"绝对化，否定合二为一，讲共产党的哲学就是斗争的哲学。直至1966年发动"文化大革命"时，毛泽东竟这样提出："现在的文化大革命，仅仅是第一次，以后还必然要进行多次。"作者痛惜地说道："他甚至得出由治到乱，由乱到治，七八年来一次的可怕结论，远远地离开了辩证法，倒退到循环论。"由此也可从正、反两面显示出"文化传统"的启迪意义与惰性作用的互相交织，古为今用谈何容易。

　　毛泽东不但十分重视分析中国国情和继承中国优秀的文化传统，而且也曾主张批判地汲取西方文化。在1940年写的《新民主主义论》中，他明确指出："中国应该大量吸收外国的进步文化，作为自己文化食粮的原料。"问题是在当时所处的农村环境中，实际上很难贯彻这一方针。新中国成立以后，他又一贯强调批判资产阶级思想文化，而长期忽视肃清封建遗毒的严峻任务，以致封建思想文化的阴魂长期附着于社会主义的躯体上，并在马克思主义的名义下附加了许多错误观点。同时由于个人专断、个人崇拜的发展，昧于所谓国际形势的两极对立，以"反修、防修"为国策，一个曾经同斯大林教条主义作过胜利斗争的人，又为斯大林教条所束缚，走向主观意志的极端，推动一次又一次向"左"转的运动，终至出现十年"文革"的巨大悲剧，也造成他个人的巨大悲剧。中国传统文化的土壤，是闭关自守的小农经济和封建宗法专制制度，如不经过彻底的清算与批判，要使之同资本主义经济文化土壤上生长起来的马克思主义相结合，生长出新的花朵，是极为困难的。毛泽东一生的革命实践与理论创造，从正、反两面说明了这个道理。作者回顾这段历史时着意提出，如"大跃进"、"文革"这些严重错误，绝不只是毛泽东个人的问题，而是同几千年来形成的民族文化心理的积淀和近代中西文化冲突交融的曲折历史密切相关的。这样就更能启发读者一道反思。

　　如果中国文化传统可分为所谓的"显形"与"隐形"两种形态，前者自是经过整理修饰和官方认可的历代典籍中的意识形态，后者则是流行民间未作加工的带有习俗感情的社会心理形态。学术界一般侧重于前者，而对后者重视不够。周恩来说过，"毛泽东是在中国的土壤中生长出来的巨大人物"，"是跟中国人民血肉相连的，是跟中国的大地、中国的社会密切相关的"。作者对这方面的问题也有所论及。如毛泽东的早期思想，"企望有圣贤出世，通过改造哲学改造伦理学，来改造现实世界和达到'世界大同'、

'天人合一'的理想世界"。这当然是同他当时所处的社会历史条件分不开的。中国进入近代以来,资产阶级是弱小的,无产阶级人数也不多,而农民小生产者一直是一片汪洋大海。因此志士仁人追求变革的思想,无不涂上一种理想主义的浪漫色彩。从太平天国的平均主义到神拳义和团的咒词谶语,从早期改良主义的悲苦寻求到康有为的大同世界,从章太炎的"五无"圣境到无政府主义的和谐自由,无不具有此种特色。正如列宁在《两种乌托邦》一文中指出的:"一个国家的自由愈少,公开的阶级斗争愈弱,群众的文化程度愈低,政治上的乌托邦通常也愈容易产生,而且保持的时间也愈久。"在这样的经济文化环境中生长出来的革命家和思想家,从思维方式到感情因素,伟大如毛泽东,终于也不能不受到此种历史沉淀的影响。例如,中国农民对"士"——读书人既尊又辱的心态,也反射到"士"本身。毛泽东早年曾经师法的颜习斋,批判宋儒也有过头之处:"读书无他事,只要在行字着力";"读书人便愚,多读更愚"。这不仅轻视理性认识的意义,且走向全盘否定书本知识的极端了。作者就此谈到毛泽东晚年也多次发表过类似见解。如 1964 年 2 月 13 日在春节座谈会上的讲话中说:"历来的状元都没有很出色的。凡是当了进士、翰林,都是不成的,曹雪芹是拔贡出身,明朝搞得好的,只有明太祖、明成祖父子两个,一个不识字,一个识字不多,是比较好的皇帝。以后到了嘉靖,知识分子当政,反而不成事,国家就管不好,书读多了,就做不好皇帝。刘秀是一个大学生,刘邦是个大草包。书是要读,读多了,害死人。"毛泽东好读历史人物传记和笔记小说,《三国演义》《水浒传》《聊斋志异》《红楼梦》常读不厌,从中关注中国农民"梦想平等、自由,摆脱贫困,丰衣足食"的理想。从广大民众意识形态的共鸣角度,去研究毛泽东思想的发展,也许会获得某种比显形文化形态的影响更深刻、更丰富、更具体的内容。

  这本书大体上由两组文章组成。后面一组是继续《毛泽东早期哲学思想探原》的工作,对毛泽东的早期政治、美学、教育思想以及早期历史观等,进行多方面的探讨。作者从第一手材料的翔实考证和精密分析,引出一些新的观点和见解。前面三篇主要是对毛泽东思想同中国文化传统及近代中西文化论争进行宏观探讨。同后面一组相比,这三篇是写意大笔,粗线条的轮廓勾勒,不像对早期思想研究那样工笔细描,铢分毫析。很希望作者能如《毛泽东早期哲学思想探原》一样,继续将中期、晚期思想深入钻研下去,撰写出一系列的毛泽东思想发展史论来。这一工作,对探索有中国特色的社会主义道路来说,也可以启发人们从文化的更深层次来进行历史的反思。

海明威在中国

"人可以被毁灭,但不能被打败。"海明威《老人与海》中的主人公圣地亚哥的这一名言,曾经激励过无数读者。在美国现代文学家中,以描写硬汉性格著称的欧尼斯特·海明威(1899—1961),确实备受我国读者的欢迎。厦门大学出版社出版、杨仁敬教授新著的《海明威在中国》,详尽地论述了我国译介和研究海明威作品的情况,对于理解海明威作品的思想内涵、艺术手法及其影响,会很有帮助。书末附有海明威作品中译本目录,我国研究者的主要学术论著索引,既反映海明威的作品在我国引起的广泛影响,同时也反映了本书研究的广度和深度。

然而,这还不是此书的特色。令人感兴趣的是,本书详细地介绍和评论海明威1941年春天的中国之行,这是他一生中的重要经历,也是长期为研究者忽略的一节。本书第一次系统地以海明威抗日战争时期的中国之行为中心,向读者阐述了此行的目的、经过、收获和意义,并结合当时的历史背景,译出了海明威所写的报道、他的新婚爱妻玛莎后来的回忆录、美国学者的评论,以及辑集的中国报刊的有关报道等,从不同层次来审视海明威对中国的访问。本书编著者在美国访问了卡洛斯·贝克教授,研究了他的权威性力作:《海明威——作家兼艺术家》和《海明威生平的故事》,并从普林斯顿大学、波士顿肯尼迪图书馆、哈佛大学怀登纳图书馆找到了昔日被忽略的材料,还跑遍了有"书城"之称的波士顿十几家旧书店,因而为本书搜集了宝贵的第一手资料。研究有素的编著者,不但译出许多有关的论著与回忆,而且对海明威中国之行的六篇报道也尽量作了一些扼要的评论和分析。这是对海明威研究的新贡献。近年来,研究海明威在国外的经历,已有《海明威在西班牙》《海明威在巴黎》《海明威和特列尔扬》及《海明威在古巴》等书。现在,厦门大学出版社出版了《海明威在中国》,这一新贡

◎香港大公报,文葆,1991年7月29日

献无疑具有国际意义了。

　　1941年2月,正值第二次世界大战,炮火连天,海明威以纽约《午报》记者的身份,他的妻子玛莎·盖尔虹为《柯立尔》杂志的撰稿人,两人经夏威夷飞抵香港,停留了一个月,于3月25日离港去昭关、桂林、重庆、昆明访问,曾在广东前线与士兵一起生活,研究战争形势,考察武器装备。他此行满意地看到了奇特而复杂的中国大地。当时香港《大公报》率先报道,于三四月间最先刊登了林语堂的《美国通讯》和林疑今的《介绍海明威先生》两文。林疑今和冯亦代两位前辈功不可没。林氏最早译出了《战地春梦》(即《永别了,武器》),冯氏1939年前后在香港就译出了《蝴蝶与坦克》《大战前夕》等有关西班牙内战的作品,引起了我国读者的兴趣。

　　在重庆,作为第一个来访的美国记者,海明威受到蒋介石、宋美龄的欢迎,共进午餐,整整谈了一个下午。据说,蒋在交谈时连假牙也没有戴上,传为对外宾的一种"殊荣"。经由王炳南夫人王安娜的介绍,又秘密会见了周恩来,周恩来给海明威夫妇留下了深刻的印象。书中所译海明威访华的六篇报道和玛莎的《我和他旅行记》,是关于中国抗日战争的历史性记录。海明威说过:"作家的职责是讲真话。"他要"用最简洁的形式写下自己的所见所闻"。他的作品始终受到广大读者的注目,也曾受到批评家的非议。本书立足于新视角,提供了新资料,无疑将有助于理解其人与鉴赏其作品。

弘扬中华民族优良传统

——读《鲁迅与绍兴历代名贤》记

《鲁迅与绍兴历代名贤》一书,是绍兴籍杂文作家宋志坚的著作。扉页上有作者题词:"谨以此献给鲁迅诞生110周年,谨以此献给生我育我的故乡。"随着鲁迅诞辰纪念日的到来,我作此读书笔记以表纪念。

对鲁迅,毛泽东在《新民主主义论》中作了全面评价,讲他是中国文化革命的主将,不但是伟大的文学家,而且是伟大的思想家和伟大的革命家。至今,这一定论仍光彩耀目。当前纪念鲁迅诞生110周年最有实效的办法,是对这位伟人所代表的中华民族优良传统的中国精神,加以科学的探索,实事求是的继承与发扬。这一工作是全方位的。宋志坚独辟蹊径,探索鲁迅精神与绍兴历代名贤的精神之联系与影响,这不独对于鲁迅研究,而且对于社会主义精神文明建设,也是有现实意义的。作者说:"鲁迅是中华民族的儿子,但他首先由稽山镜水所孕育。以鲁迅的书信和日记为线索去追溯,我们不难发现,绍兴的历代先贤的精神、思想、学识,包括夏禹为民的卓苦勤劳之风,勾践复仇的坚确慷慨之志,从勾践到王思任、朱舜水,到秋瑾、徐锡麟的爱国主义精神,以及汉魏六朝唐宋明清绍兴为数众多的学者、作家在鲁迅的一生中所留下的痕迹。"这样来从鲁迅精神到中国精神的探索、继承与发扬,应当说是颇有见地的。

循此途径进行这种探索,也是符合实际的。用不着烦琐考证,即就鲁迅青年时期《自题小像》的那首矢志"我以我血荐轩辕"的诗,到他晚年公开表示"中国目前革命的政党向全国人民所提出的抗日统一战线政策,我是看见的,我是拥护的,我无条件加入这战线"的立场、观点,看鲁迅精神与中国精神的血肉关系与联结,不是显而易见么?

这一显而易见的精神实质与联结点,是爱国主义精神,是"不顾任何牺牲去捍卫人民的利益,敢于向一切陈腐的旧事物挑战,顽强地追求进步、追

◎人民日报,胡昭衡,1991年9月25日

求人类解放的'真的猛士'"（宋庆龄《鲁迅画传》序）的精神。鲁迅观察问题从来都是从现实社会的本身出发；鲁迅既是伟大的社会解剖者与自我解剖者的统一，又是优秀的中外文化吸收者与我国现代民族文化的开创者之统一。毛泽东同志说得好："我们应当学习鲁迅的精神，精通中外，吸收中外艺术的长处，加以融化，创造出新的具有独特的民族形式和民族风格的艺术。"

这种鲁迅精神，在今日改革开放情势下更为需要。今年"七一"江泽民同志所作的重要讲话中，指明了建设有中国特色社会主义的文化的基本要求：必须以马克思列宁主义、毛泽东思想为指导，必须坚持"二为"方向与"双百"方针，必须继承发扬民族优秀传统文化而又充分体现社会主义时代精神，立足本国而又充分吸收世界文化优秀成果。为了实现这一要求，我们要继承和发扬一切有利于社会主义现代化建设，一切有利于人民团结、社会进步的积极思想和精神。鲁迅精神就属于应该发扬光大的。

鲁迅精神的养成，离不开当时的现实斗争环境，但从某种意义讲，也同他的家乡有一定关系。"他首先由稽山镜水所孕育"，他不隐讳这一点，他人也这样观察他。1902年6月，他在刚到日本留学进入弘文学院不久的家书照片中，就自称"会稽山下之平民，日出国中之游子"。他在该院读书时的顽强刻苦、努力译著及其志愿表现，被同学们称赞："斯诚越人也，有卧薪尝胆之遗风。"鲁迅赞叹"会稽古称沃衍，珍宝所聚，海岳精液，善生俊异，而远于京夏，厥美弗彰"，为此编撰《会稽故书杂集》，"用遗邦人"，"供其景行，不忘于故"。他这样"笃恭乡里"，其实是为了发扬先贤的优良文化传统，激励后进者为复兴民族做贡献。

越人遗风寓于鲁迅精神之中，当然在他的著作中时有反映。由于今年我国不少地区遭受严重洪涝灾害，我就举鲁迅于1935年11月所作的小说《理水》来作个例证吧。1931年，我国有10多个省遭受巨大水灾，灾民达1亿人，死于洪水及灾后饥饿、瘟疫者多达300万人。这场空前浩劫刚过去不久，鲁迅运用古今"比照"或"对照"写杂文的方法写出这篇小说。一面描述赞颂大禹治水"卓苦勤劳之风"，激扬大禹的"实干精神、忘我精神、开拓精神"，一面隐指当时的现实弊政，描绘与大禹相反的，那些高高在上的"白须发的，花须发的，小白脸的，胖而流着油汗的，胖而不流油汗的官员们"和文化山上的文人学者们，他们视"下民"如草芥，认为灾情再大，也"并不严重"，饥荒再重，也"还可敷衍"，他们治水的诀窍就是截留赈灾款归他们挥霍。宋志坚在该书中谈到，"鲁迅在《理水》中揭露了这些贪官污吏和清谈家的可鄙嘴脸,衬托了大禹的高大形象,在大禹身上寄托了自己对中华民族的希望和理想。鲁迅歌颂大禹是别有深意的。他在中国共产党人的献身精神和实干精神中,看到了大禹的风范"。"我们可以说,在鲁迅'俯首甘为孺子牛'的精神中,是包涵着大禹'卓苦勤劳之风'的。"鲁迅精神与绍兴历代名贤精神之联系,是继承与发扬中华民族优良传统的中国精神,其基点是爱国主义精神与为人民服务精神的统一。这种精神,在今年我国防洪救灾中,正由中国共产党党员、人民解放军、各级干部、各族人民等,从不同层次及方面加以发扬光大。这是实现祖国社会主义现代化建设、振兴中华的正气的精神动力。

评析《中国传统文化与医学》

由中国文化书院院长、北京大学汤一介教授和中国中医研究院医史文献研究所蔡景峰、余派瀛研究员分别作序的《中国传统文化与医学》，确是当代文史医学成功之作。全书内容广博，以医学为核心，旁及各门类，诸如甲骨文、十三经、二十六史，以及诸子百家、政书、类书、文集、诗词、戏曲、名画、宗教、笔记小说、文史工具书，和历代名人学术观点、书法、体育、工艺、航运等等，无不搜集。其内容所及时限很长，上自殷商，下至近代；所及地域很宽，内起中原，外至西域、东瀛、西欧、印度，俨然一部医学文史小百科。兹就甲骨文、十三经、二十六史中部分内容为例，以说明其中撷采有关医学史料之丰富。

甲骨文，是我国商代殷墟古文化遗产，被发掘才80多年，其古奥文字鲜为人识，李良松先生据前哲研究，撷采出不少具体的医学内容史料，并开列成医政制度通析、临床各科探要、针灸、按摩、药物述略、殷商时期内科杂病、妇产科的发展水平等内容。其中一些具体内容，尤值今天研究或借鉴，如提到殷商时期病历档案记已具有一定的语词规格和书写特点。书中列举了甲骨文载录内、外、妇、儿、眼、口、喉、传染等疾病40余种，提到妇女产期预测、妊娠病、难产、奶执（乳头堵塞不通）等内容。这就使读者在甲骨文方面开拓了医史知识视野。

《诗》《书》《礼》《易》《春秋》等13部儒家经典著作，两千多年来一直被视为文化珍宝，奉为圭臬，自然也渗透于医学理论方法之中。李先生搜集了《周易》中涉论医理的37卦辞及"十翼"中有关论述，搜集了《诗经》有关医药学内容，其中收载病症15种，本草及有关生物291种，并按部类品列。提出《论语》是儒医诞生的土壤，儒医注重医德，主张济世为仁，是受孔子"修己以安人"，"节用而爱人"思想的影响。

◎中国图书评论，赖畴，1992年第1期

二十六史,是收载我国五千年社会人、事、物等的重要文献,包含丰富的医药学内容,李先生概之"医政纵横"、"人物春秋"、"临床各科"、"医理杂论"、"养生秘踪"、"文献胜览"、"教育经纬"、"药品经纶"等,一一以表格列出。如"医政纵横"中,详明朝代、机构、官置、史出处;"人物春秋"中,开列医林人物,明其时代、姓名、特点与贡献;"临床各科"中,收录了各正史对传染病的记载;"教育经纬"中,收录了南北朝以来与医学教育有关的内容,表列唐、宋、明、清情况;"药品经纶"中,按史载录药品名、数量,虽不全录,均已略见一斑,林林总总,诚为壮观。

书名为"中国传统文化与医学",笔者理解其旨有三:一是传统文化,自是包罗万千,历史源流久远,必须反映时间、空间关系;二是我国传统文化与中医学之关系,前者为源,后者为流,源流不分;三是寻源探流,立足继承,必须全面探索,吸精取真。笔者以此三点思考,觉得本书在资料搜集、内容布局、表述方法等方面,均体现了命题主旨,具体地说,它体现了纵向关系、横向关系两条线轴关系的布局结构。纵向联系,反映在朝代沿革性方面,先秦、两汉直至近代,依次陈述,铺陈脉络;横向联系,反映在学术门类和断代情况方面,甲骨文、十三经以至文史工具书等,以中医学为主体,经、史、子、集等有关内容交融互汇,相互映辉,纵横交错,泾渭分明,主次有序,使读者对中国传统文化与医学的关系,有较全面的认识。可概之沿革性、整体性、推动性。沿革性,指源流继承关系,反映了时代延伸、学术发展过程;整体性,指内容结构关系,反映了学术领域交叉渗透、不可割裂(尤其是古代哲学、历法、天文与医学之关系);推动性,指发展因果关系,反映了相关学术门类间在内容上相互补充,在发展中相互促进,一定范围内起同步发展的作用。从而领略中医学术源流和精华,同时更加发现中国传统文化之瑰丽夺目,以加强对祖国医学的信心,和对中华民族自豪感的教育都有很大的启迪。

本书表述形式,多夹叙夹议,且多以表格列示内容。所叙史料,均较翔实,每出于亲自摘录。叙议行文,均较明朗流畅,有些还富有创见,发前人所未发。如《山海经》,我国现存最早的地理专著,出自春秋战国时代,秦汉稍有增益,李、郭二君对之进行医药学史料统计,认为它收载药物353种之多,仅次于《神农本草经》。这些药物中,可分为治病、预防、养生、毒性、有名无具体作用的五类,各类均有具体名称和总数。还认为它引起了历代医家注意,《本草纲目》多有引用,但后人却少有研究整理,对其所载药物一直胶于100余种的说法,如第4版教材《中国医学史》即是。又如《齐民要术》,我国现存最早的农桑专著,记载了大量药用植物,据李、郭二君统计,达107种,还有药物栽培、食疗等内容。《说文解字》是我国最早的一部字典,据李、郭二君统计,全书载人体骨骼名称23种,脏腑器官39种,病理名称20种,疾病名称78种,并全部罗列病名。还有诊法、医疗保健、环境卫生等内容,有大量可入药动植物、矿物,均有具体数目依据。《清明上河图》也是我国绘画史上的一颗明珠,作者对该画详细观察,发现画中共有三处诊所,小儿科占2处。作者在入微观察此画之余,夹议于叙,认为宋人"爱小儿"……唐以前无外科、伤科之分,统名"金创折疡",迄宋外、伤才开始分科,此图就是佐证……可见他们观察之细致入微,收集史料之广博翔实。当然,笔者并不认为此书已为完满无缺,诸如有些内容尚可充实,分析尚可深化。

最后借"鸳鸯绣了从教看,且把金针度与人",愿文化医史相得益彰,医史贤达不遗余力,编织出更加瑰丽的图景,为医史增辉。

史论结合 以独特的分期见长

——《世界华侨华人简史》评介

厦门大学陈碧笙教授承原教育部文科教材办的重托,历经多年心血撰写的《世界华侨华人简史》,近日由厦门大学出版社出版。同已往同类华侨史书比较,本书明显具有三个优点。

第一,它不是国别史、地区史,而是以世界范围的华侨华人整体及其发展过程为对象的专业史,这是国内首部较为系统的世界华侨华人历史。

该书的时空界限上下三千年,凡华侨华人所到之处,当在猎取之列。作者开篇就说:"由古到今,由寡到众,由近到远,由体力劳动到脑力劳动,由同宗、同乡、同方言到同胞,华侨、华人人数不断增加,事业日益发展,足迹几遍全世界,而今仍在迅速增长中。"这是对华侨出国的历史、规模、趋向及其在侨居国的社会、经济、政治、文化诸方面变化发展历史的总概括。

书中广泛征引中外历史文献,资料丰富翔实。诸如早期出国的华侨先驱,沿海海上贸易的繁荣发展和福建、广东的人口变迁,资本主义殖民者对华工的迫害和历次华侨的抗暴以至武装起义,踊跃参加辛亥革命运动和抗日战争,当今在世界各地出现的"华文热"和华人社团国际化趋向,最后对华侨、华人前途的展望,等等,叙述真实生动,读后深有感触和启发。众多历史事实说明:华侨、华人继承和发扬了中华民族勤劳勇敢、敢于革命的优良传统,表现出艰苦创业、聪明能干、反对侵略和爱国爱乡的精神,对侨居国的社会经济发展起了重大作用,也对祖国的革命和建设作出了突出贡献。

第二,它不是单纯的史实堆积,而是着力于探讨许多根本性问题,包括华侨的名称和含义、出国原因和实质、发展规律和历史分期等,自成理论体系。

历史上华侨出国的动机、成因各色各样,纷繁复杂,归纳起来不外三

◎南洋问题研究,陈森镇,1992 年第 2 期

种。一属于非经济原因,如因战乱或改朝换代而大规模亡命南洋者共六次;历代封建王朝对外用兵被俘或失散羁留当地不归者亦有好几批,不可胜数。二属于经济原因而采取强迫手段的,如邻国屡次在我国边境购买或俘掠人口,殖民者利用海盗绑架或设站诱招壮丁,继而出现贩卖出国"猪仔"和契约华工。三属于经济原因而自动移出的,主要是国内局部地区人口过剩,地少人多,不得不漂洋过蕃自谋生计。作者认为,非经济方面的原因仅为两三百年才出现一次的偶然现象,只有经济方面的原因,不论被迫或自愿,则是每日每时、持续不断地发生的决定因素。

关于华侨问题的实质和规律,作者摒弃所谓的"殖民"问题、移民问题、国籍问题、亲戚问题等说法,独持"华侨问题的实质是民族问题","就是中华民族向海外的大移动"的观点。其趋势是由北向南移动,从大陆向海洋移动,从亚洲向美、澳、欧、非诸洲移动。因此,华侨出国的规律"应该是中外经济发展上存在有阶段上的差距"。前期由于中国经济发展水平高于东南亚各地,所以开始有华侨、水手出国;后来中国经济水平低于东南亚和欧美各国,造成大量华工出国,这是不以人们意志为转移的客观规律。

第三,它不是以中国朝代更迭作为历史分期的依据,而是以华侨自身的发展进程及其在各个历史阶段的显著特征为标准,因而最能体现本书的特色。

作者从探讨中国和华侨所在国的社会、政治、经济条件入手,紧紧地抓住中国和华侨所在国之间在经济发展水平上的差异,进行了全面的比较研究,确定南宋以来沿海商品经济发展急剧变化,导致华侨出国成为历史上常见的现象作为华侨正史的上限,并以明代中后期海禁开放、鸦片战争、中华人民共和国成立为三条分界线,建构了四个历史时期:(1)华侨开始出现和广泛分布;(2)华侨出国大量增加及其在所在国的社会经济基础逐渐确立;(3)华侨大量出国和华侨民族意识日益觉醒;(4)华侨来自全国各地,分布几遍全世界,相互接触频繁,出现海外再移动等。

以上四个历史分期,各具有特殊的质的规定性,把各个历史阶段相互区别开来,像华人社会的形成(华埠、唐人街)、经济基础的确立、民族意识的觉醒和海外华人的再移动等,均可视为标志华侨历史发展的一个个里程碑。以此写书,方能显露华侨专门史的特色,而不沦为一般历史。其好处在于:从横向看,有利于完整而深入地揭示各个时期华侨在政治、经济、文化、科技各个方面的内在联系及其发展状况;从纵向看,积诸阶段历史之总和,即可科学地反映出国华侨和海外华人再移动的人数增长、分布范围呈现加速度增长、扩大的趋势,以及文化素质、科技成果和经济结构不断提高、优化、蒸蒸日上的变化发展,这是符合历史实际的。

  总之,该书坚持以历史唯物主义为指导,正确运用矛盾分析的方法,对华侨、华人一系列重大理论和史实都有所概括与总结,形成一家之言,以一篇新颖的导论和四篇独特的历史分期成书。观点鲜明,内容充实,条理清晰,文笔流畅,不失为一本好书。

《均田制新探》述评

始于北魏,历北齐、北周至隋唐长达300年之久的均田制度,近四十年来,虽研究成果不断问世,但由于均田制度内涵的复杂、文献记载的漏落,仍有诸多问题尚处在扑朔迷离之中。令人欣慰的是,1991年8月,由厦门大学出版社出版的杨际平先生的《均田制新探》(以下简称《新探》),不论是在广度上,还是在深度上都将均田制的研究推到了一个新的境界。

一

第一,该书所提出的一系列新问题,大大拓宽了均田制研究的广度。

《新探》在开阔研究广度上的贡献,可以从两个方面来说明:一是表现在作者首次提出新问题上;二是表现在前人已涉及,但并未探讨的问题上。以前者而言,如均田制下的田土分布情况,一直是研究者不曾注意的问题,《新探》专列一目,第一次对此论述。又如关于唐代官吏在均田制下的受田问题,过去学者们一直根据《唐六典》卷三《尚书户部》与《新唐书》卷五五《食货志》的记载,认为唐代官吏是受田的。《新探》用翔实的材料,论证当时官吏并未按官品授田。此外,像均田制下唐代西州特殊的田土赋役制度等问题,亦属于作者在开阔均田制研究新领域的贡献。从后者来说,如关于均田制的渊源、沿革,学者们几乎不约而同地追溯到了先秦时期孟子所说的"井田制",把"井田制"下的思想视为北魏实现均田制的思想。《新探》在阐述这一问题时,虽同样涉及了井田制,但却是先从分析秦汉以来我国政论家和思想家关于井田制思想的演变入手,再将演变的内容和结果与实行均田制的总体精神进行比较,论证均田制的渊源,并不是孟子思想的实践,而是孟子思想被历代思想家与政论家发挥的结果。又如关于三长制的问题,作者的研究是从论证太和九年(485)以前北魏早已存在乡里组织和户籍制度开始的,其涉及的内容是前人所不曾注意的。如此种种,其例颇夥,兹不一一悉举。

第二,《新探》对前人和今人在均田制研究中产生的一系列莫衷一是问题的辨析、纠谬工作,深化了均田制的研究。

关于均田制的始行时间、均田制与三长制孰先孰后、奴婢是否"受田"、永业田的性质、均田制是否真正施行等,是均田制研究中中外学者争论激烈、悬而未决的问题。作者对此一一进行了质疑、辨析,并提出了自己的观点。如关于《魏书》卷五三《李孝伯附李安世传》记李安世上疏中"三长既立,始返旧墟"一语与《册府元龟》卷四九五《邦计部·田制》所云"子孙既立,始返旧墟"谁是谁非的问题,过去学者们几乎都是根据自己主观认为三长制的实施年代,或者从成书的早晚上判断,以至存在或认为《魏书》正确,或认为《册府元龟》正确两种根本对立的观点。《新探》认为李安世上疏主要是针对百姓逃亡、豪右乘机兼并土地的现实情况,因为李安世在上疏中先谈到"州郡之民,或因年俭流移,弃卖田宅,漂居异乡,事涉数世",紧接着就讲"始返旧居"的问题。据此,《新探》认为既然是"事涉数世",那么返回旧墟者就不是逃亡者本身,而只能是逃亡者的子孙。然后,作者又从时间上,运用历史计量法和分析、假设相结合的方法作进一步论证。其论证主题鲜明,层次清晰,层层递进,发人深省! 比如关于北魏至隋均田制是否付诸实施、关于均田制下是否存在私田等众多问题精辟结论的得出,莫不如此。

二

《新探》之所以能从深度和广度上深化均田制的研究,应当说同作者所使用的研究方法有密切的关系。概括地说,该书所使用的研究方法,除习见的比较、分析方法外,还集中表现为图表法、计量法、假设和逻辑推理等方法的有机结合和灵活运用。

就计量法与图表法来说,据粗略统计,见于书中统计性的图表近30个。其中包括直观示意图6幅。作者运用计量法与图表法的结果,使大量烦琐、复杂的问题变得简单化和条理化。如作者为了揭示唐代均田制的具体实施情况,便从现存7世纪后期至天宝六年(747)的敦煌户籍手实中,应、已受田情况比较清楚的43户,列成表格,计算出每户的未受田数和已受永业田数、未受永业田数、已受口分田数、未受口分田数。最后,从一目了然的表格中寻找规律、特征所在,总结出:当地虽按宽乡标准计算各户应受田额,但各户的已受田都普遍严重不足,其中永业田常足,口分田恒不足,永业田不足者悉无口分田;各户的田土相当零碎;减丁时有田可退之户甚少;已受田的亩数及其各地段不像西魏大统十三年(547)籍那样落实到均田户内各个受田口上;兄弟分家,平分已受田;买田入籍,充当已受田;没番卫士与逃丁虚挂在籍;在应受、已受田、未受田、永业田、口分田的统计方面,原文书错误甚多。作者通过一个图表,既说明了上述如此众多、繁杂的问题,又节省了大量的表述文字,不难逆见这种方法所起的巨大作用。

至于假设、推理等逻辑方法的运用,《新探》虽不如比较、分析、计量、图表等方法那么普遍,却不乏尝试之处。如作者论证"三长既立,始返旧墟"和"子孙既立,始返旧墟"的乖正时,先假设李安世上疏中谈到的"良畴委而不开,柔桑枯而不采,侥幸之徒兴,繁多之狱作"的严重后果是因"三长既立,始返旧墟",推出李安世上疏至少应在"三长既立"后24年。在此基础上又提出两种假设,再行推理:一是假定均田制实施为太和九年,则"三长既立"应不迟于和平二年(461),二是假定"三长既立"定为太和十年,则均田制的颁布又不得早于宣武帝永平三年(510)。因为这两种推理都是不能成立的,所以作者便认定导致这两种错误结果的前提条件是错误的,即《魏书·李安世传》记载有误。

总之,《新探》所表现的研究方法,一方面为论点的提出提供了基础,另一方面为论证这些论点提供了必要的手段。这些方法是切实可行的,值得我们借鉴和推广。

三

《新探》是杨际平先生多年心血和汗水的结晶。我们在诵读之余,深感下列两点是该书成功的基础和奥妙。

首先,对文献材料、敦煌吐鲁番文书以及考古资料的充分注意与占有,是该书得以超出前人和他人的基础。

众所周知,历史研究离不开资料,任何新理论、新观点的提出,都是建立在材料之上,由于文献中关于均田制的材料极为零散、隐晦,不经过细致推敲、慎思撷取是不可能解决疑问和提出新见的。综观《新探》,其中除不少是宗教典籍、类书、文集等前人所不曾涉猎者,还有不少是过去研究者所视而不见的材料。这些材料经过作者的阐幽发微,起了很重要的作用。如作者修正传统观点中所认为均田制演变肇始于北齐、北周的看法,主要根据是《魏书·任城王传》。又如作者从《魏书·临淮王元孝友传》发现太和十年(486)李冲关于三长制的建议只是原则上被采纳。类似的例子举不胜举!

对敦煌吐鲁番文书的搜罗,尽其所用,反映该书在材料的占有上超出前人和同行学者。由于种种原因,敦煌吐鲁番文书的整理出版,经历了一段步履艰难的历程。自1961年《敦煌资料》第一辑出版,到《吐鲁番出土文书》10册的出版,经过了32年之久。这一情况,不仅影响到学者们对文书的利用,而且由于对文书利用不全,造成研究中的偏颇和错误。目下,《新探》所征引的文书材料,随着文书的全部问世而一览无余。不唯如此,国外所藏文书,《新探》也予以了高度重视,所以,在一定程度上说,《新探》是截至目前国内外研究均田制著作中占有原始材料最为丰富者。因为如此,《新探》不仅得以充分地利用敦煌吐鲁番文书资料与文献材料相印证,使一系列疑难之点涣然冰释,而且还根据文书所提供的超出文献的材料,建立了颇具特色的框架结构,以至出现了像"敦煌、吐鲁番户籍资料确证均田制下私田的存在"、"唐代西州的两种授田制度"等许多引人注目的新内容、新问题。总之,由于《新探》发掘出了丰富的文书材料,并从文书中确立了全书的研究重点和框架结构,所以,就全书的体例而言,给人以新鲜之感;就内容而言,有些虽为老问题,然资料和论证却表现出全新性。

其次,从该书框架结构到内容,从问题的提出和解决,表明作者视野开阔,既有微观的功力,又有宏观的眼光;既熟谙魏晋南北朝隋唐时期的各种典章制度,又有精深的理论水平。

我们说作者视野开阔,一方面是指作者能从历史发展长河中,前瞻后顾,追源探流,从总体上把握均田制的肇始、演变、消亡;另一方面是指作者在微观问题上,往往能从习见的材料中,以小见大,发现前人所不曾注意的问题。前者如《新探》论述均田制的渊源流变时,分析了先秦以来井田制传统思想的影响,阐述了均田制名实俱亡的历史过程;后者如论述世业田时,作者从桑、麻等的生长属性上进行考察,得出了不易之论。

《新探》所反映出来的作者开阔的视野,还表现在作者能够全面注意中外学者在均田制研究中的不同观点、不同意见,并能揭示出问题的症结所在。这里尤其要指出的是书中所引用的大量外文资料,不仅是对国外的研究状况进行了分析,而且在某种意义上起到了将国外的研究情况,介绍到我国的作用。

当然,《新探》也如同任何学术著作一样,并非完美无缺。特别是作为一部主要以敦煌吐鲁番文书为材料来源的著作,因为文书本身的内容并不包含 300 年间均田制的全貌,所以,不免造成作者对整个均田制的探索中,在论述上出现了倚偏倚重的现象。如关于北朝均田制的论述不如唐代详尽、丰富;又如对均田制度下的租调力役制度论述极为简略。不过,总的说来,《新探》致力于学术上的高要求和深广度,洋溢着可贵的开拓精神和创新意识,在均田制研究中达到了相当高的水平,值得广大学者认真一读。

丁玲新时期的散文

新时期一开始，丁玲重返文坛，她的第一篇作品是《杜晚香》。那是她离开文坛近四分之一个世纪后，第一次重新握笔，和阔别20多年的读者促膝谈心，向读者介绍她在北大荒困难时期认识、熟悉的一位女劳动模范、合江垦区的旗帜、一个真正的人。这之后，她接着写了《牛棚小品》《"七一"有感》《我所认识的瞿秋白》等多篇，发表之后，在海内外读者中产生了广泛的影响。一些报纸杂志上也常见到有关的评介文章，引起文学界、学术界的重视。1986年丁玲辞世后，她的遗作、长篇记事散文《魍魉世界》《风雪人间》相继发表，人民文学出版社为此举行了座谈会，与会的作家、编辑对这两部作品交口称赞，认为是作者饱含血泪之作，虽然都是记述一己的生活经历，但却没有一点"小家子气"，是真正的散文珍品。

现在，看到《丁玲新时期散文天地》的新稿，面对这十多万字，我的确有了目瞪口呆的感觉。厦门大学的十几位年轻学者，对丁玲新时期全部近百万字的散文和其他有关资料，作了系统的、深入的分析、研究，打造了一部从思想到艺术、从历史到今天、从微观到宏观这样细致、全面的系统工程。姑不论书中表达的观点、评论是否完全正确、准确，但他们的气魄和他们的拼搏精神，以及他们客观、科学、实事求是地做学问的态度，是很值得人们钦佩的。

我是知道的，新时期丁玲的散文，几乎每一篇的写作都是"有的放矢"，都是有感于当时当地的人和事。这些无须她来说明，《散文天地》的作者从她每篇文章中都发现了，触到了。他们不仅看到了她的写作动机，而且对文章的取材、结构、文字、语言、表现手法、达到的效果都作了纵横的比较，作出了令人信服的评价。在我读来，不止是有趣，还有一种他乡遇故人、谈话有知音的亲切之感。我想，这不是偶然的吧。

◎文艺报，陈明，1993年1月30日

  作者们自己注意到,书稿中的个别章节有部分重复。我想,这本书是10多个人集体合作的智慧的结晶。由每个人分工执笔写成,虽能一气呵成,却难免出现部分重复,是不足为怪的。作者们又热情以此书作为明春"第六次全国丁玲研究学术讨论会"的献礼书目,排印在即,不可能有充裕时间从容修整,这是可以得到谅解的吧。

  70年代末,曾经流传着"代沟"一说,当时议论纷纷。现在,厦门大学中文系这一群年轻人组成的文学新军,对老一代作家丁玲的散文,进行了尽情地、无拘束的评论,写成这本专著。他们的成就再一次证明,新一代文学青年与老一代作家虽然有着年龄、时代、生活经历的巨大差异,但他们可以互相沟通,互相理解,甚至息息相通。"代沟"不是不可逾越的。

  我祝贺《丁玲新时期散文天地》的出版!

  我祝愿厦门大学的同志们在坚持和发扬民族优秀文化传统、在建设具有中国特色的社会主义文学理论方面,作出新的贡献。

"知人论世"的史论特色

——评《李光地传论》

厦门大学出版社推出的许苏民同志的新作《李光地传论》，是一部既具有较高学术质量，又寓于开拓创新精神的史论专著。

作者在本书中采取的研究方法，是宏观立论、微观考史、宏微兼济、史论结合。一方面运用马克思主义的望远镜，善于从总体上把握中国长期封建社会发展到明清之际出现的新动向和时代脉搏，从理论上确立全面评价历史人物应当遵循的原则和价值尺度；另一方面，依靠马克思主义的显微镜，对李光地的一生行迹，学术思想，与康熙朝政密切关系的诸环节、诸层面，以及李光地被诬"三案"的诸细节，进行系统周密的查证调研，剖析入微。宏观与微观、理论与历史的深相结合，使这本传论不同于一般的个人评传而具有了"知人论世"的史论特色和因小见大的方法论意义。

李光地是一个长期被贬斥的历史人物。从全祖望写《答诸生问榕村学术贴子》到章太炎写《许、二魏、汤、李别录》，前者反映了清初遗民的抗清意识，故直斥"榕村大爷为当时所共指，万无可逃者"；后者代表了晚清种族革命的排满意识，故把李光地力主康熙统一台湾也判为"思不义以覆宗国"的大罪。由于全、章的学术权威地位，按流行的政治意识给李戴上了"万无可逃"的政治大帽子，再加以"卖友"、"夺情"、"外妇"等"三案"的诬蔑攻击，遂使李光地受谤蒙冤近300年，几成定案，永难昭雪。只有马克思主义的历史观，才能真正辨明是非，洞察曲折，使历史事变得到合理的诠释。本书的一个突出贡献，就在于坚持科学的历史观及其方法论，敢于一反旧说，冲破多种流行的偏见，尤其是特定历史条件下形成的政治偏见(包括种族偏见等)，从而把前人强加给李光地的各项罪名、诬斥和误断，一一加以重新审视，发掘和占有大量的第一手史料，详加考订分析，终于据实地复原了李光地在清初政治史和学术史上的地位，使李光地被诬的这一历史沉冤得以昭

◎中国图书评论，萧萐父，1993年5月

雪,对形成这一冤案的历史因缘作了清理,尤其是康熙帝与李光地之间的所谓"君臣际合"关系的政治历史含义被赋予了全新的富有深意的说明。这一切,表明了作者积学求真的理论勇气,也证明了这本传论在史学研究中破旧立新的科学价值。

方法是科学研究的灵魂。作者在书中明确阐述并认真贯彻了自己所提出的评价历史人物的方法论原则,即"必须把他放在所处的特定的时代、特定的历史范围内去进行考察,必须以他所处的时代以及和他同时代的人们的'良知'为尺度"。只有如此,才能坚持历史研究的客观性,防止把古人现代化或用现代的尺度去苛求古人。关于明清之际的历史走向及其时代矛盾,作者综合已有研究成果,也作出了自己的明确论断。正因为作者准确地把握了李光地生活和活动的时代,把李光地和康熙帝都看作时代造就的人物,从而能够从十个方面深刻地阐明李光地的历史活动是适合时代需要的,对于康熙时代的经济恢复和发展、社会的安定、国家的统一、民族的融合、文化的繁荣等作出了不可磨灭的贡献,当然也必有其不可避免的历史局限。这些论证和阐释,令人信服。当我国史学界早为康熙帝定了位,但又把康熙时代的文治武功,政治、经济、文化的成就全归功于皇帝个人,这就又违反了历史的真实。本书作者进一步强调康熙帝与李光地等"君臣际合"的历史意义,强调李光地作为"昌时柱石"、一代名相的历史功勋。这样总结历史经验,更有启发意义。

本书作为李光地的传记,有补白之功。而书中对李氏宗族的传统、李光地的少年厄运,求学活动、师友交游,以后仕宦生活的曲折历程和言行建树,学术著作与学术主张,与康熙帝及康熙朝的"朋党"的多角关系,以及在政治、学术活动中表现的个性特征,作了翔实而生动的描述,由于作者下大功夫细读《榕村全集》、《榕村语录》、代皇帝所编丛书及有关文献,详细占有了第一手资料,因而能够娓娓道来,言必有证,文字流畅,结构井然,夹叙夹议,不仅慧解迭出,而且妙趣横生,大大增加了本书的可读性。

作者许苏民同志曾耕读于襄凡,求学于汉皋,英年好学,不务浮明,博涉旧闻,敏求新知,10余年来潜心学术,自甘寂寞,好作深沉绵缈之思,正因为长期笃学精思的扎实工夫,故能在短时间内撰成这一部文情并茂的优秀专著。薪火相传,慧命无穷,我乐于向广大读者推荐这部优秀读物,相信这样的精神劳动成果必能受到珍重和欢迎。

重图兰谱胜前人

——严楚江与《厦门兰谱》

1990年12月由厦门大学出版社正式出版的《厦门兰谱》,是严楚江教授晚年的重要著作。本书荣获首届高等学校出版社学术著作优秀奖。

严楚江(1900—1978),字君白,江苏省崇明人。1926年毕业于南京东南大学农学院园艺系。1929年赴美国芝加哥大学生物系留学,师从美国植物形态学泰斗张伯伦教授,1932年获得博士学位。回国后曾在南京中央大学、北京师范大学、云南大学和厦门大学等校任教。他知识渊博,治学严谨,一丝不苟;执教经验丰富,诲人不倦,授课精辟、风趣,深为学子与晚辈所敬仰。他一生建树良多,发表了一系列有关植物形态与解剖的论文,出版了《植物形态学》(共3卷)及《花果形态学》等重要著作,为我国植物花果形态的研究和植物学的分支学科及农林等应用科学的发展作出了卓著的贡献。他的研究成果得到了国际学术界的重视与好评。

《厦门兰谱》集园艺学、植物分类学和植物形态学于兰蕙研究之大成,是国画艺术与精确植物形态学的完美结合。作者不仅对兰蕙的形态、结构、分类检索作了准确的描述,总结并纠正了前人著述中的不当之处,阐述了自己对兰蕙分类的独特见解,而且以水、墨、丹青为52种兰蕙亲绘精美的彩画,表现了作者精湛深厚的科学功力与潇洒隽永的艺术素养。因此本书具有很高的科学价值与艺术价值。

兰蕙香草素为我国人民所珍爱,中国是"东亚兰蕙"的发祥地,爱兰、植兰、赏兰的高雅风尚经久不衰。尤其是建兰,自宋、明以来,已成为世界名兰之一,其绰约的叶姿、淡雅的花容、清幽的花香、高洁的品格为世人所青睐。厦门是名兰区之一,植兰、赏兰成风,兰之种类与品质兼优,更为世人所瞩目。我国著名的书法家罗丹曾为"厦门素"题诗:"山泽移来不计年,亭亭玉立鹭江边;若将九畹论身价,千古词宗迹共传。"为了弘扬祖国传统文

◎中国图书评论,吴天祥,1994年第1期

化之兰蕙,出于对科学事业之钟爱,严楚江教授从60年代开始,不殚劬劳,以其专长倾心于《厦门兰谱》的著述。凡厦门所有兰属植物,不问为国内原产或由外邦引进概行罗列。厦门以外地区,凡能力所及也加以收集。每一种类,在分类学上不问种、变种、变型或品种的新旧,必摄影彩绘以示色相,并描述花、叶、根、茎、果实与种子,且压制蜡叶标本,以资考证,而存真实,其无品名者拟之,名同而异物者冠以地名以区别之,凡采自山野而形态卓异或久经栽培且不见于书籍图谱者即试定名为新种、新变种或新变型与新品种。严楚江教授历经四个春秋,踏遍福建的崇山峻岭,足迹遍及江浙、两广和海南,采集了300多种建兰、金边兰、墨兰、蕙兰的植物标本,精心培育,进行研究,从中筛选出100种具有代表性的品种进行认真的鉴定、分类与定名,并按其花、叶、根、茎、果实与种子的形态特征给予科学的描述,亲自以精湛的国画手法绘制,使其栩栩如生地展现在人们的面前。1964年,由福建省厦门市市科委印刷发行(8开本,仅20种,非正式出版。新版本16开,52种)。印数虽不多,但捧读之际,仿佛兰蕙阵阵之幽香自书中逸出,令人心醉。其科学上的熠熠英气,更使人赞叹不已。

  严楚江教授在兰蕙植物方面的研究成就,早就蜚声国内外。他纠正了古人在兰属分类上所说的"国兰有香无色,洋兰有色无香"与"一干一花而香有余者为兰,反者为蕙"等等模糊观念,并指出《广州植物志》所总结的"野生建兰经人工栽培而育成无数园艺上的品种"的论断也是不恰当的,因为这种情况是"极罕见的"。同时,严楚江教授又为建兰与墨兰创立了四种标准叶型。此外,他还以无可辩驳的事实,推翻了日本学者把素心兰定为鱼魷兰变种的论点。30年代,虽然日本学者小原荣次郎用中国名兰编了《兰花谱》(三卷本)之巨著,但严楚江教授的《厦门兰谱》又胜小原荣次郎一筹。这是因为小原荣次郎只擅长园艺,而非植物学家,对兰蕙之学名与品种的考订未能达到科学之标准,他所述的兰谱可谓是中国兰海之一粟。况且经千百年来的演变,兰花之新品种层出不穷,过去中外诸兰谱已不能适应现代科学研究之需要。而严楚江教授的《厦门兰谱》却能发挥他在园艺学、植物分类学与植物形态学上的专长,"将兰属之形态首次与以科学性之研究与描述,又精研其新种、新变种与习见之各品种著成分类检索表,且栽植彩绘皆身任之,故其书之广博可颉小原氏之作,而科学上之成就则迥非其比"。严楚江教授的科学手笔,"其准确程度自当与前人不可同日而语"。这些是我国植物学的先驱钱崇澍、胡先骕教授给予的恰当评价。难怪中国科学院院长郭沫若和以上两位德高望重的专家乐于为《厦门兰谱》题词作

序,这在新中国成立后也是绝无仅有的。真是:

出色丹青貌独奇　幽斋绣阁两相宜
姚黄覆玉争夸说　王者香何如此芝
重图兰谱胜前人　描述当知尽逼真
赠我一枝红且艳　题名长寿更清新

《黄道周纪年著述书画考》评介

黄道周(1585—1646)，明福建漳浦人，字幼平，他因曾在铜山孤岛石室中读书，故号"石斋"。明天启年间进士，至明末崇祯时任右中允，在此期间，他上疏指斥大臣杨嗣昌等人，结果被贬官，谪戍广西。明亡后，在南明弘光政权中任礼部尚书，弘光政权覆亡后，又与郑芝龙等人在福建拥立隆武帝，并自请往江西征集军队北伐抗清，但至婺源时被清军所俘，后在南京遇害。

在明末清初，黄道周不仅是一个反清复明斗争中的著名人物，而且他还是一个知名的学者和书画家。黄道周的书法，峭拔方劲，别具一格；在绘画方面，他则擅长画山水、松石。最近，由厦门大学古籍整理研究所副所长侯真平撰著的《黄道周纪年著述书画考》一书，由厦门大学出版社出版问世，全书分为上、下册，约为63万余字。此书为著者积十年工夫的一部学术性、考证性力作，通过对300余种古籍文献资料的排比、订正，较为全面、系统地考证了黄道周一生中的32个字号，50余个亲族，他历年的政治、学术、艺术、生平活动（其中包括上千件年份明确的著述书画作品），以及127种主要单行本著述及其版本，231件行世书法作品，27件绘画作品的创作时间、地点、相关人物、背景、存佚等，纠正了前人的不少错谬之处，并提出了著者独到的见解，从而使此项研究有新的开拓。

《黄道周纪年著述书画考》一书，共分为六个大的学术专题，进行分类考订。其中，第一个专题为"字号考"，第二个专题为"亲族考"，第三个专题为"纪年考"，第四个专题为"著述版本考"，第五个专题为"书法作品考"，第六个专题为"绘画作品考"。在对黄道周一生丰富的著述版本进行考订时，著者又将他的著述分为：《易》类、《尚书》类、《诗经》类、《周礼》类、《礼记》类、《春秋》类、《孝经》类、乐律类、问业类、史学类、制艺类、时论类、奏疏类、类书类、诗赋类、书法理论类、尺牍类、类别待考类，以及为时人选编诗作类、翻刻古籍类、后人整理的别集类等20余个门类，进行学术性订正。至于对书法、绘画作品的考订，则更为细密、精审。

该书的一个重要特点，则是对黄道周的生平纪年、著述及书法、绘画作品进行考订之外，还对黄道周一生的多方面的成就，进行了评论。著者认为，黄道周为明代著名的"三栖"人物，即在政治上，他是个正直敢言的诤臣，又是宁死不屈的抗清英雄、爱国主义者；在学术上，他是明末儒学大师，博学广识，影响颇大，在宋明理学史上占有一席之地；在艺术上，尤其在书法方面，他的草书，特别是行草独树一帜，奇险含蓄，潇洒超逸，名重于时，并且直接影响了后世诸多书法名家。至于黄道周从政的业绩，著者指出有两个方面：其一是正直敢言，针砭时弊，强谏任用贤人，去除奸佞；其二，则是出师抗清与英勇就义。而对于他的强谏和就义，更不宜简单地视为"愚忠"。首先，以历史的眼光，不得苛求他具有反封建的思想和行为。其次，他强调重用正直廉洁的官员，固然有利于封建王朝的巩固，但也可以减轻百姓所受的搯克和欺压。其三，他的就义，虽不免带有封建气节和夷夏之防的意味，但在当时特定的历史条件下，对于一个面临危亡的民族来说，则是可歌可泣的。而在学术方面，著者则在书中认为，黄道周之所以被视为明末大儒，除了他的学术观点以外，还因为他的学术影响。这也可以从两方面来看：其一，他的学生、弟子人数多达三四百人，主要分布在东南地区的闽浙赣苏皖一带；其二，他对弟子及后人学术观点、学风的影响。他的学术思想不仅影响过一些弟子，而且在一定范围内和程度上影响后代学者，以及弟子所在地区的理学风气与传统。此外，著者在书中，还极力称道黄道周的学识与人品，认为他是个知行一致的学者，他的理学，的确是偏向修己以敬、躬行履践一路的，他的直谏、抗清、就义，乃至著述和书画作品中洋溢出来的凛然正气，便是明证。同时，他慎独不苟，致使清望之名，声震天下。这在贪官污吏横行、假道学先生充斥的明季，尤其难能可贵。

总之，此书的出版问世，不仅填补了本项研究的空白，也同时为史学、哲学、艺术、书法、绘画研究工作者，提供了较为系统的有关黄道周的研究资料与研究成果，可供参考与借鉴。

关于地域宗教史研究的若干思考
——兼评王荣国著《福建佛教史》

提　要：本文对地域宗教史的研究基本方向及方法等问题进行了初步探讨，认为地域宗教与全国性宗教通史不同，它拥有不可替代的地位和功能。地域宗教史的学术主题是宗教发展地域特殊性的探索，即地域宗教历时性发展中所特有的规律性。文章提出了独到见解。

主题词：地域宗教史　研究取向　研究方法

近年来，随着中国宗教史学探索的深入，地域宗教史的研究日渐得到重视，并取得不少可喜的成果，《福建佛教史》（王荣国著，厦门大学出版社1997年9月版）正是其中用力甚勤的一部力作。本文试图以该书为例并结合相关论著，对地域宗教史研究的基本取向及方法等问题进行初步探讨，以期推动该学科研究的良性发展。

一

地域宗教史，简言之，即指一定地域范围的宗教发展史。众所周知，宗教在特定地域范围内的展开与拓进往往具有一定的共同性，而与其他地域的发展状况比较却存在着自身的特殊性。宗教发展的这一地域差异正是地域宗教史作为一门学科得以成立的基本前提。就此而言，地域宗教史与全国性宗教通史不同，它拥有不可替代的地位和功能。

令人遗憾的是，地域宗教史往往被当作微观的局部研究，仅仅作为宏观的整体研究的附庸与补充。这无疑取消了地域宗教史的独立性，使之处于尴尬的境地，这种现象将会阻碍甚至误导其发展。

应该说，宏观与微观作为哲学认识论的重要概念，对于人们把握认识对象、调控认知范围与手段等都具有重要的理论意义。然而,宏观与微观是相对而言的,运用这两个概念时不宜忽视两者之间的相对性;不仅如此,在实际研究工作中作出"宏观—微观"二元对立的简单设定与分工也是十分不妥的。当代著名社会学家吉登斯就试图避免"哲学上的二元论强化了这种分工"的倾向,"这两个术语相互之间经常形成尖锐鲜明的对立,似乎意味着我们必须在二者之中作出非此即彼的选择,非得把其中一个看作在某一方面比另一个更为根本的视角","即使在这两个视角之间没有什么相互冲突的地方,也往往会形成一种颇为不妥的劳动分工方式"。①

的确,对历史研究总体性和宏观性的强调并不排斥对局部地域历史的探索,而成功的地域研究也需要总体性和宏观性的内在支撑,两者往往是相辅相成的。以"新的历史学是'全部整体构成的历史'"②为鲜明主张的法国年鉴学派并未轻视地域史研究,相反地,地域史研究始终占据着显著地位,《菲力普二世与法兰西康德地区》《菲力普二世时代的地中海与地中海世界》《朗克多地区的农民》《11—12世纪马贡地区的社会》等等一系列颇具影响的地域研究的代表性著作充分体现了年鉴学派的学术思想,体现了微观研究中的宏观识见。除此之外,微观的局部研究所形成的结论作为某种规律性的认识往往富有宏观性普遍意义。黄宗智的《长江三角洲小农家庭和乡村发展》③与施坚雅的《中国封建社会晚期城市研究》④等都是从地域角度出发探索中国社会的历史结构,总结出具有广泛意义的规律性认识。同时,地域研究也有助于推动和检验全国性通史的探索,巴勒克拉夫曾指出:"微观分析方法使我们有可能检验辛勤劳作的历史学家提出的那些人所共知的论点,而且证明这些论点即使不是错误的,至少也是不充分的。"⑤地域宗教史的研究正是如此。

总之,地域宗教史不是缩小了空间的宗教通史,更不是它的简单补充,后者也不是前者的机械拼凑,以"宏观—微观"的二元对立为二者定位将会使地域宗教史的学术品位难以得到提高。地域宗教史拥有独立的学术地位和广阔前景,也拥有独特的学术理论和研究方法。《福建佛教史》一书在一定程度上体现了地域宗教史的学术自觉意识,它对于该学科的探索是十分有益的尝试。

任何地域宗教史的研究首先遇到的一个问题就是地域范围的确定。目前,不少同类著作往往直接套用现代政区,不太关注政区的历史变迁及区域确定的合理性问题。早在20年代,傅斯年就曾批评了丁文江《中国历史人物与地理的关系》⑥一文按民国省别归纳统计列传人物的做法,他说:

"把现代省拿来作单位,去分割元明清三朝的人物是大略可以的;拿省作单位去分割前此而上的人,反而把当时人物在当时地理上的分配真正 perspective 零乱啦。"当然,一味排斥现代政区的参照意义则是将问题推向另一极端。

基于地域宗教史的学科性质,其地域范围的划定应遵循两个基本原则:一个是历史地理学的原则,即充分考虑文化区域发展的完整性与独立性;另一个是历史宗教学的原则,即全面分析该地域内宗教发展的相近性与关联性。对于福建来说,由于地形的相对封闭,它虽然与周边地区存在着行政与文化的密切关系,但是,它一直是相对独立发展的地理单元;福建佛教的发展也呈现出不同于其他地区的显著特点,因此,《福建佛教史》以福建为地域范围研讨佛教的发展是合理的,也只有这一合理的区域划定才能真正地展开地域宗教史的研究。

二

既然地域宗教史不是局部地域的通史,不是通史的补充与附庸,那么,它就应当拥有自身独特的学术主题。笔者认为,这一主题应该是宗教发展地域特殊性的探索,即地域宗教历时性发展中所特有的规律性。(它与历史宗教地理学不同,后者更侧重于通过宗教地理分布与变迁等一系列问题的探讨来考察宗教空间演变的规律性,著名学者周振鹤教授的《秦汉宗教地理略说》[⑦]一文堪称这一领域研究的开创性典范之作。)如果地域宗教史失去了它的地域性,那也就不称其为地域宗教史。《福建佛教史》的研究正是围绕着这一核心主题展开的,正如著者在"前言"中指出:"本书的写作力求追寻福建佛教自身发展的轨迹,比较系统地反映历史上福建佛教的基本面貌。"对于宗教发展地域性的寻求,大致说来,可以循着以下三条路径进行:一是考察宗教区域化的进程与方式,二是与本土文化相交融而形成的宗教形态,三是与异域文化相交流而产生的宗教现象。这三条路径并不是彼此孤立的,而是相互紧密联系的,在历史的具体进程中往往是浑然一体的,为了研究和叙述的方便,我们才将它们作出适当的区分。循着第一条路径,著者充分考察了佛教在福建的地域传播与变迁,寺院作为佛教传播重要的物化形式,从它的散点式分布到福州、泉州两个中心的确立,再到全省区域分布格局的形成与重组,可以窥见福建佛教区域化进程的总体态势;佛教在福建的传布是佛教区域化的重要方式与途径,著者"变换写作角度,采取分派别、支系阐述其师资承传",尽可能详明地揭示其具体过程。当然,佛教的区域化不仅仅只有这个方面的历史内容,它还包括寺院经济、宗教政策的地方特色等问题,对此著者都有不同程度的关注。循着第二条路径,在佛教与本土文化的融合中,著者提出许多重要观点,诸如"《祖堂集》(中国禅宗最早的灯录——引者注)在五代闽中问世不是偶然的。它与唐末五代闽中禅宗的发展状况有着必然的联系"(第204页)等。循着第三条路径,著者考察了福建佛教与异域文化的双向互动关系,异域文化包括福建的相邻省地区文化,也包括海外不同国度的文化,"福建作为滨海多口岸的地区,不仅外国僧人来华常从福建上岸,而且也是外国僧人归国、本国僧人出国弘法的主要通道之一"(第330页)。异域文化的交流促成了诸多颇具特色的宗教现象。

围绕宗教地域性的探索,为了更全面地反映地域宗教史的面貌,还应注意把握以下几个重要关系:

一是地域特征与基本线索的关系。宗教的地域特征是随着宗教的地域发展而不断变化的,对于它的认识往往是在历史进程的考察中逐渐清晰的;而整体地把握地域宗教史的发展又必须以准确提炼或勾勒其变迁的基本线索为前提,对其发展基本线索把握的错位往往会直接导致对宗教地域特征判断的失误。因此,宗教地域特征与地域宗教发展的基本线索两者是相统一的。不过,需要强调的是,基本线索的确立不能仅仅局限于宗教地域特征的本身,因为地域特征的形成与演变还应该从更广阔的历史视野去把握。地域特征的判定具有较强的主观性,一味拘泥于此会影响读者的独立思考。《福建佛教史》的研究注意到了这个问题,在福建佛教发展的描述中,著者力求以体现福建佛教某些本质性变化的重大事件为线索以展现其进程的全景,与此同时,使福建佛教自身发展的轨迹自然而然地体现出来。

二是自身发展与多维关联的关系。地域宗教史是以地域范围内宗教的发展为主体的研究,这并不意味着它的研究仅囿于宗教自身,而对与之相关的经济、政治、文化等诸多关联问题视而不见。陈支平先生主编的《福建宗教史》®一书紧扣福建的社会文化状况提示其宗教的地域特征,考察了宗教信仰与福建社会结构中政治体制及民间社会管理等方面的关系,并分析社会群体、民间戏剧与宗教信仰的地域差异等问题。同样地,《福建佛教史》也力图在福建的历史的整体面貌中考察佛教的发展,为此著者深入地研讨了会昌法难、黄巢农民起义军入闽对福建佛教的影响,闽国统治者王审知父子及吴越、南唐、留从效据闽与闽中佛教等一系列重要问题,这有助于课题研究的深入以及对佛教自身发展轨迹的准确把握。

三是国家宗教与民间信仰的关系。众所周知,中国宗教的表现形态与西方不同,国家宗教往往与民间信仰交错杂糅,福建更是如此,两者之间有时甚至斑驳难辨。宗教发展的巫觋化、民俗化以及民间信仰作为宗教的重要社会基础对其发展的推动与制约,一直是宗教学研究中十分引人注目的课题。《福建宗教史》一书对此也有一定程度的关注。

这里需要进一步指出的是,宗教的地域性一旦形成,它未必局限于该地域范围之内,换言之,福建佛教未必在福建之内。早在唐末五代,福建就已是全国禅宗活动的重要区域,两宋时期禅宗的发展更为迅猛。福建僧人对法眼宗、曹洞宗、云门宗、临济宗等各宗派的形成和发展都有不同程度的贡献,他们的活动并不局限于本省,其中不少人的活动主要在江西、两湖等地区,可以说,以上各宗派的发展与福建佛教及其文化的地域性存在着千丝万缕的关系。福建在佛教的中国化进程中(特别是两宋时期)扮演着举足轻重的角色,这可能是福建佛教史研究值得注意的问题。

三

地域宗教史作为一门独立的学科,它理应有相应独具特色的研究方法。当然,研究方法的确立并不是主观臆想的,它是由学科的性质和功能决定的,更是随着探讨的深入从经验中逐渐总结出来的。地域宗教史的研究尚未成熟,有关研究方法的发掘也难以完整并切合实际,这里,笔者尝试性地提供几种方法,求教于大方之家。

区域分析法。地域宗教史的研究既然是在一定的地域范围内展开的,那么,它就不该悬浮于该地域的社会文化之上空谈其变迁,可以说,紧扣当地历史的地域特性是研究工作成功的重要保证。区域分析法的运用不仅要体现在将宗教现象作为区域文化的重要组成部分考察,更体现在探讨宗教现象的历史演进的同时充分考虑其地域差异与变迁。著者在《福建佛教史》一书中对佛教在福建从两晋、南朝、隋唐直至明清播迁状况,采取了地理分析的方法,从行政地理和自然地理等方面揭示它的传播路线、中心及分布格局。另外,区域分析法的运用还在于考察佛教发展区域的成长、兴衰及伸缩等问题。与区域分析法密切相关的则是比较研究法。

比较研究法。比较研究往往有助于揭示宗教地域发展的特殊性。从横向比较来说,宗教的地域性尽管是客观存在的,但是宗教在特定的地区内未必总是均质的,《福建佛教史》中对以泉州为中心的闽南地区,以福州为中心的闽东地区以及闽北、闽西地区佛教发展的分析正是一例。这里空间区域横向比较与区域分析法具有许多相通之处。从纵向比较来看,中晚唐大批移民进入闽中时的佛教与两晋南朝时期大相径庭,也同两宋时期佛教的发达存在着较大的差异。从综合比较来说,福建不同区域的历史发展具有相对的整体性,对不同区域的整体发展的比较有利于研讨福建佛教发展地域间的互补性与差异性。当然,比较的方法还可以在全国范围的不同地区、世界范围的不同国家中进行。

统计绘图法。人们经常将一门学科的数学化程度作为科学化程度的重要标志,地域宗教史的研究也应该重视提高数学化程度。另外,区域范围的稳定及对象的明确等也便于数量的确定,有利于计量方法的运用。《福建佛教史》一书借助方志等各类文献统计不同时代不同区域的数量,以明确寺院分布的地域状况,诸如"闽国福建兴造寺院区域分布表"、"宋代福建兴造寺院区域分布表"、"元代福建兴造寺院区域分布表"等等都可见著者的良苦用心。绘图方法一般是以统计为基础的,各类寺院、僧人的分布图将会更形象地反映区域的差异。

三重证据法。三重证据法指的是文献资料、考古发现及田野调查三者的结合。对于文献资料的运用自然是历史学所关注的,而史料运用的准确性又是以史料真伪甄别为前提的,地域宗教史所依据的大量地方史料中存在着的史料伪造、错漏问题十分严重,这要求研究者要有深厚的考证功力。著者十分重视史料的考证,《福建佛教史》的考证精彩之处颇多,如关于马祖道一的肇化地、曹山本寂的披剃地、龟详无了与龟详慧忠的师承等方面的考辨。考古发现在相当大的程度上可以弥补文献资料的不足,对于史学研究的意义已不必多加论述。至于第三重证据,近年来日益得到研究者的重视。葛兆光曾指出:"……其实在宗教史研究中甚至可以提倡'三重证据法'。如果说,第二重证据是上古的考古资料,那么,第三重证据就是现时的田野调查。现存的民俗资料经过统计和分析,能够为我们映证许多古代的事实;很多研究者大脑里也许只是几段抽象史料的古代宗教现象,很可能就在活生生的调查资料中重新组合成可以理解的事实。"⑨这种方法是文化地理学研究的重要支撑,因为文化现象在其发源地逐渐消失后会在所传播扩散的周边地区适度地遗存,林托思就曾以此阐述他的"边缘遗传"理论⑩;作为研究者,我们可以从文化形态的实际遗存中去推求已消失的现象。实际上,这种研究方法已在实践操作中取得相当可观的成果,地域宗教史的研究完全可以采用这一方法。

地域宗教史的理论与方法的探讨同它本身的蓬勃发展相比较,显然是滞后的。笔者提出一些初步看法,向学界同仁请教,以求起到抛砖引玉之功效。

注释:

① [英]安东尼·吉登斯著,李康、李猛译:《社会的构成》,三联书店1998年版,第233～234页。

② [法]勒高夫主编:《新史学》,上海译文出版社1988年版,第17页。

③ 详见[美]黄宗智:《长江三角洲小农家庭与乡村发展》,中华书局1992年版。

④ 详见[美]施坚雅:《中国封建社会晚期城市研究》,吉林教育出版社1991年版。

⑤ [英]杰弗里·巴勒克拉夫:《当代史学主要趋势》,上海译文出版社1987年版,第128页。

⑥ 载《努力周报》第43、44期,《东方杂志》第25卷第5期,《科学》第8卷第1期,1923年。

⑦ 载《中国文化研究集刊》第3辑,复旦大学出版社1986年版,第56～88页。

⑧ 陈支平主编:《福建宗教史》,福建教育出版社1996年版,第460～506页。

⑨ 《文献、理论及研究者》,载《中国史研究》1995年第2期。

⑩ 芮逸夫主编:《人类学》,台湾商务印书馆1975年版,第129页。

民间文献出版的宏大工程："吧城华人公馆档案丛书"

记得小时候就听见一句很有名的话："凡有炊烟的地方，便有华人的足迹。"中国人最迟从晚明开始就已经成规模地漂洋过海，移民他乡了。其中南洋群岛尤为移民的首选之地。因为距离中国本土不算最远，依靠信风来往的贸易船只，比较容易往返于福建、广东、浙江等省与印尼诸岛、马来半岛、泰国之间。其中印尼诸岛的福建侨民最多，尤其是巴达维亚（今雅加达）从明清之际到今天始终存在着一个庞大的华人社会。

对于世界各地的华侨，历来有许多研究著作，这些著作多从中国的传世的官方文献与侨居国的有关文献去追寻原始材料，虽然做出了重大的成绩，但还是有点缺憾。这个缺憾不是别的，就是原始材料的不足。由于明清时期的政府视移民他国为不忠于朝廷的行为，晚清以来这种思想虽有所改变，但其时国力又已衰落，不能起到保护侨民的作用，所以有关华侨的中国官方文献实在显得过分薄弱。另外，于许多侨居国而言，对华侨历来也多采取排斥与限制政策，对于华人社会的成长与发展更少有完整的官方记录。但是在世界上一些主要的聚集地，自成社区的华侨社会又是侨居国社会的重要组成部分，是历史学者不能避开的一个研究领域，因此对于华侨社会民间文献的发掘就是一个很重要的工作。

现在这种发掘工作已经开始有丰硕的成果出现了，那就是"吧城华人公馆档案丛书"的编辑与该丛书中《公案簿》第1辑的印行（厦门大学出版社2002年版）。吧城即上面提到的巴达维亚，在这座城市附近，从明末以来就存在着一个闽南人社区，其极盛时期的户口达到数万人之巨。这样一个社区，没有一个自治机构以及管理法规显然是无法正常运作的。于是1742年（干隆七年），华人公堂正式设立，处理社区内华人的诉讼、婚姻、丧葬、户籍、宗教、建筑等事务，以维持社会的正常运转。本来荷兰东印度公

◎文汇报，周振鹤，2003年3月7日

司入侵印尼之后,早在1619年就任命华人甲必丹,以管理华人事务。公堂设立以后,社区的管理工作趋向规范,一切华人处理自己事务的原始记录基本上都被保留了下来,成为一批数量极大的档案,这些档案起自1772年,终于1978年,经历了200多年时间。在这两个多世纪当中,世界发生了翻天覆地的变化,就中国而言,从所谓"康乾盛世"到清朝覆亡,从北洋军阀到国民政府,从新中国成立到改革开放,令人何止有沧海桑田之感。一个海外华人社区的档案竟然能在世变沧桑的背景下,完整无损地保留下来,这件事本身就有点不可思议。再看看档案本身,包括《公案簿》《成婚注册存案簿》《户口簿》《新客簿》《寺庙簿》《公司簿》《种痘簿》《身份证明书》《建筑许可证》以及文教、社团等等方面,几乎提供给我们一个活生生的社会全息变迁图景,无异于一个丰富而又宝贵的史料库。

单就已经出版的《公案簿》第1辑而言,覆盖的只是3年多一点时间的民事案件的处理过程,但内容已经相当丰富,总共有经济案件、妇女婚姻案件、社会治安案件、公堂规章制订等等共580起。经济案件中又有欠贷款、欠药费、欠船税、欠赌资、欠工钱、生意纠纷、家产纠纷、典当纠纷、高利贷纠纷、租卖房屋纠纷等等内容。这一切还只是这一大批档案的冰山一角而已。如果把全部吧城华人公馆档案出齐,势必成为迄今为止最大规模的民间文献的出版工程。社会史的研究是新世纪历史学领域的四大热点之一,这样大规模的民间文献的出版必然要为社会史的研究提供一片新天地,这是无可怀疑的。事实上,整理校注了《公案簿》第1辑的荷兰莱顿大学教授包乐史与中国厦门大学教授吴凤斌,还同时著述了《18世纪末吧达维亚唐人社会》一书。这部书就是依据上述档案的一部分做出来的,其中主要关涉到公案与婚姻方面。比如,在1775—1791年间,有58位女性离婚,89位女性再醮,分别占成婚注册女性总数的3.28%与10.06%,都出人意料地偏高。尤其是再醮率如果能有同一时期的国内数字与之作比较,将会是很有意思的研究课题。

总而言之,吧城的这些档案,其价值真是难以尽述。当然整理这些档案也不是一件易事,两百年来,上千册簿籍经过烟熏火燎、虫蛀霉烂,必须先经过除虫杀菌去污、粘贴装裱分类,再装订编目等辛苦工作以后,才能整理校注。而校注又是一件更繁难的差事。档案绝大部分以中文写成,也有小部分以马来文写就。但即使是中文文献,不加校注,一般读者也是不容易全部读懂的,因为其中不但有各种俗字,而且还有不少是闽南话特有的语词(包括从马来语借来的词),即使我这样地道的闽南人,读起来也有不少疙瘩。因此整理出版这部"吧城华人公馆档案丛书"真是一个嘉惠学林的盛举。我们希望能尽快看到丛书的全貌,也希望在《18世纪末吧达维亚唐人社会》之后,能有更多以此丛书为资料基础的研究著作问世。

当代日本华侨华人社会的全方位综合研究
——《中日关系正常化以来日本华侨华人社会的变迁》评介

的确,长期以来有关日本华侨华人研究,无论在研究队伍的阵容,抑或相关的研究成果方面都无法与东南亚华侨华人研究相提并论。这也就意味着在日本华侨、华人的许多研究领域还有待进一步拓展和深化。然而近年来,在不少学者的不懈努力下,这种情况已有所改观,并取得了一些令人瞩目的突破性进展。由朱慧玲博士撰著的《中日关系正常化以来日本华侨华人社会的变迁》一书无疑是其中的杰出代表之一。

《中日关系正常化以来日本华侨华人社会的变迁》(以下简称《变迁》)一书是作者于2001年9月提交答辩并获得通过的博士学位论文,指导教师为厦门大学南洋研究院庄国土教授。2003年6月,作为获得第二届日本侨报社"华人学术奖"的优秀著作,该博士学位论文的日文翻译本由日本侨报社在日本出版发行,并被日本华侨华人研究领域最著名的专家之一、日本华侨华人学会会长游仲勋教授称为"第一部真正全面系统研究日本华人社会的学术著作"。2003年9月,《变迁》一书的中文本入选"厦门大学东南亚研究中心系列丛书:东南亚与华侨华人研究系列"之十,由厦门大学出版社出版发行。

在篇章结构上,《变迁》一书共分为8章、4个附录,共计21万字。各章的题名如下:第一章,绪论;第二章,中日关系正常化以前的日本华侨华人社会;第三章,中日关系正常化以来日本华人社会的"外在"变化;第四章,当代中国留日热潮及其对日本华人社会的影响;第五章,迅速崛起的日本新华侨华人;第六章,日本老华人社会的"内在"变化——政治和文化认同的华人化;第七章,日本新老华侨华人的华人化进程之比较;第八章,从日本华人社会的变迁看21世纪发达国家华人社会的发展趋势。4个附录分别为:一、朱慧玲问卷调查样本;二、朱慧玲一期个人采访调查记录;三、各章图表分布状况;四、参考资料。

以下,本文仅就《变迁》一书在选题、研究方法、研究成果的学术价值及其现实意义等方面的特点作一个简要的评介。

一

首先,在选题上,《变迁》一书是将当代日本的新老华侨、华人均作为其研究对象的主体,并将他们视为一个整体来探讨,目的在于对日本的新老华侨、华人进行全方位、多角度的综合比较研究,包括对不同世代老华侨进行纵向比较,对不同群体新华侨、华人之间进行自我比较,对新老之间进行横向比较,以便能够纵横交错地来综合比较日本新老华侨、华人之间的异同,并由此来探讨当代日本华人社会的总体发展趋势。实际上,《变迁》一书这一研究对象的确立是针对以往有关日本华侨华人研究中长期存在着"重老轻新"、"单一群体"及"孤立"研究的倾向而做出的选择。所谓"重老轻新",指的是在以往的中外学者的有关研究成果中,有关日本新华侨、华人的专著寥若晨星。这种现象不仅与日本华人社会的新老构成比例的"逆转"不相适应,而且亦与新华侨、华人的迅速崛起形成了巨大的反差。至于所谓"单一群体"及"孤立"研究的倾向有二:其一,指的是以往的研究大多是对老华侨、华人社会,或者是对新华侨、华人社会中的某一部分人如原留学生、就职者等个别群体的"单一群体"的研究,既不足以反映日本华人社会全貌,也远不能满足迅猛发展的日本华人社会的实际需要;其二,则指的是以往的研究多限于对日本华人社会自身的"孤立"研究,大多没有将日本华人社会置于国际人口流动的大潮中,置于发达国家华人社会的大框架中比较研究,至于将日本华人社会中的新、老两个群体,放在同一个历史背景下运用在史学、社会学等理论进行综合比较研究的成果更是凤毛麟角、寥寥无几。因此,就研究的对象而言,《变迁》一书首次将日本的新老华侨、华人作为一个整体和主体来考察,并从中加以比较和分析,这在选题上较之于以往在这一领域的研究有了一个较大的突破。

其次,在对日本华侨华人社会进行考察的时间定位上,《变迁》一书是将其研究的重点和考察的时期定位在当代的日本华侨华人社会。中国移民东渡日本的历史源远流长,早在明末清初时期,随着当时中日民间海上贸易的兴盛,在日本的平户、长崎等地已有大批华侨聚居,并形成了早期日本华侨社会的雏形。近十年来,中日学者对历史上各个时期的日本华侨、华人问题进行了开创性的研究,尤其是在近代旅日华侨中"长崎华商泰益号"的研究方面取得了一系列的研究成果。相对而言,以日本新华侨、华人为研究对象的论著显得较为薄弱,相关的研究成果亦是屈指可数,尤其是对 1972 年中日关系正常化以来直至 2000 年近 30 年间日本华侨华人社会的发展和变化更是少有人问津。然而,实际上自中日邦交正常化以来的 30 余年间,日本华人社会无论是在"量"上抑或"质"上都发生了空前的巨变。其中,"量"变主要表现在从 70 年代初至 2000 年的近 30 年间,包括华侨在内的所有合法在日中国人和华人总数已由 70 年代初的 5 万~6 万人激增至 2000 年的 40 多万人,这种情况与战后至 1972 年近 30 年间华侨、华人人口始终徘徊在 5 万~6 万人的状况形成了强烈对比。当代的日本华人社会在"量"变的同时,还发生了知识化、专业化、多元化、华人化(当地化)等"质"的巨变。有鉴于此,《变迁》一书的主题旨在对近 30 年间日本华人社会的巨大变迁进行综合分析、考察,并借此来探讨 21 世纪初期整个发达国家华人社会的发展趋势及其面临的问题,其选题立意之高远由此可见一斑。

二

在《变迁》一书中,作者将日本华侨、华人史定位为世界移民史的一部分,其中当代的日本华侨、华人史也是当代发达国家华侨、华人史的重要组成部分。正是基于这种新的研究思路,作者在研究方法上沿着中日关系发展这条历史脉络,在对史料文献、统计资料研究与社会调查(包括问卷和采访调查)的综合研究的基础上,运用史学和社会学方面的理论,采取横向和纵向比较的方法,探讨和分析中日关系正常化背景之下的日本华人社会的变迁。同时,作者还通过对日本新老华侨、华人政治认同和文化认同,华人化进程的动态分析,以及对不同"个体"和"群体"的个案研究,从中勾勒出当代日本华人社会整体发展变化的历史轨迹,并在此基础上预测主要发达国家华侨华人社会在 21 世纪初期的发展态势。具体而言,《变迁》一书在研究方法上的创新,主要体现在以下三个方面:

第一,在历史学方面,作者从中日关系史的角度来考察当代日本华侨、华人史。中国人移居日本的历史与中日关系史息息相关,亦是中日交流史的"晴雨表"。因此,在该书的第二、三章,作者从中日国家关系、文化交流和贸易往来史的角度,考察日本华侨、华人史。通过中日关系发展这一历史主线，勾勒出日本华人社会变迁的历史轨迹和轮廓，以此来探讨中日关系特别是中日关系正常化对当代日本华人社会"量"变与"质"变的重大影响。

第二，在社会学方面，作者从社会学的角度来考察日本华人社会内在和外在"量"与"质"的巨变。之所以如此，是因为当代日本华人社会的外在"量"变与"质"变，主要起因于新华侨、华人的激增，而其中的留日学人又是日本新华侨、华人最基本的来源。因此，在该书的第四、五章，作者先是从在日中国留学人员入手，从中日两国社会的国际化、两国有关政策法规的改善等角度，通过计量分析，考察当代中国留日热潮对日本华人社会"量"与"质"变的巨大影响；进而运用新旧对比的方法，考察日本新、老华人社会"质"的异同；而后通过对职业范围、社会处境、自我心态等问题的探讨，考察当代日本新华侨、华人的崛起。在该书的第六章，作者运用了美国社会学家博格达斯（Emory S.Bogardus）的"社会距离"量表，通过对"'二战'前"、"'二战'后"和"中日关系正常化后"三个不同历史时期生长起来的日本老华侨、华人进行自我纵向的比较研究，并在考察不同时代的老华侨、华人在婚姻观、归化观和社团归属意识等方面的变化的基础上，分析日本老华人社会与日本社会的"距离"变化，从中探究老华人社会民族认同（即政治认同和文化认同）华人化的内在"质"变过程。在第七章，作者运用了美国著名社会学家戈登（M.M.Gordon）有关"衡量民族关系的七个变量"的理论，一方面比较日本新老华侨、华人的政治认同和文化认同的华人化在程度上的差异；另一方面则以新老华侨、华人不约而同地迅速华人化的事实，来阐述和论证当代日本华侨、华人社会在整体上正处于一种急速华人化进程中的观点。

第三，在历史学和社会学的结合方面，作者从史学和社会学角度来定位日本华人社会，并从中预测发达国家华人社会的发展趋势。在该书的第八章，作者先是从史学的角度归纳中日双边关系、中国对外开放战略和日本的国际化战略（及其派生出的吸纳外国人的政策）对日本华人社会变迁的巨大影响；而后从社会学的角度归纳少子化、高龄化社会的日本改"排斥"为"吸纳"外国人的政策转变之必然；进而站在过去30年间日本华人社会变迁的基点上，根据国际人口迁移的"推拉理论"，预测21世纪前30年间发达国家华人社会的发展趋势，从中探讨整个发达国家华人社会面临的共同课题以及各有关方面应有的对策。

三

为了对近30年来日本华人社会变迁过程做近距离的考察和研究,《变迁》一书的作者利用其在日本留学的机会亲自深入日本华人社会,进行了广泛的社会调查(包括问卷和采访调查)。其中,问卷调查是以日本的老华侨、华人为对象,共设42个问题,内容包括:基本属性、归属意识、对侨团和侨校的评价、对在日生活的评价、对中国政府侨务政策的评价以及对加入日本籍的态度。采访调查则是作者对30多个日本主要侨团和4所侨校的100多位主要负责人进行的个别采访调查。此外,作者还充分利用了他人的社会调查资料、日本政府有关部门的统计资料以及日本的中文报刊资料,尤其是《中文导报》《日本新华侨报》《东方时报》和《留学生新闻》(被称为日本新华侨、华人社会的"四大报刊"),从中来搜集、整理有关日本新华侨、华人的大量资料和数据。因此,作者在其著作中无论是观点的提出,抑或论点阐述和论证,均建立在丰富而又翔实的资料数据基础之上。

研究成果的学术价值通常取决于课题研究选题的学科前沿性、开创性,文献资料收集和整理的全面性、及时性,研究方法的科学性、创新性以及所得结论和观点的准确性与可靠性。纵观《变迁》一书的学术价值与现实意义,主要体现在以下三个方面。其一,在对史料文献、统计资料研究与社会调查(包括问卷和采访调查)的综合研究的基础上,对日本华人社会过去30年的变迁轨迹作了全面系统的考察和分析,并在此基础上预测其未来30年的发展态势。其二,从史学和社会学角度,对当代日本华侨华人社会进行全方位、多层次的透视,为华侨华人社会研究提供了一个解剖研究的范例。其三,通过对日本等发达国家华人社会的研究与探讨,为中国政府制定21世纪发达国家华侨、华人工作的方针政策提供了一些参考性意见和建议。这种系统而又全面研究所得出的观点和结论,不仅将有利于中国政府有的放矢地开展21世纪发达国家的侨务工作,同时也有利于华侨、华人在当地的生存与发展,有助于华侨、华人居住国政府提前做好应对的思想准备。所以,就研究成果的学术价值和现实意义而言,《变迁》一书在一定程度上填补了此项研究的空白。

尤其值得一提的是,《变迁》一书将近30年间日本华侨华人社会的变迁视为整个发达国家华侨华人社会变化的一个缩影,是构成当代永久性人口国际迁移的重要组成部分之一。换言之,通过对近30年间日本华侨华人社会的变迁的考察和研究,可以从一个侧面反映出发达国家华侨华人社会的变化轨迹。为此,作者一方面参照人口迁移推拉理论,预测21世纪初的20年间,日本华人和在日中国人总数可能直逼甚至逾百万,而且更为年轻化、专业化、知识化。这就预示着一个以知识型华侨、华人为主体的日本新华侨华人社会规模将进一步扩大,日本华侨华人社会空前大发展的时代已经到来。另一方面,同样根据推拉理论,作者预计到21世纪上半叶,发达国家华人社会人口将可能由目前的600万~700万发展到2000万~3000万,是目前发达国家华侨华人社会总人口的3~5倍。针对未来发达国家华侨华人社会在"量"和"质"上的巨变将给华侨华人社会本身、华侨华人的祖(籍)国、华侨华人的移入国带来诸多始料不及的问题和课题,作者在其著作的结论中指出:要实现使中国人的海外迁移行为成为对华侨和华人、对居住国、对祖(籍)国三方均有利的"三赢"目标,不仅需要上述三方的共同努力,而且需要国内外相关学科的专家学者,以"旁观者"冷静、审慎、科学的态度,对有关问题进行多学科的深入的综合性调查研究。

当然,我们也注意到《变迁》一书中所论述的当代日本乃至发达国家的华侨华人还仅限于通过合法途径进行迁移及定居的华侨华人,至于对近十几年来通过各种"非法"途径前往包括日本在内等发达国家的华人跨国迁移活动的研究和探讨尚未充分展开。实际上,有关华人的非法跨国移民也是构成当今国际非法跨国移民活动的组成部分之一,并已成为包括中国在内的相关各国政府及学术机构共同关注并亟待加以深入研究和解决的重要课题。因此,只有在相关各国及国际社会各方的共同合作和一道努力之下来防范和打击非法的跨国移民活动,我们才更有理由相信21世纪的华侨华人社会将更加辉煌。

《中国百越民族经济史》评介

2003年7月,厦门大学出版社出版了林蔚文的新著《中国百越民族经济史》。百越民族经济在整个百越民族历史上,占有十分重要的地位。百越民族著名的水稻种植、纺织业、造船业、铜铁手工业等等,更在中国古代社会产生过巨大的影响而为中外研究者所瞩目。一个多世纪以来,尤其是中国百越民族史研究会成立20多年来,国内外许多专家、学者对百越民族的名称、族源、分布、文化习俗、社会政治、经济等方面展开了深入的研究,取得了可喜的成绩。但有关百越民族社会经济等方面的研究力度尚感薄弱,此前没有一本专著问世。因此,林蔚文研究员的这部新著,不但是百越民族史研究领域颇具研究深度和力度的著作,而且在中国百越民族史乃至中国南方民族史的研究领域中填补了一项空白,其意义十分重大。纵观全书,笔者以为有以下几个主要的特点。

第一,作者十分熟悉并充分运用现代丰富的文物考古资料,深入挖掘中国古代文献的有关资料,同时注意结合人类学、民族学和有关学科的研究成果进行论证,给人以研究基础十分扎实的感觉。如在人口与土地、商业等章节的论述中,作者注重于文献资料的深入挖掘和论证。在农业、手工业、纺织业等章节的论述,则充分利用南方各地丰富的文物考古资料加以分析和运用,引用的有关资料达几百条之多。与此同时,作者又能熟练地将文献、文物考古资料和人类学、民族学等方面的资料结合使用,相互印证,从而达到很好的研究和论证效果。

第二,该书在充分运用各种资料的同时,还注意利用图片的说服力。书中不但附有彩色照片,在有关章节还适当安插部分文物遗址或器物图,数量达几十幅之多。这些图片的编排和使用,不但给人以图文并茂的感觉,而且也在一定程度上增强了学术论证的力度,达到了很好的效果。

◎民族研究,蒋炳钊,2004年第6期

第三,该书视野广阔、立意新颖。众所周知,在百越民族史研究领域,由于涉及的时空广泛久远而内涵复杂,兼之古代文献资料的极端缺乏,百越经济史在中国南方民族史研究中,始终是一项难度很大的研究课题。这也是一个多世纪以来,中外学术界始终未有一部百越民族经济史问世的主要原因。10多年来,作者围绕百越民族经济史这一重大而又艰难的研究课题,锲而不舍地进行深入的研究,终于取得这一重要的学术成果。书中的许多研究内容,可以说不乏精辟论说和发前人所未发者。如作者对百越人口和土地制度的研究,对纺织业、建筑业、制陶业、玉器和竹木漆器制造业、酿酒制盐业、交通运输业和商业的研究等等,都具有不同凡响的功力而让人有耳目一新的感觉。诚如日本著名人类学家国分直一先生在该书的序言中所说:"我个人认为,这是一部视野广阔、立意新颖的大作。如此出类拔萃的学术成就,以日本文学院的教授审核标准来看,绝对可以称得上是第一流的研究者。相信《中国百越民族经济史》的出版,将成为这一领域不可或缺的重要文献。"

鸿篇巨作《台湾文献汇刊》

10年前,我召集一批专家学者,开始从事《台湾文献汇刊》的史料整理工作,从策划、搜集、甄别、整理、编辑到今天正式出版,经过艰苦努力,这套多达100册的鸿编巨作终于问世。

台湾是中华人民共和国不可分割的一部分,统一是全中国人民的共同心愿。为了早日实现祖国统一,深入开展台湾问题研究是人文社会科学界义不容辞的神圣职责。然而,就目前台湾问题研究的现状而言,祖国大陆的研究水平尚未明显高于台湾学界。自20世纪50年代以来,台湾地方当局及台湾银行经过20年的努力,搜集编辑了大型《台湾文献史料丛刊》,共整理出版各种文献资料400余种。这套文献丛刊成为迄今为止研究台湾问题最基本和最重要的资料。

该丛刊固然规模宏大,影响广泛,却是极不完备的。因为它只能网罗台湾岛内的文献资料,而不能顾及台湾之外特别是大陆收藏的众多文献资料。大陆许多图书资料部门所收藏的有关台湾问题的文献资料,无论在数量上还是质量上,均可超越《台湾文献史料丛刊》,因而亟待我们去搜集、整理和出版。更为突出的是,近年来由于台湾某些别有用心的"台独"分子极力在台湾推行"文化台独"活动,在台湾问题的学术研究上蓄意割断台湾与祖国大陆的渊源联系,使得文献的正常整理研究受到了很大阻碍,学术研究日益出现了偏颇的"去中国化"的恶劣倾向。正因为如此,《台湾文献汇刊》的整理出版,不但可以在学术上迅速超越台湾方面在这一领域的研究成果,在一定程度上消除台湾方面的诸多影响,更重要的是能够以扎实厚重的文化积累的形式,增强包括台湾人民在内的所有中华儿女的向心力,有力地打击一小部分"台独"分子进行"文化台独"的阴谋,为祖国统一事业作出实实在在的贡献。

◎厦门大学报,陈支平,2005年1月21日此次整理出版的《台湾文献汇刊》共分7辑。第一辑是"郑氏家族与清初南明相关史料专辑"。现在存世有关明末清初的文献比较稀有,本辑中收集的文献基本都是首次刊出的手写孤本和传抄孤本,对于深入了解郑氏事迹和南明史实,具有不可多得的史料价值。此外,由中国第一历史档案馆整理的郑成功家族满文档案,是研究明末清初相关问题的最原始文件,其价值不言而喻。

第二辑是"康熙统一台湾史料专辑"。关于康熙统一台湾,是台湾当局最为忌讳的问题,因此当年编辑《台湾文献史料丛刊》时,编者有意无意地回避这部分文献史料的搜集整理。在当前一小部分"台独"分子日益猖獗的关口,我们把康熙统一台湾的历史原貌呈现给广大读者,显得尤为必要。

第三辑是"闽台民间关系族谱专辑",收录福建沿海地区有大量关于移居台湾记载的民间族谱,这些族谱有力地印证了福建与台湾血缘文化关系的不可分割。

第四辑是"台湾相关诗文集",主要是清代从大陆派往台湾担任官职或前往台湾谋生任教的知识分子所撰写的文献,多为民间稿本或手抄本。这些珍贵的稿本和手抄本从各个不同的角度和层面反映了台湾社会的历史文化面貌。对于进一步审视台湾社会文化以及与祖国的紧密联系,提供了更为直接的历史证据。

第五辑是"台湾舆地资料专辑"。清代台湾延续中华民族的文化传统,纷纷撰修地方志书及其他舆地文献。但是由于当时台湾的文献资料较为欠缺,不少台湾地方志的撰修,往往是借助于福建的人力、物力而完成的,所以有相当一部分台湾地方志书的稿本、未完稿本,保存在大陆。这些文献的刊出,相信可以大大推动台湾问题研究的发展。

第六辑是"台湾事件史料专辑"。清代台湾由于政府管理上的混乱和民间移民社会的动荡局面,民众暴乱时有发生。到了清代后期,日本殖民主义者野心勃勃,不断侵犯台湾,制造出许多事件。《台湾文献史料丛刊》虽然对于这些事件的文献有所收录,但是顾忌良多,有所隐讳。此次把许多至今为止未见治台湾史者所引用的罕见文献整理印行,填补了《台湾文献史料丛刊》的这一严重缺陷。

第七辑是"林尔嘉家族及民间文书资料专辑"。板桥林家是清代台湾最具社会影响力的显赫家族。其后裔林尔嘉先生又是不愿与日本人妥协、在日本军队占据台湾地区之后愤而内迁福建厦门鼓浪屿定居的爱国人士。如此,把林尔嘉家族等与台湾相关的文件资料整理出版,能够使我们更加认识到台湾人民热爱祖国的情怀。

走进台湾画家余承尧的山水世界

余承尧晚期的作品更加收放自如（王文静翻拍）

他是余光中的堂叔，56岁才开始自学绘画，却开创了现代中国山水画的新风格，在台湾被公认为"足与齐白石、黄宾虹、潘天寿、傅抱石齐名"，"唯一能与大陆画家李可染抗衡的人"。

缘起

两岸长期以来的隔绝，使得大陆对余承尧所知甚少，"余承尧犹如海峡对岸一座云遮雾障的大山，看不见真容，连名字都很陌生"。

幸而近日厦门大学出版社出版了由厦门大学艺术学院美术系副教授刘一菱所著《余承尧的绘画艺术研究》，该书有图片和照片160多张，25万多字，像一位优秀导游，穿透时空，娓娓道来，谈及余承尧的传奇人生、艺术道路、绘画特点、成就探源以及他在艺术史上的地位与意义，带着您不知不

◎厦门日报，王文静，2006年5月12日

觉进入了余承尧的世界。

洪惠镇在该书的序文中说:"在台港澳地区以及国外,有关余承尧的研究专著已经出版多种,但大陆还是空白,所以刘一菱这本书的出版,等于填补了一项中国画学术研究的空白,其意义自不待言。"

"邂逅"余承尧

余承尧是余光中的堂叔,福建永春人。作者刘一菱的祖籍也在永春,并且故里和余承尧相邻。刘一菱向本报记者讲述了她和余承尧的缘分。1990年左右,刘一菱读研究生还没有毕业,曾经听一位有名的国画家何老师对她说,台湾有个老将军画家余承尧,是永春人,无师自通,画得很棒。那时刘一菱不知道余承尧是何许人也,主观以为是因为他的将军传奇经历,所以才那么轰动。不过,还是由衷感到自豪,因为家乡又出了一位名人。

后来,刘一菱又听人讲起厦门大学艺术学院教授、厦门市美术家协会主席洪惠镇在厦大校园"邂逅"余承尧的故事。那是1991年的一个黄昏,洪惠镇在校门口遇到一位正在漫步的老者,感觉似曾相识,猛然想起台湾权威美术期刊之一《雄狮美术》1986年第11期有这个人的专题介绍《艺坛传奇——余承尧》,洪惠镇顿生好奇心,尾随其后,追

作者刘一菱老师展开余承尧的代表作之一《长江万里图》的图册(姚凡摄)

到当时的厦大旅馆才鼓足勇气上前问他是不是余承尧先生。老者惊讶地回答是,然后问他是谁,怎么知道他。经过此番奇遇,两人一见如故,成了忘年之交。1993年,余承尧在厦门去世,洪惠镇亲笔书写了一对挽联:"此生传奇 最终竟是丹青大手笔 令列国惊仰 斯世高寿 到底因为道德好楷模 俾后人追崇。"

2003年5月14日,也就是余承尧去世10年之后,《厦门日报》推出

《余承尧:海峡传奇画家》的报道,并刊载了余承尧所绘《长江万里图》局部。这是刘一菱第一次看到余承尧的画作,深为震撼。她说:"本来以为老人学画,多是自娱自乐,没想到余承尧真是画家中的画家,画面的空间、结构处理得非常自如,在那么小的一幅画里,黑、白、灰的处理真是太棒了! 我们平时上课给学生讲结构,自己画画也很注重结构,寻找的就是这种感觉,却达不到,没想到在余承尧的画里,感觉就这样出来了。"

那一刻,刘一菱真正萌发了研究余承尧的浓厚兴趣。"余承尧几十年孤身蛰居台北深巷陋室作画,而我个人也非常崇尚耐得寂寞的生活方式,在自己的天地里自得其乐。所以我内心很景仰他。他的人生是一个传奇,他的作品也是一个传奇。"

"收集"余承尧

研究一个人,就要占有大量有关这个人的资料。刘一菱家里,堆满了各种相关的画集和书刊。她说,有的是借来的,还有要来的、买来的,基本上有关余承尧的重要资料手头都占有。

这些资料的寻找相当不易。刘一菱经常要写信索借资料,有时还要到上海、常州见余承尧的儿女。资料中有向厦门余承尧的女儿借来的《山水清音——余承尧画集》;有余承尧送给洪惠镇存念的《余承尧九十回顾:千岩竞秀》;她还写信从台湾要来了余承尧甲子年夏日所作《大江忆写图》;当她得知台湾1990年成立的家画廊是推动余承尧艺术成就三家重要画廊之一,家画廊的老板王赐勇是台湾收藏余承尧的画最多的收藏家,有百余件他的书画作品,她就给王赐勇写信,王赐勇寄来《艺术新闻》杂志刊登的《世纪传奇:余承尧收藏展》专题,并请秘书写贺卡一张,"敬佩您对余承尧艺术之热忱与专注,随函特附上余老作品图录之光碟片一张,内含水墨、彩墨及书法作品共168幅"。

在厦门大学艺术学院读油画专业的研究生台胞熊润珍女士也帮了刘一菱不少忙。在台湾帮她买了好几本和余承尧有关的美术书籍,如《台湾美术家一百年》《台湾当代美术通鉴》等。熊润珍女士还请她台湾的朋友复印了雄狮美术出版的《余承尧的世界》这本书,带给刘一菱研究参考。刘一菱连台湾最新出版的和余承尧有关的书籍都找到了。

为了配合余承尧在香港的个展,1987年香港曾经出版了《余承尧的艺术》一书,为了找到这本书,刘一菱托香港的大学同学找到香港汉雅轩画廊,画廊的人说已经过了快20年了,最后才在仓库里找到一本。

余承尧的画作是家乡两座山的范影,余承尧自己说:"刚开始画,不知道画什么,就画家乡两座山。"因此,刘一菱三赴永春,拍了大量故乡山的照片,还借来了余承尧的义女捐赠给余承尧故里的《乐舞水山:余承尧传奇》《乐之山水:余承尧画展》两本书以及《高阳余氏族谱》《永春县志》等。

"传播"余承尧

在刘一菱眼里,余承尧画画,感知、理解和行为都很纯真,像余承尧这样不期而然地走上绘画道路并取得开创性成就的人,真可谓是空前绝后;而且在研究余承尧之前,刘一菱研究西方著名画家塞尚好几年,她把塞尚和余承尧作比较,认为两人堪称"百年邂逅"。因为塞尚的主要艺术特点是秩序、结构的实在性,塞尚认为自然本身是混乱的,画家的任务是把其秩序化、条理化,而余承尧的作品正是非常讲究画面秩序感。

当她发现大陆没有余承尧的画集,甚至连专业人士对他都不够了解时,让更多的人了解这位海峡彼岸的传奇画家,就成为刘一菱的一个心愿。

2003年10月,刘一菱第一次去余承尧故里,回来之后写了《金秋夜访余承尧故里》的随笔。2004年夏天,她又写了3万多字的《大雅不相师 真情自启通——试探传奇画家余承尧的艺术》一文,可惜没有发表。后来,刘一菱希望能出一本余承尧的小画册,一问出版社,100页铜版纸印刷就需要八九万元,只好打消这个念头。2004年6月,厦大"南强丛书"发出征稿启事,刘一菱写了申报表,2005年5月10日签了约稿合同,直到2006年3月终于完成此书。神奇的是,3年前,刘一菱无意中捡到一只奄奄一息的鹦鹉,带回家饲养,鹦鹉十分乖巧,经常停在刘一菱的画架上,还会学说话,给埋首写作的刘一菱许多慰藉,而在这本书出版之后,鹦鹉也飞离了刘一菱家,仿佛已经圆满完成了它的"任务"。

刘一菱说,希望明年两岸画家和研究学者能在福建举办一次余承尧的画展和研讨会,对此,台湾收藏家和学者也深有兴趣。

余承尧简介

余承尧1899年生于福建永春洋上村阪内厝,是20世纪80年代末轰动台湾画坛的传奇人物。他出身贫寒,天资聪慧,早年留学日本,1946年

308

以中将军衔从国民党军界退役经商，1949年被留日同学汤恩伯强拽上去台湾的国民党军舰，从此与大陆的妻儿天各一方，一别就是整整40年。

他孤身蛰居台北深巷陋室，怀念故乡永春和军旅所涉河山，思如泉涌，意象勃发，情山活水，夺手而出，56岁自学绘画，风格独具。他画画没有师承，凭着极高悟性与顽强韧性，以自然为师，以笃诚为本，以数十年军旅生活登山临水的丰富记忆为灵感，创作出一幅幅感人肺腑的作品。《长江万里图》《山水四连屏》等是其代表作。

余承尧

68岁时，他被海外一些著名美术评论家发现并受邀参加国际画展，然后又经过20年的孤独寂寞才获得台湾画坛的承认，一时声名鹊起，一夜之间由被拒之美术馆门外的"素人画家"变成各路展览非常受欢迎的明星。他的作品《群峰如剑断云开》由台湾省立美术馆永久珍藏。

1989年10月2日，年过九旬的余承尧在义女的护送下返回厦门和永春，探望40年未见面的家人乡亲。1991年年初在厦门美仁新村购楼定居，1993年4月4日，以95岁高龄安逝于厦门。

余承尧的艺术独立于传统与时潮之外，秉持"大雅不相师"、"真情自启通"、"一勤天下无难事"的信念，不经意间对传统中国山水画诸观念技法如构成、造型、笔墨、色彩等均有突破性成就，开创了现代山水画的新风格，在台湾被公认为"是一位了不起的开创者，足与齐白石、黄宾虹、潘天寿、傅抱石齐名"，"唯一能与大陆画家李可染抗衡的人"。

推进美国城市史研究的新尝试

——评《美国新城市化时期的地方政府:区域统筹与地方自治的博弈》

厦门大学美国史研究所与厦门大学出版社合作,出版了一套"新城市化丛书"。这一套丛书共5册,涉及美国新城市化时期的地方政府、公共住房政策、市民社会与城市公共空间、百年来的纽约大都市规划和禁酒运动等。厦门大学人文学院历史系王旭教授和厦门大学政治学系罗思东副教授合著的《美国新城市化时期的地方政府:区域统筹与地方自治的博弈》系这套丛书之一,该书从新城市化的视角,探讨了美国新城市化时期的地方政府如何在区域统筹和地方自治之间博弈求存,以及美国文明如何在民主和效率之间折中取舍等问题。

一

本书首先提出了"新城市化"的概念。王旭教授钻研美国城市史多年。他认为,大都市区化是20世纪美国城市史的基本特点。美国在大都市区化方面先行了一步,其他国家或地区迟早也要步入这一阶段。这些认识在本书中升华为"新城市化"的概念。作者在总序里即明确提出,美国城市史应分为传统城市化和新型城市化两个前后衔接但迥然有别的阶段。在传统城市化时期,中心城市占尽风光,而郊区只不过是城市的陪衬。但是到了新城市化时期,人口、就业、财富等都涌向郊区,郊区与中心城市呈现出新的态势,大都市区形成多中心、多节点、分散化趋势:郊区或城市外围地区逐渐反客为主,成为带动区域发展的引擎;中心城市的集聚和辐射效应依然存在,但在区域经济中的主导地位有所下降;与此同时,在郊区普遍兴起的城镇中,出现一些经济独立性很强的次中心,与原有的中心城市共同

◎美国研究,曹升生,2010年第3期

构成复中心或多中心结构,优化了区域资源配置和生产力布局。这样发展的结果就是城乡关系有了实质性的良性互动,城市化从单纯的人口转移型向结构转换型过渡,进入高级发展阶段。与此相适应,城市与区域规划、市民社会和社会群体关系、地方政治和政府政策等,都发生了明显的变化。笔者认为,"新城市化"概念的提出,超越了先前的"大都市区化"概念,从内涵和外延上阐释了美国城市演化的新规律,它的学理意义在于纠正了近年来一些学者所鼓吹的中心城市大势已去的错误观点,契合了"中心城市与郊区的命运是紧密相连的"的事实。

但作者并没有止步于此,而是选取了地方政府这个切入点来进行研究。事实上,新城市化时期的一个突出矛盾是,一方面地方政府数量多如牛毛,分化割据;另一方面大都市区又不断出现很多管理缺口或真空,与大都市区一体化发展的客观要求背道而驰。为此,在实践上,百年来美国城市出现了兼并、合并或联合的种种试验,但成功者寥寥;理论上有区域主义(Regionalism)、公共选择学派(Public Choice)和新区域主义(New Regionalism)互争雄长。从本质上说,地方政府与地方政治的发展,折射出了整个美国政治基本架构的问题及深层因素。美国城市史名家戴维·腊斯克(David Rusk)也曾断言,一方面,"美国真正的城市问题是种族和经济隔离,是它在美国主要城市地带催生了众多的底层阶级";另一方面,"正是地方政府的碎片化导致了种族和经济隔离"。王旭在《美国城市发展模式》中探讨新型城市化时发现,地方政府如何适应新型城市化是一个非常有价值的问题,值得深入探讨,后来以此为题申请到了国家社科基金,正式开始这一系统研究。

作者阐明其思路是,以历史学研究方法为主,辅之以政治学、经济学和社会学等学科的理论和方法,以 20 世纪美国城市化转型以来大都市区发展的总体背景为切入点,梳理美国大都市区化过程中经济结构、社会结构和空间结构的变化对地方政府权力分配的影响,总结其成败得失,为不同地区对于大都市区经济、社会问题管理模式的选择提供合理的解释和分析。遵循这种思路,作者对章节做了精心安排。第一章概述了美国城市从乡村到城市的传统城市化阶段和从城市到大都市区的新型城市化阶段的具体表征,第二章对大都市区的横向蔓延和地方政府零碎化现象做了概括,第三章则阐述了"进步主义运动"之后三大市政体制的确立及其各自利弊和采用情况,尤其对城市经理制和市长及议会制的亚型——"首席行政次官制"做了十分精确的评析。接下来的三章则是本书的精华所在,作者对区域主义、公共选择学派和新区域主义的理论与实践进行了切中肯綮的分析。

二

融史实于理论,是本书的一大特点。这集中体现在对公共选择学派的概括和评析中。通过对诠释美国民主的经典著作《论美国的民主》的研读,以及对公共选择学派主将查尔斯·蒂堡特(Charles Tiebout)等人代表性著作的撷取,尤其是对公共选择学派集大成者文森特·奥斯特罗姆(Vencent Ostrom)的《美国地方政府》《美国联邦主义》和《复合共和制的政治理论》等著作的阅读,作者认为,美国人的自由和自治传统,是从思想上和行为习惯上理解现代地方体制的出发点。如果政治民主被理解为多数的民众对政府的控制与操纵,那么实现这类控制的方式就是民众对公共事务的广泛参与、领导权的分散,以及个人能力在政治中发挥作用。在规模适当的地方社区,政治上的草根民主与经济上的市场价值得以相互融通,成为公共选择学派解释地方政府"百衲被"现象的思想源泉。具体而言,无论是蒂堡特的"用脚投票"(voting with their feet)的公共服务市场模型,还是以"多中心体制"(polycentricity)提供公共服务的契约模型,都是以消费者的共同偏好作为标准,来确定提供服务的范围和水平,进而确定地方政府的功能与边界。一言以蔽之,地方居民发展了作为公共选择条件的大量地方自治单位,也将对个人权利的保障和对政府权力的限制落实到了基层,多层次的、包含众多政府单位的复合制共和国成为联邦主义的独特产物。美国式自治和民主应以地域为基础。接下来,作者对最能体现公共选择学派主张的专区做了颇为详尽的分析,明确了作为"次优选择"的专区的存在的必要性和可能性,以此凸显公共选择学派对市场经济普遍性价值的肯定和对民主精神、公共参与的强调。循此而进,作者对公共选择学派主张的多中心治理在城市化中的表象——居住区协会和社区发展公司,进行了深入研究,指出前者的封闭性和后者的开放性。最后作者对公共选择学派进行了评价:公共选择学派与区域主义的基本分歧在于,前者将地方政府仅仅视为公共服务的提供者,因此注重效率;而后者则认为政府应该代表公民共同体承担更多的政治与社会职能,注重的是平等与公平。概言之,前者在逻辑上属于实然范畴,而后者属于应然范畴。

深度的延伸是与广度的扩大相辅相成的。"只有将不同层次的正式政府组织和各类准政府组织、非营利组织、企业和利益集团等社会组织综合起来考察,才能理解美国地方政府和施政过程。"全面系统因此成为本书的第三个价值所在。

在区域主义的论述中,作者先对标志大都市区政府理论形成的代表性著作,即保罗·斯杜邓斯基(Paul Studenski)的《美国的大都市区政府》和维克多·琼斯(Victor Jones)的《大都市区政府》,做了简洁有力的介绍。随后,作者直接进入与此理论探索并行的大都市区政府改革的实践,首先对兼并(即中心城市对周围没有建制的土地和人口的兼并)的产生、决定及其过程、制约因素等做了详备的探析。作者继而从动因、政治过程、合并政府的结构与服务、成效与问题等四个方面阐释传统改革方式之二的"市县合并"。对传统改革方式之三——"联邦式"大都市区政府,作者则主要采取典型案例的方式来予以说明。作者援引莱克伍德方案说明城市县,引用1957年成立的佛罗里达州的迈阿密-戴德县政府来说明"双层制"大都市区政府,用1967年建立的明尼苏达州明尼阿波利斯-圣保罗双城大都市理事会和波特兰的大都市服务区来说明"三层制"大都市区政府。这些实践客观上检验了区域主义所主张的大都市区政府理论,作者将上述改革的困境归纳为四点:理想色彩浓厚,所主张的全能政府是不现实的,有悖于美国根深蒂固的自治传统和小政府偏好,不符合政治权力郊区化的现实。这个总结是非常精确的。20世纪90年代,区域主义东山再起,作者将其复兴的机缘和新主张归纳为"借助于20世纪70年代以来美国公民社会传统的复苏,以问题为驱动,治理为核心,主张政府与社会合作,鼓励公民个人、私营部门和非营利组织积极参与区域性事务,以弥补政府体制处理区域性事务的效力不足。同时强调州政府的作用,以州议会的立法来替代联邦政府的援助项目,实施区域性规划"。

三

努力客观地审视美国新城市化的历史、现状和未来,是本书的又一特点。

作者肯定了城市经理制这种美国最为盛行的市政体制。在溯源城市经理制的基本原则时,作者认为它的第一项原则就是政治职能与行政职能的分离。由市议会承担立法职能,城市经理负责行政管理。议会职能属于政治范畴,城市经理属于行政范畴,两者互不干涉。在对第二项原则,即城市经理必须保持中立进行探讨时,作者指出,将行政权力集中在城市经理手中,城市经理对议会负责,最终受市议会控制,由此既保证了行政机构承担相应的政治责任,又可以凭借城市经理及其下属机构的专业化管理提高行政效率。城市经理也就可以免于政治纷争,保持中立。作者认为追求效率是城市经理制的本质特征,并指出其理论来源乃是20世纪初的科学化管理运动。而在剖析城市经理制的不足时,作者指出它的第一个缺陷就是政治和行政部门的职能无法严格区分,城市经理难以保持行政中立;第二个缺陷是城市经理制政府同样需要一定的政治领导权威和责任。

结论部分显示作者的总体认识。作者的第一个结论就是美国城市的发展应该分为传统城市化和大都市区化两大阶段,唯有如此,才能从大都市区的宏观角度切入来认识高度一体化的区域问题。在大都市区化时期,郊区风头正劲,而中心城市却颓势频现,由此引发众多社会、经济问题和文化冲突,而地方政府如何在此背景下适应大都市区化发展的需要,自然是学派论争的焦点和实践博弈的中心。从实践上看,新区域主义还是有所收获的,美国联邦政府和州政府在地方事务上,尤其是涉及区域性的问题上,也是有所作为的。第二个结论是要适度保护地方政府的积极性,并认为这是美国地方政府的性质决定的,城市经理制就是体现地方自治和专业化行政管理真谛的绝佳案例。第三就是联邦政府和州政府的政策间接促成了地方政府碎片化的局面。总而言之,大都市区体制改革为时尚早,而大都市区治理前景颇为光明。作者的这种认识与美国学者的见解不谋而合。美国学者罗斯·斯蒂文森(Ross Stephens)和内尔逊·维克斯塔姆(Nelson Wikstrom)在《大都市政府与治理》中谈到大都市区问题时总结道:"我们必须区分大都市区所固有的问题和那些源于地方政府碎片化的问题,后者可以通过建立一个大都市区政府予以解决,而前者则不行。"

本书还提出了许多新问题。比如,作者论及美国构建没有大都市区政府的大都市区治理模式的最新尝试时,提到了美国政府采取"授权"方式鼓励社区探索适宜的治理模式。其实,"授权区"项目(empowerment zone)是1994年克林顿政府在"再造联邦主义"旗号下,借鉴英国的企业区(entriprise zone)项目,采取自下而上的方式而不是先前的自上而下模式,强调动员社区的所有力量,通过减免税收和放松监管来吸引企业投资,从而复兴美国城市衰变地区的方案,前后经历了三轮,最后一轮至2009年年底。它是美国探索大都市区治理模式的新思维与新实践,值得跟踪研究。

《东亚华人社会的形成和发展：华商网络、移民与一体化趋势》评介

当前，经济全球化进程加速和区域经济一体化趋势加快的现实，不断提示人们要对其由来及未来的发展趋势作进一步的思考。从历史和现状来考察，海外华人高度集中在东亚地区，这一现象既是地理因素使然，更是东亚经济贸易圈的形成和发展所致。虽然自19世纪中期以后，东亚商圈的凝聚力受到欧美西方势力的强烈冲击而有所下降，但是自20世纪后期以来，随着东亚经济的腾飞，东亚商圈的凝聚力再次聚集和提升，并且在区域经济一体化进程中再现活力。如今，东盟"10＋3"（东盟10国和中、日、韩3国）建构的提出和实施，其历史渊源正是来自传统且仍具活力的东亚商贸圈。

庄国土、刘文正教授新作《东亚华人社会的形成和发展：华商网络、移民与一体化趋势》（以下简称：《东亚华人社会》）一书，正是通过系统考察和研究东亚华人社会形成发展及其与中国大陆互动关系的历史，进而论证东亚经济一体化进程中，华人经济体之间进一步整合的可能性以及其在东亚经济一体化进程中的先导作用的又一力作。全书分为绪论、正文（3篇18章）和结论几个部分，共计70余万字。其中，正文的三篇依次题为："东亚华商网络、中国海外移民与华侨社会的形成"、"侨政和东亚华人社会的转型"、"东亚华人经济崛起及其一体化趋势"。结论部分题为："东亚华人：以中国大陆为中心的资源整合"。纵观全书，各篇、各章以及结论部分，环环相扣，循序渐进，首尾呼应，达到内容与结构上的高度统一。

"以史为鉴，可以知兴替"，道出了历史研究对于把握现实、展望未来的关键作用。正是基于史学工作者的强烈历史使命感，《东亚华人社会》的作者以其广阔的视野和独到的视角，从选题、研究对象和内容以及论点、论据等方面，大处着眼，小处入手，力求对中国海外移民、海外华商网络和华人

社会形成与发展的历史脉络,以及当代东亚华人社会的转型及其经济崛起所呈现的一体化趋势等课题,进行了全方位、多层次的系统考察和深入探讨。诚如作者所言:"本书的研究目的,并非说明中国应当如何利用华侨华人资源,而是试图通过重构东亚地区华人华侨社会的形成和发展及其与中国大陆互动的历史,阐述在东亚经济一体化进程中,东亚华人经济体间进一步整合的可能性和必然性及其在东亚一体化进程中的先导作用。"("绪论"第2页)这无疑是对该著作题名为《东亚华人社会的形成和发展:华商网络、移民与一体化趋势》最简明扼要的注释。

在研究对象和内容上,《东亚华人社会》最显著的一个特色就是将其研究对象明确地定位于"东亚华人社会"与"东亚华人经济体"。该著作所采用的是广义的"东亚"概念,与历史上"远东"的概念大致相同,地域范围包括中国、日本、韩国、朝鲜和东南亚地区。其所使用的"东亚华人社会"概念,是指东亚区域内的所有华人群体。至于"东亚华人经济体"的概念,则是指中国大陆(不含港、澳、台地区)以外的东亚区域内华人经济体。如此准确地确定其研究的对象,不仅使得研究的内容包括了对东亚华人社会的形成和发展、华商网络发展及其与移民互动关系的历史考察,而且也涵盖了对东亚华人经济体之间的密切互动与进一步整合,以及其与东亚经济一体化进程的相互关系和作用等问题的分析与探讨。详尽地勾勒出东亚华人社会整合的历史、现状及其未来发展趋势的内在有机联系,有助于对东亚经济一体化由来及其发展趋势作更进一步的思考和探索。

作为一部全面研究东亚地区华人历史与现状的学术专著,《东亚华人社会》针对许多相关的热点问题,诸如海外华商网络、华侨华人政策、海外华人人口、东亚华人经济体整合以及东亚一体化的历史渊源和现实动力等问题,进行了充分的论述并提出了新的观点和论据,也是该书一大特色所在。因此,该书对东亚华人史和东亚经济史都有一定参考价值。

关于海外华商网络,《东亚华人社会》依据新发掘的历史资料,系统地论述了形成于15世纪的海外华商网络与当前华商网络的历史渊源与承递关系;指出经贸与移民是海外华商网络的两大支柱,而华商网络则是构筑当代东亚华人经济体整合的基础,并且第一次提出闽南人曾主导东亚海上贸易网络长达600年的论断。

关于海外华人人口数据,《东亚华人社会》不仅对历史上各阶段海外移民的数量、目的地、移民源地和人口构成进行了深入的分析和考察,而且对近三十年来中国新移民的数量和分布作了详细的统计和推估,从而得出东南亚及日本、韩国的中国新移民达400余万人的新数据。另外,在对华侨华人人口数量估算方面,作者在充分搜集和占有详尽资料的基础上,对当前世界华侨华人数量、东亚区域内各地华人人口数量进行了详细的统计与估算,提出了"东南亚华侨华人数量约3348.6万人"、"世界华侨华人总数4543万人"(第410页)、"中国新移民数量约1000万人"(第377页)等重要数据。

关于东亚华人经济体整合,《东亚华人社会》以翔实的经贸、投资、劳动力流动等统计数据,系统地论证了中国内地、香港、台湾地区以及东南亚之间经济整合不断加深的趋势。同时指出,这是以华商网络为基础的区域经济资源整合的表现,是一种超意识形态和政治制度的经济合作,也是经济全球化的必然结果,而非政治操作的产物。这一基于实证研究得出的观点,不同于以往从"大中华经济圈"视角出发所提出的华人经济体间的相互依赖与整合,从而可在一定程度上消弭外部世界对中国和平发展以及华人与中国关系的疑虑和猜忌。

关于东亚一体化的历史渊源和现实动力,《东亚华人社会》始终秉持的一个最重要的论证逻辑就是:中国大陆在东亚区域内的文化和经济中心的历史地位。19世纪以前,中国海商一直是东亚海上贸易的主角,海外贸易的发展催生了中国大规模的海外移民和华人社会的形成,移民与贸易成为海外华商网络的两大支柱,从而使华商网络数百年成为支撑东亚经贸和文化网络形成发展的主导力量。虽然,近代以来中国本土的衰落使得东亚华商网络的中心一度转移到海外,但是,随着近三十多年来中国改革开放步伐的不断加大,东亚华商网络迅速重返中国大陆,并以中国大陆为核心进行东亚乃至全球华人的资源整合。在经济全球化和区域经济一体化进程加速的背景下,东亚华人经济体的高度整合无疑有望成为东亚经济一体化进程的先导与核心力量。

值得一提的是,具有丰富和可靠的资料基础也凸显出了《东亚华人社会》的另一大特色。作者在著作中所提出的一些新观点和新论据,无一不是建立在对华侨华人研究领域最新研究前沿的把握、新资料的发掘和对资料的重新诠释的基础之上的。据不完全统计,全书所引征的各类文献资料和统计资料超过700种,依据有关文献和资料所引用和制作关于当代东亚华人的各种统计图表多达60余种,充分体现出作者注重实证与计量研究的严谨治学态度。

相较于对当代东南亚中国新移民的详尽考察与系统论述,《东亚华人社会》对于日本与韩国的中国新移民的论述还略显单薄和不足。此外,应当指出的是,无论是过去还是现在乃至将来,华人社团组织无疑是海外华人社会文化资源整合的重要支柱之一,其在东亚华人社会形成发展及其未来发展趋势中的地位与作用不容忽视。《东亚华人社会》虽然对此有所涉及,但尚未充分展开深入系统的论述与论证,这亦有待于作者在今后的研究中对此进一步加以完善和补充。

房地产发展的金融解释

2012年初始至今,中国房地产市场的调控效果有所显现,根据国家统计局的数据:第一季度商品房的销售面积为15239万平方米,同比下降13.6%,商品房销售额8672亿元,下降14.6%。业界人士对此焦躁不安,很多人认为在政府的调控下,开发商面临着资金压力、库存压力。而在《房地产大周期的金融视角》一书的作者巴曙松看来,这和日本房地产第二次周期性波动很类似,亦即从20世纪80年代后期开始,房价经历了快速的上涨,然后陷入长期的房价下跌阶段。其背后的原因也很相似:城市化速度开始放缓,人口进入老龄化阶段。这意味着真实的、刚性的需求开始减少,而投资性需求开始大量增加。由于投资性需求对货币、财政政策的变化很敏感,蕴育潜伏着大量的房地产泡沫,因此,房地产市场很容易出现大起大落。

该书以日本、美国为例,探讨了房地产的周期性发展,并特别介绍了日本第一、二次泡沫的形成和破灭。在此基础上,该书探讨了中国会不会重蹈日本的覆辙。对此,作者从金融的视角予以分析,指出产生全国性泡沫的条件仍不具备,中国目前的房地产泡沫仍是局部性的。而对于我国房地产市场的调控,作者认为未来10年,政府的调控政策将倾向于压抑投资性需求,转而加大对正常居住性需求的供给。

作者非常重视"对正常居住性需求的供给",专门用了一章的篇幅讨论了保障性住房的发展,介绍了国际上的一些做法。在此,作者认为当住房供应总量不足时,政府会通过大规模的保障性住房建设来平衡供求关系,维护社会的稳定,逐步满足"人人有房住"的诉求。

尽管巴曙松先生也认为自己的一些观点可能和一些地产界人士的判断不一致,但当前从金融角度来探讨房地产发展的学者和著作还很少,所以巴曙松无疑作了开创性的工作。

◎中国图书商报,朱玉强,2012年8月7日

庋藏利用　两全其美

——读《中国稀见史料·厦门大学图书馆藏稀见史料》

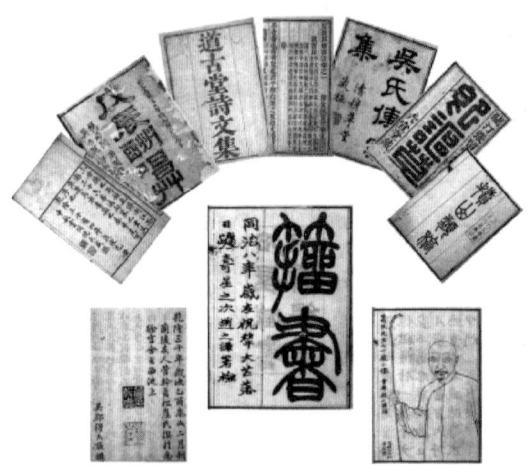

《中国稀见史料》(第三辑)
《厦门大学图书馆藏稀见史料》(二)
厦门大学出版社 2012 年 8 月版／定价：15000.00 元

◎中华读书报，王志双，2012 年 10 月 31 日

"历史",是人们对过去事实的认知。史料,则是人们认知"历史"不可或缺的中介。故而收藏和传播史料,尤其是稀见史料,是大学图书馆和大学出版社历来都十分关注的工作。2010—2012年,厦门大学出版社的编审和图书馆的专家共同深入挖掘整理、研究,连续推出两辑《中国稀见史料·厦门大学图书馆藏稀见史料》,这是厦门大学出版社和图书馆联手完成的新成果。

厦门大学出版社志存高远,视传播稀见史料为义不容辞的使命之一,自2002年起着手策划出版《中国稀见史料》大型系列丛书,并于2007年隆重推出《中国稀见史料》第一辑。该辑收录来自私家收藏的稀见史料78种,其中明代8种,清代42种,民国28种,包括稀见的官府档案、私人日记、笔记、文集、家谱、唱本、科举书籍、政商和民间的实用图书、秘密社会会簿、名人手迹、外交文件、日历、医药等多种类型的文献,其中不乏珍稀的稿本甚至孤本,极具史料与收藏价值,深受学界好评。初战告捷,厦门大学出版社即寻求出版厦门大学图书馆收藏的稀见史料。

厦门大学图书馆自2009年成为"全国古籍重点保护单位"以来,努力加强对馆藏稀见古籍的保护,积极探寻扩大方便读者利用稀见古籍的途径,以求进一步实现"藏用结合"。众所周知,大学图书馆对所收藏的稀见纸质古今文献,因多兼具资料价值和文物价值,珍若拱璧。然而,若束之高阁,藏之金匮,秘不示人,其资料价值不免湮没而不彰,窒息文献功用的真谛;若任由读者取阅乃至复制,则有损其文物价值,也危及其资料价值。两难之间,或可另辟蹊径。厦门大学图书馆经权衡取舍,决定筛选部分馆藏古籍作为稀见史料,交由厦门大学出版社影印出版。

2010年9月出版的《中国稀见史料》第二辑《厦门大学图书馆藏稀见史料(一)》,影印稀见的明清以来的文集、政书和地方文献计13种。2012年8月出版的《中国稀见史料》第三辑《厦门大学图书馆藏稀见史料(二)》,为清代文集专辑,共影印稀见清人文集18种。

所谓稀见史料,一是指文献版本的稀缺性,二是指文献内容的独特价值,二者兼而有之者,遂备受学人瞩目,往往求之不得,难得一见。统观这两辑《厦门大学图书馆藏稀见史料》,有以下几个特点:

1.版本价值高

所录31种古籍,包括稿本、刻本、活字本、抄本等,其版本的稀缺性均经过仔细认证,或为孤本,或为存世复本在10部以内。如〔清〕柯辂撰《淳庵诗文集》嘉庆二十四年(1819)至道光九年(1829)稿本；〔清〕陈国仕辑《丰州集稿》光绪三十四年(1908)稿本；〔晋〕陶潜撰，〔明〕何孟春注《陶靖节集》嘉靖刻本，〔明〕徐火勃、〔清〕刘文淇等诸人题识；〔明〕吴鐄、〔清〕吴我炽、吴我烜、吴士岐纂《吴氏传家集》乾隆三十四年(1769)清穆展堂刻本；〔清〕周镐撰《犊山类稿、诗稿》光绪十年(1884)荣汝楫木活字本；〔清〕汪承庆撰《墨寿阁诗抄》，同治二年(1863)冯芳缉手录，同治四年(1865)杨敬传评点本；等等。

2.史料价值珍贵

如《吴氏传家集》一种，是安徽向杲(今属歙县郑村镇)吴氏家族自初唐始祖吴少微至清代乾隆年间近60位族人的诗文集，且附有族人小传，内容丰富。该书表明向杲吴氏家族，自唐至清，诗礼传家之风盛，读书之人绵延不绝，是研究宗族文化史、文学史翔实的个案史料。

又如《丰州集稿》一种，是清末福建南安士人陈国仕(1850—1924)辑录并用小楷抄写而成的稿本。受父亲陈步蟾及兄长陈国试的影响，陈国仕喜好藏书，尤其注重乡邦文献的搜罗，藏书2万余册，室名"天白阁"。为了实现抢救乡邦文献的宏愿，他广搜博览，积数年之功，辑成该书。其《例言》曰："八闽文字皆祖于四门先生，四门先生，邑贤也，自唐而降，代有名人，其文字湮没岂可胜计？于兹而辑，诚万烛光中仅分一点，奚堪再缓！"足见其抢救邑中文献之殷切。所辑作者起中唐泉州籍著名文士欧阳詹(人称"四门先生")讫清末陈步蟾、陈国试等，共收诗550余首，文300余篇。所辑不少文献，其原文已佚或极为罕见，如陈步蟾撰写的《上大观察泉州东西佛策》《重修花桥庙记》等，均为地方文化史研究的宝贵资料。顺带指出，《丰州集稿》是辑录地方艺文的总集，但以往因未目验原书，致使《中国古籍善本书目》《清人别集总目》及《清人诗文集总目提要》等皆误题为陈国仕之别集。

再如〔清〕范濂撰《如何是可斋外集》一种，光绪二十二年(1896)刻本，未见其他公私收藏著录，或系孤本，且为《清人别集总目》及《清人诗文集总目提要》失收。全书分上、下两卷，上卷收古今体诗174首，词17首；下卷收南北曲6套、赋1篇、尺牍30封、铭18则、文3篇。该书于清代艳体诗、南北曲、非主流文人精神生活史、民俗史以及范濂其人其事等研究方面，颇具参考价值。

另如〔清〕汪承庆撰《墨寿阁诗抄》[同治二年(1863)冯芳缉手录、同治四年(1865)杨敬传评点本]一种，其版本和内容均与其他馆藏的汪承庆诗集有显著的不同,甚具比勘研究价值。

3.严格遵守古籍整理规范

原貌影印是现代古籍整理的一种重要形式。《中国稀见史料》采取以原貌影印出版的形式,最大限度地保留了文献原始信息,为读者提供的是一个完整、准确的读本。同时,编者为每种史料一一撰写"提要",考辨著述者生平经历、编撰经过、版本及其源流、史料价值等,以供读者参考。

近几年,我国图书馆与出版社联手影印出版馆藏稀见文献的事例有增多之势,这反映了图书馆与出版社对稀见史料加强再生性保护和利用的共识,乃妥为庋藏和充分利用馆藏稀见文献的两全其美之道,值得进一步提倡。

海洋强省 战略导航

——读《福建省海洋发展战略研究》

期待已久的《福建省海洋发展战略研究》终于出版问世了,该书由曾任福建省省长、省委书记、省政协主席,现任全国人大港澳台侨委员会副主任委员的陈明义撰写序言,由陈朝宗、严圣明、杨敏、江晓珊合作完成,2013年5月由厦门大学出版社出版,这无疑是一大喜事和快事。此前,广东、山东和浙江的海洋发展战略已纷纷出版。我觉得,近期出版该书,具有了许多新优势,也更易臻于理性高度,对现实指导性更大。

首先,该书是在党的"十八大"提出建设海洋强国的背景下完成的,海洋强国是相对于全球舞台而言的。近代以来,英国首开以海立国之端,大力开拓海外贸易,建立海外殖民地,美国、澳大利亚、欧洲沿海各国、日本等亦已经有悠久的发展近代海洋事业的历史,在海洋政治、海洋经济、海洋军事、海洋文化等领域具备了相当的实力,积累了丰富的经验,中国要建成现代海洋强国,势必要急起直追、后来居上。本书的第二章排列了主要发达国家的海洋发展战略演进及其经验的启示,具有借鉴意义。

其次,作为处于特殊地理区位的福建,也提出建设海洋强省的目标,自然也要借鉴他省的经验。譬如发展海洋战略性新兴产业包括海洋工程装备制造业、海洋生物医药业、海洋新能源产业、邮轮游艇业以及海水淡化及综合利用业。除此之外,福建海洋事业还需要着力强调海陆统筹,即"山海兼顾",还需要实现海西经济区与海东经济区(台湾经济区)的联结与整合,即推进"海峡经济区"的建设。譬如:平潭处于中国海岸线的中点和环海峡经济走廊的中心突出部位,扼守中国"海上走廊"台湾海峡和闽江口咽喉,是太平洋西岸国际航线南北通衢的必经之地。平潭在历史上就是东南沿海对台贸易和海上通商的中转站。清咸丰年间,它被辟为福建省5个对台贸易的港口之一,也是全国最早被批准设立的台轮停泊点、台胞接待站和

◎厦门大学报,王日根,2013年6月28

对台小额贸易县之一,两岸民间直接交往活跃,是台湾民众了解大陆、认识大陆、走进大陆的一个特殊"窗口",福建省提出将平潭县建成两岸经济合作先行区的战略构想,显然是英明的。近年来,台湾海洋文化建设较大陆更为先行。加强闽台间海洋文化交流意义巨大,福建与台湾具有"五缘"(血缘、地缘、神缘、法缘、商缘)优势,新时期这"五缘"均可继续发挥作用。因此,福建海洋发展战略势必较他省拥有更多的内容,在国家海洋发展战略中占据更加重要的地位。本书的主体部分即涵盖了上述内容,彰显了福建省建设海洋强省的特殊意义。

再者,福建具有开发利用海洋资源从事生产、贸易、移民的悠久传统。在认识海洋、经受海洋灾害风险、总结海洋活动规律、创造海洋文化知识等方面均建树颇多,并形成了官民相互融合抵御风险、抗御海盗劫掠和外国势力侵略、应对自然灾害的运行机制。历史的经验无疑能给我们当今建设海洋强省、海洋强国提供巨大的精神财富和文化动力。本书略有涉及,但分量显然偏少,或许这项工作应由历史学者来加以补足。

为什么中国没有巴菲特

一个投资者如果刚开始投资,而且还没有一种投资理论构架,那么他可以从现在的还存在的投资理论中找比较老的那种来信奉,投资理论比较老,起码可以说明它经过了很多次历史考验了。

本杰明·格雷厄姆的《证券分析》1934年就出版了,而这部晦涩的著作的通俗版《聪明的投资者》第一次出版是在1949年。也许格雷厄姆的价值投资理论应该算是够老的投资真理之一。在格雷厄姆的书中,最杰出的一个比喻就是"市场先生"的比喻,他假设投资者的合伙人是一位叫市场先生的人,这个家伙可能患有狂躁型精神障碍,在一些时候他情绪亢奋,会劝你赶快以很高的价格买进股票;有时候市场先生又陷入了抑郁状态,那时候他会劝你把手里的股票以极低的价格卖出。如果投资者根据市场先生的情绪来投资,那么结果是可想而知的。后来,引用这个妙喻最多的是一个来自美国中部的人,他的名字是沃伦·巴菲特,根据格雷厄姆的理论,巴菲特后来成了这个星球上最富有的人。

如果用最简单的话来解释价值投资,就是不做市场先生的仆人,寻找有价值的公司,以合适的价格买入,然后长期持有享受复利。这一切的先决条件就是存在一个情绪波动极大的市场先生。可以想象,每当一个价值投资者在做投资决策之前,他们的脑子中都会出现一对小人,一个是拿着叉子的市场先生,一个是长着天使翅膀头戴光圈的格雷厄姆或者巴菲特先生。有了市场先生的存在,整个市场才不会像金融学院的教授认为的那么有效,才会有别人贪婪时你恐惧、别人恐惧时你贪婪的可能。而价值投资者获得的投资收益也是由市场先生的情绪波动程度来决定。

如果真的是这样,我们来对比一下中国资本市场和美国资本市场的区别:在2007—2008年到达高峰的这一次资本市场周期中,中国上证指数从

◎中国出版传媒商报,崔鹏,2013年7月16日

1000点到顶峰的6000多点只用了2年多一点的时间，年复合增长率是230%以上，而同一时间美国道琼斯工业指数的复合增长率是18%。而在2008年下跌周期，道琼斯指数年复合增长率接近-50%，而中国上证指数是-75%。看，中国的"市场先生"的情绪波动比美国要大得多，而同时中国也不缺乏有价值的公司，比如中国内地的一些金融公司，年复合增长率常年超过20%，净资产收益率也保持20%以上。但是中国却没有出现比巴菲特强得多的投资家。

　　问题出在哪了？我先讲一个小故事，我和我的前女友的。我原来投资过一只很棒的地产股，当股价上涨一倍后，她让我把这个股票卖掉，而用这笔钱陪她去旅游。我这么做了，后来的结果是我的卖出让我损失了去旅游十次的价值。但是，这有问题么？很可能没有，投资并不是生活的全部，我们太需要现金了。中国投资者的投资收益率普遍不高，这很可能使他们普遍太需要现金，比如去享乐，去改善生活品质，去留学，等等。诱惑如此之多，一个现金饥渴的市场很难让人进行长期的投资。如果你也是一个"现金饥渴症患者"，你可以看一下这本《620亿美元的秘密》，这虽然也是一本巴菲特的传记，但是他的口味肯定比《滚雪球》或者《一个美国资本家的成长》更适合你。

城市的魅力源自市场

——评《城镇化大转型的金融视角》

从剧情的波澜壮阔来看,中国城镇化的经历也许是史无前例、独一无二的。然而推动中国城镇化奇迹的关键因素同样也可以在英国、美国、日本等国家的历史缩影中找到。我们应该树立一种简单的想法:中国的城镇化在本质上并无特殊之处,她的成功很大程度上在于遵循了最基本的市场逻辑。那些认为中国政府主导了中国城镇化的观点可能显著高估了政府的力量,而忽略了市场的力量。

巴曙松博士的《城镇化大转型的金融视角》以中国城镇化的转型为线索,以金融的角度切入,以翔实的数据向我们展示了中国城镇化的历史、现状及未来的潜在图景。该书所涉及的问题包括城镇化的动力、机制;中国城镇化的经验、问题;中国未来城镇化的新常态、政策、金融及投资含义等,其中对中国城镇化历史经验的梳理和未来前景的描绘最为透彻。该书有助于厘清我们之前关于城镇化基本问题的一些含糊甚至错误的看法,并能够在历史分析和大量实证研究的基础上为我们织出一幅关于未来的大致图景。

然而,撇开这些表面的问题,我认为本书试图表达的深刻观点以及重要的贡献在于向读者揭示了两点最根本的道理:第一,市场而不是政府驱动了成功的城镇化;第二,改革而不是规划重塑了中国城镇化的历史轨迹,也决定了未来的方向。如果我们能够理解这两点并充分重视历史事实,我们或许可以更清醒地思考中国城镇化的未来路径以及最需要采取的改革建议。然而,迄今为止的问题可能是:我们并未给予历史和现实应有的珍视。

以下我将重点结合这两点谈谈阅读本书给我的三个重要启发。

第一,中国过去的城镇化是一次成功的旅程,然而,这种成功的关键在

◎中华读书报,杨再平,2013年9月25日

于中国开启了市场的力量,契合了市场的逻辑,可以说,中国的成功经验如果归结为一点,那就是市场的成功。作者在书中以详细的数据和严密的经济逻辑论证了:如果中国没有松开户籍制度的束缚,就没有数以亿计的人口从农村向城市的流动,也自然不会有劳动力从农业向工商业的流动,也更不可能有这种流动所刺激的生产效率的极大提高。如果没有土地市场化改革和房地产行业的正常化,中国不可能实现土地要素的市场化和货币化,存量财富不可能顺利盘活,基础设施不可能大规模建设,城市住房条件也不可能快速改善。如果没有沿海开放打开海外市场,中国城镇化和工业化所产生的巨大生产能力便无法找到出口,珠三角和长三角也不太可能在极短的时间内成功崛起为中国的两大增长极。

因此,归根结底,中国城镇化的真正成功之处在于释放了人、激活了土地、开放了市场,从而将中国的城镇化置于全球化、市场化、货币化三大浪潮之中,并最终导向了耀眼的经济增长。

第二,约束条件决定最优结果,历史的成功不会自然导致未来的成功。本书明确指出人口流动、土地用途的转换、资源和资金成本是城镇化的约束条件,它们之间的相对稀缺程度或相对价格决定了城镇化的潜在结果。通常,当一个国家处于城镇化的起步阶段,人口从农村大量转向城市,劳动力市场供给十分充裕,因此,劳动力工资价格上涨的速度往往远远低于劳动生产率提升的速度,从而使得劳动者收入份额占比处于下降趋势,资本报酬占比处于上升趋势,这种反差为城市的资本积累和投资扩张提供了可能,从而可能创造更多的就业,吸引更多的人口流入,直到跨越"刘易斯拐点",此期间将一直处于低成本、快速扩张的城镇化阶段。然而,这个美丽的故事不会永远延续,一旦这个趋势逆转,就会变成一个新的故事。对于中国而言,似乎也难以避免。

作者进一步指出,历史的成功不会自然导致未来的成功,中国未来城镇化所面临的约束条件事实上已经变化,廉价人工、廉价土地和廉价资源驱动的增长模式或已走向终点,外需对城镇化的支撑动力也已弱化。在这种新的约束条件下,如果中国的决策者试图将城镇化作为下一阶段推动经济增长、实现经济转型的一个主线索,那么这里的关键不仅仅在于政府如何规划、如何推动,而更在于如何在新的初始条件和动力结构之下,使市场力量进一步作用。

在这个基本判断之下,作者进一步强调,在新的条件下,基于已经变化的人口、土地和资金条件以及已经调整的动力结构,下一阶段中国的城镇化路径将呈现分化格局:农村和中小城镇未来城镇化的关键仍然是人口从农村向城市的流动、土地由农地向工商业用途的转换,从而释放结构效率,这些地区的城镇化率仍将处于加速提升阶段。内陆中心城市和沿海二、三线城市未来城镇化的关键是城市存量人口在不同产业、大中小城市的再配置,城市分工和城市职能的重要性远大于城市规模,在这个阶段,城市完全有可能在城镇化率提升速度减缓的情况下实现持续的增长与繁荣。沿海城市的关键是进一步扩大开放,对外开放和对内开放并重,变成"无界之城",城市繁荣的动力在于能够在多大程度上借助于国际市场、国际资本、国际交通通信网络,甚至国外的劳动力和土地。中国香港以及新加坡等作为一个城市型经济体的典型,城镇化率已差不多达 100%,其实现繁荣的关键之一也是在于开放。另外,沿海城市的转型能否成功在很大程度上也在于能否吸引更多的人才流入。

  第三,站在决策者的视角,中国未来城镇化的可能突破仍然在于重启改革,以改革重塑市场,以市场驱动城镇化的转型。在这里,如果以简洁的语言概括作者的政策建议,可以将它归结为两点:其一,中国未来的城镇化等于转型,而非简单的追求增长,以转型为主线倒逼和形成改革的共识,在户籍和土地两大领域实现突破;其二,中国未来的城镇化等于人,不等于建筑,以人为核心应成为城镇化的核心内容。

会馆志：中国流寓社会自组织力的实录

中国古代社会并非所有人都安土重迁，而是充满流动性。且不说饥荒、瘟疫势必导致人口流动，也不说王朝初期为稳定政局推行的"徙富"政策而导致的人口流动，因为这类人口流动往往具有突发性、暂时性。就说在日常状态下，特别是明代以后，易籍就职的官僚制度，调剂商品余缺的中途、长途贸易，科举考试制度下的人口移徙再加上军人的由兵转民等，都足以支撑中国社会是一个不断充满着流动性的社会，流寓人群充斥着通都大邑、工商城市乃至偏僻乡野。不断被挖掘整理出来的各类会馆志就是中国流寓社会自组织力的实录。

尽管有人将会馆追溯到汉代的邸舍（郡邸）、唐代的集贤院，但那只是在形式上具有共通性，在实质上，明代以后大量涌现的会馆与明代以后发生的社会变迁息息相关。这些社会变迁因素在明代以前虽有所显示，但不甚明显，或只是初见端倪。而明代以后，商品经济较前取得了更充分的发展，长途远距离贸易将商人在客地遭遇到的诸多不适应淋漓尽致地展示出来，远离家乡的客商对同乡性的社群组织有了更热切的期求。其实较商人更早离开家乡的是参加科举、应征为兵的一群人，唐代的边塞诗中将思乡情绪作了畅快的表达。明代科举制度进入订制化、常态化的时期，从而不断培养出更多的易籍为官者，他们的汇聚足以彰显地方文化的实力。还有明清移民出现了经常化、规模化、经济性的特点，不同籍贯的移民自然容易产生人以群分的效应。于是，明清会馆就不仅出现在京师省城，而且广布于山陬海澨、天涯海角。会馆里活跃的人物就不仅有官员、试子，而且有商人、一般性移垦者。会馆不仅在大都市广泛分布，而且在新兴的乡镇乃至海外各地均多有出现。

从历史演进角度看，会馆成为最能体现传统文化精神，又能不断顺应

◎厦门大学报，王日根，2013年12月27日

时势变迁的基层社会组织。这种基层社会组织最具中国本土性,亦充分体现了中国传统政治文化中"官民相得"的优良特质。由会馆管窥中国社会,无疑是一个绝佳的视角。

会馆的基本功能在于"祀神、合乐、义举、公约",实际上具备了自治的效果。传统的里甲、保甲、乡党式管理模式都难以管理这庞大的流动人群。会馆却可以独展其长,经济而有效。衍至近代,会馆还在配合政府维护治安、提供应急军需等方面有所作为。

既然会馆对社会管理的效果是积极的,因而便逐渐由民间自发产生发展到获得政府的默许、认可乃至保护,会馆由此成为地域文化的展示物,甚或发射器,由会馆认识地方文化已不失为一可取之径。

每个会馆均有自己起、盛、衰的节律。会馆志便成为一窥会馆兴衰史的良好窗口。在中国历史上,国有国史,地有方志,家有家谱,因此,会馆志至少有与国史、方志、家谱一样保存中国社会发展进步密码的意义。

会馆的思想倾向是维护儒家的伦理纲常,对维护世道人心具有积极的意义。于是,就职在外的同乡官员亦积极参与到会馆的建设、维护与发展过程之中,以此作为自己人生价值的实现途径。

会馆较之由西方引入的商会更多些人文关怀,更多些对人际关系、人生价值乃至社会价值的追问,因而它不仅像商会那样旨在制订商业规范,而且树立家乡的文化精神,彰显地方文化建设业绩,济助贫困的同乡人,参与乃至主持客居地的社会事业,给同乡人以自豪感、荣誉感和归属感。他们将家乡的英烈奉祀为神,无疑成了最强有力的黏合剂和凝聚器,同时为主流、优秀的价值观延存提供了基地。因此,即使是在商会移植进中国并大行其道之时,会馆的生命力也并未消减。学者乐正说:"进入21世纪以来,各大城市中的近代商会组织纷纷建立,但旧式的会馆、公所仍然是城市工商业中的重要经济组织,它能把传统的地缘关系与现实的行业纽带融为一体,把旧式的人际关系和职业行规与近代的社会契约和民主意识结合起来,在经济发展中起着重要的作用。因此,中国城市经济功能结构的近代化过程既有新旧事物间的矛盾冲突,也有它们之间互补共进的发展。传统因素直到1949年仍在城市经济中起着重要作用。"

总之,会馆是中国传统社会变迁中颇具特色又不可或缺的社会中间组织,它标志着社会变迁的程度,映照了社会的演进,包容了封建官绅、商人及其他各阶层人们对社会变迁的适应,意味着在封建行政体系之外的自立自治精神与有序社会秩序的建立,从而在推进中国社会由传统走向现代的过程中发挥着积极作用。

至清代时，仅作为京师的北京就有会馆400所左右，到晚清时上海有各类会馆、公所400余所，苏州则有会馆200余所，其他像汉口、重庆、开封、洛阳、成都等地也有大量的会馆。据称多数会馆均编有自己的志。其后，随着会馆被收归国有，会馆志的散落也较为严重，有的则流落于民间或海外。有些虽国内尚存，但复本较少，少能系统阅读，因此，蒐集散存的会馆志，而编辑成书，以便于流传，显得特别有意义。

流动性治理：中国金融改革探索的重点
——评万志宏博士的《流动性之谜：困扰与治理》

当前我国经济面临加大对实体经济的金融支持等问题，如果不解决金融体系的传导效率和结构性扭曲问题，一味强调货币总量的调控，很可能南辕北辙。

"流动性"是金融与　　　　最为基本，也最具有争议的概念。从理论经济学家到货币政策　　　　机构从业人员到金融监管者，从庙堂到江湖，几乎人人　　　　几句。老实说，以一个高校内潜心钻研的年轻学者身份，　　　　皆知的热门话题，实在是费力不讨好的事：若无独特的视角和深　　　功底，难免流于浅薄；若无良好的文字能力和深入浅出的叙事风格，又难免曲高和寡，沦为自娱自乐的游戏。所以，初看到这个题目，不禁为万志宏博士捏一把冷汗。然而细细读来，这本《流动性之谜：困扰与治理》的确有独到之处，不仅掀开了流动性的面纱，还提出了系统管理流动性的方法。

◎中国出版传媒商报，曾刚，2014年3月18日这是一本描述整个流动性周期变动的书。作者敏锐地观察到,"每一次大大小小的金融危机背后,都有信用扩张—收缩,流动性充裕—紧缺的循环。机构因'资产流动性'和清偿力不足导致破产,资产价格因'市场流动性'下降而大幅度下跌,市场流动性和机构流动性相互影响,共同推动危机深化",而"流动性的公共供给有助于金融系统从流动性紧缺中恢复正常"。有鉴于此,作者试图描绘整个流动性变动的全景图,指出金融机构和货币当局在流动性周期中的作用,继而提出管理流动性的思路和方法。

然而,对"流动性"问题的分析,最大的困难在于视角的选择,盖因"流动性"概念纷繁复杂,所涉甚广。作者从流动性的本源即"迅速变现和支付能力"入手,从产品、市场和经济主体三个维度,微观机构、金融体系和宏观经济三个层面对"流动性"概念进行了系统的梳理,并选取最为关键的金融系统流动性作为切入点,探讨流动性的起起落落。对于流动性周期,从其产生、扩张、过剩,到逆转、危机及其后遗症整个过程,作者娓娓道来,提供了一个生动的全景式分析。

在流动性周期的探讨中,令人印象深刻的是有关流动性放大和收缩"加速器"的总结。作者指出,金融系统流动性的放大,存在几个重要的"加速器",一是价格放大器,即资产价格上涨的信号作用,增强了机构流动性和产品流动性;二是杠杆加速器,即随着抵押品价值上涨,信用的获取和流动性创造更加容易,杠杆率上升会进一步增加流动性供应;三是会计加速器,即公允价值计量方式加大了机构创造新的资产的能力;此外还有心理加速器等等。这些"加速器"在上升期间高速运转,相互强化,催生了流动性泡沫,而在出现危机时则反向收缩,加剧了流动性的紧缺,其结果是造成金融体系流动性的剧烈波动。由于资产价格、杠杆和会计加速器的存在,仅进行微观层面的流动性管理,不能阻止市场和系统层面的流动。在某种意义上,管理系统流动性,需要对这几个"加速器"进行进理和调整。文中涉及的盯市制度、交易杠杆等,不仅是金融实务管领域最热门的主题,也是金融和经济理论研究的前沿。

当前我国经济面临加大对实体经济的金融支持等问题,如果不解决金融体系的传导效率和结构性扭曲问题,一味强调货币总量的调控,很可能南辕北辙;如果只是强调金融机构微观流动性管理,而不相应地为金融机构松绑,则很可能会进一步加剧实体经济的资金紧张。作者指出的从微观金融自律监管、强化外部监管和宏观审慎性监管多角度管理流动性的思路,正是中国金融领域探索的重点。

历史性与世界性：
闽南文化精神内涵的深度探索
——评林华东《闽南文化：闽南族群的精神家园》

好书可以让读者茅塞顿开！林华东教授撰著的《闽南文化：闽南族群的精神家园》（厦门大学出版社2013年10月版）就有这样的效果。

关于闽南文化，人们好奇于她能把中华文化悠久的历史特色保存得那么好，同时也感兴趣于她能扎根于台湾、流播于世界各地。作为中华文化的支脉，闽南文化旺盛的生命力一再引起海内外学界和政界的关注。近年来，作者以高度的文化自觉，深入挖掘闽南文化的核心精神，在闽南思想文化研究领域做出了原创性的思考。

专著站在引领学术的前沿，深入剖析了闽南文化的"历史性、当代性和世界性"；对闽南文化的精神内涵，从理论上给予了科学阐释，展现了作者坚毅扎实的理论修养和大气恢宏的学术建构能力。纵览全书，以下三点很值得一提。

其一，切入视角：慧眼独具，路径清晰

任何学术研究，首先要解决的就是方法问题，好的研究方法往往能起到事半功倍的效果。方法自然也是一个学者成熟的标志，文化研究亦是如此。塞缪尔·亨廷顿在《再论文明的冲突》中曾强调，"文化的两个核心要素是语言和宗教"。林华东充分认识到，文化作为人类创造的产物，是以语言和意识为基础的。他在专著中指出，闽南人的宗教信仰是一种泛神崇拜，所以最能体现地域文化的核心元素是语言。因此，以"语言"作为研究的切入点，通过对记录、交流和传承文化的语言载体的研究，探索民系的族群意识和精神文化，显然更能从纷繁复杂的文化现象中，打通一条直指文化内核的研究路径，进而挖掘闽南文化的精神特质。作者是一位在学界享

◎福建日报，黄科安，2014年6月27日

有盛誉的闽南方言与文化研究专家,他在精研闽南思想文化的精髓时,那种独特的专业背景和学术眼光获得淋漓尽致的发挥。所以,该专著的一大特色就是,通过探索古汉语"活化石"——闽南方言的面貌,阐释闽南文化在方言中的投影,以及闽南方言所彰显出的文化传承及未来走向。

其二,理论建构:突出重点,注重内涵

作者充分认识到闽南文化是一个复杂的存在,它的孕育、形成与发展是建构在中华民族共有的文化基础之上的。因此,作为中华文化的延伸和重要分支,闽南文化必然烙上鲜明的中华文化特征。那么,如何在共有的文化基础之上,探寻闽南文化自身具有的特质和区域风貌呢?该书虽然也注意到建构闽南文化的学科体系,如从最基础的"文化"含义的揭示,再到"闽南文化"的内涵诠释,但却不求四平八稳,面面俱到,而是能抓大放小,突出重点,剑指闽南文化的核心精神。一方面,作者倚仗闽南方言史的研究专长和对闽南族群迁徙历史的深刻理解,围绕着"闽南文化和方言形成的五种观点"和"闽南文化和方言的一体多元与多次融合"两个话题,从纵向角度,探索人们对闽南文化形成的认识差异及其背景原因;另一方面,作者深知研究一种民族文化,关键在于抓住精神文化,"精神内涵是闽南文化的灵魂"。因而他在该书中花了大量的篇幅,探讨闽南文化的精神,包括各种行为规范和价值观念。作者从闽南文化的整体观出发,就闽南人的思维、气质、价值和行为四个方面作统和照应分析,提炼闽南文化重乡崇祖、爱拼敢赢、重义求利和山海交融的核心精神。该书还对闽南族群的行为模式、闽南文化的双重性特征、闽南文化的先进性、闽南族群的迁徙与妈祖文化传播、闽南泉州之所以成为世界宗教博物馆、闽南文化在台湾的具体传承和延伸发展做出专题阐述。这些细化的个案研究,以专题形式来兼顾综合研究的结构安排,也是富有创意的!

其三,学术襟怀:立足当代,放眼世界

文化是民族的重要特征,是民族凝聚力、生命力、创造力的重要源泉,闽南文化随着闽南人的脚步走向世界各地,闽南文化的当代价值就在于她具有独特的先进性。作者正是由此出发,科学诠释了"文化既是民族的,又是世界的"的深刻命题。习近平总书记提出要建设21世纪"海上丝绸之路",闽南文化就是题中应有之义,是"海丝文化"的一个重要组成部分。面临大海的环境使闽南族群形成了以海为家、崇尚商贸的生活理念。汉唐以来,尤其是宋元时期,闽南人不仅把泉州刺桐港打造成海上丝绸之路最重要的起点,影响世界海上贸易400多年,而且随着航运和生活的需要开始大批向台湾和东南亚及世界各地流动迁徙。这种拓展流动延续一千多年,至今未变。因此,作者提出,对于闽南文化,我们需要拥有"立足当代,放眼世界"的学术襟怀,认识其规律,把握其精神,并紧密结合时代的节奏,努力揭示闽南民系千百年来的文化足迹,发掘闽南人离乡不离祖、认乡音、重乡情的草根意识,展示闽南人敢为天下先的拼搏精神,提炼闽南文化中海纳百川的和合思想,为推动两岸中华儿女的民族认同,为建设21世纪"海上丝绸之路"做出新的贡献。该书因其鲜明的现实导向,而使文化阐释与文化追问避免陷入一种纯粹思辨的逻辑推演,或凌空蹈虚的玄言之论。因此,秉承实践精神,注重现实关怀,强调理论研究的应用价值,正是该书的又一重要特色。

　　书中论述的观点大都已在一些权威刊物发表并引起学术界的热议,论著中提炼的闽南文化的历史形成、闽南文化的精神内涵、闽台文化一体化的学术成果,也已被政界所吸纳。学理是实践的产物,但同时也是具有超越性的思想结晶。统观全书,作者以高度的文化自觉,敢于知难而进,在闽南思想文化研究领域取得了突破性进展。书中的观点和结论都令人耳目一新,发人深思,值得推荐一读。

学术乃寻美之旅

——刘海峰《学术之美 海峰随笔》读后

刘海峰教授是厦门大学教育研究院院长、博士生导师、长江学者、特聘教授,厦门大学考试研究中心主任。其他头衔还有:国家教育咨询委员会委员、国家教育考试指导委员会委员、国务院学位委员会学科评议组成员、全国教育专业学位教育指导委员会委员、全国高等学校设置评议委员会专家、中华炎黄文化研究会科举文化专业委员会主席团主席、中国高教学会学术委员会副主任、中国教育学会教育史分会副理事长等。刚刚55岁的刘海峰教授获得这么多沉甸甸的头衔,凭借的全是他精到深邃的学术,支撑其游走于学术和社会事务之间的动力之源则在于他把学术做成了一次次臻于化境的寻美之旅。

◎厦门大学报,王日根,2014年5月16日

乐学改变命运

1977年,这个彻底改变当时若干青年学子命运的年代,对18岁的刘海峰一样重要。他是在当了1年零9个月的"知青"后蒙高考恢复之惠而进入大学校园的。读大学是对其自幼乐学的奖掖,更成为其往后更加乐学的动力。他形容当时的自己"就像饿虎扑食般地享受知识盛宴",并怀着感念之心,产生了特别强烈的"报效国家的使命感"。从此,刘海峰在学海勤于耕读,乐在其中,各项荣誉亦伴随而至,可谓实至名归。

刘海峰的随笔是其乐学成果的一次全面检阅,他熟谙古诗词,每当兴之所至,他都能信手拈来,融入篇章,自然而天成。他在游张家界时迸发出当年青年王勃的激情,遂成类似《滕王阁序》一样气势磅礴的《张家界游思》。在多次呼吸岳麓书院的空气后,他日渐明朗地将岳麓书院视作自己的精神家园。他在多次海峡两岸的学术交流中,感慨先前的"盈盈一水间,脉脉不得语",由衷地用《诗》中"谁谓河广,一苇杭之"表达心中的喟叹。

《随笔集》中"文学行走"一组中还有《写竹三思》《登高山抒怀》《泉州访古览胜》《岳麓之会感怀》等篇什均是作者游走于文与史之间的典雅佳作,富含文采与哲理。

为学臻于化境

刘海峰本科、硕士、博士所学专业均为历史学,科举考试史是其自硕士阶段起便渐显明确的研究领域,他先后出版著作《科举考试的教育视角》《中国科举史》等21部,在《中国社会科学》《历史研究》《教育研究》发表学术论文200余篇。

刘海峰坚持的为学风格是严谨治学,力戒浮躁,"静如处子,动如脱兔",将做学问当作自己的基本生活方式,专心致志地沉浸浓郁,含英咀华,乐在其中。刘海峰认为:"文章应有匠心而无匠气。有时重要的不仅在于你说什么,更重要的还在于你怎么说。因此,即使是写学术论文,应该不仅考虑'说什么',而且考虑'怎么说'、'在哪里说',也就是如何最合适,最具有影响力。"

靠着自己的科举考试史研究成果,刘海峰走进了千年庭院——岳麓书院,体味书院史上"朱张会讲"、"鹅湖之会"的历史回响。走进了西藏,他能吟咏唐人陈陶《陇西行》中"自从公主和亲后,一半胡风似汉家"。走进了在钓鱼台国宾馆芳菲苑举行的"北京论坛",他认同这是一个关注文明和谐的论坛,一个彰显多元文化的论坛,一个独具品牌的论坛。走进了美国的常青藤大学,他会留意哈佛的深红、耶鲁的暗灰以及哥特式和乔治王朝式建筑的并峙。走进了英国的剑桥、牛津,他对剑桥大学数百年来院士着黑色院士袍参加院士聚餐时坚持用拉丁语作餐前演讲和餐后祷文心怀敬意,认为这种庄严的仪式显示的是学术的崇高和对传统的敬重。

成学造福社会

刘海峰如今已经堪称"桃李满天下",他尤其注重奖掖后学,以确保学术的薪火相传。他教导学生治学提倡考据、义理、辞章,翻译要注重信、达、雅,其中的"辞章"、"雅"都包含了对"文美"的要求,包括结构之美、语言之美;为学要力求深入浅出,要注重增强论著的文化含量和感染力。他要求学生"写学位论文要有时间上的投入,有价值的论文须付出艰苦的努力,但论文不要只见汗水流淌而不见智慧的光芒"。他认为"在学术研究与教学中,应提倡做到内容美与形式美的统一。在内容坚实的前提下尽力讲求一种形式美"。

刘海峰既为学生的著作写序,对学生的成绩给予充分肯定,指引他们向更深邃的境界努力;也给厦大前校长陈传鸿教授的书写序,赞扬陈校长对厦大的贡献,引为同道。刘海峰的为人率直亦由此可见。他的《秋月无边》文采斐然,赞颂的是月的高洁、纯净,我想说:刘海峰在为学上也达到了光明、高雅和纯净的境界。

刘海峰希望读书人要带着问题读书。告诫年轻人要抓紧青春时光,"学问勤中得,萤窗万卷书",抱着"板凳堪坐十年冷,文章不写半句空"的信念,必将达到王安石所说的"读书不破费,读书利万倍。贫者因书富,富者因书贵"。读书势必能改善人的气质,使人变得更有教养,更为博雅。

经济学人的中国梦

——评《中国经济学教育转型——厦大故事》

《中国经济学教育转型——厦大故事》字里行间充满着作者对发展经济学教育的炽热情怀,他的革新经济学教育的思想和实践难能可贵。从书中可以读到他的理想和情怀、他的坚毅和执着,可以读到他探索的艰辛和取得进展的欢乐,也可以读到他的国内同事的理解、配合与可爱。作为同行,我感到欣喜和敬佩。因为中国经济学的发展实在需要这样一点一滴的推进,他的改革举措对正处于转型中的中国经济学教育具有很好的参考借鉴意义。

每个国家的经济学发展都是一国特定历史阶段下,社会、政治、经济发展状况和科学研究状况共同决定的。中国改革开放后对现代经济学的学习与研究,与上个世纪之交西学东渐高潮时一样,主要也是通过直接翻译出版国外现代经济学家的著作,以及中国学者根据现代经济学的已有成果

◎厦门大学报,王广谦,2014 年 6 月 3 日

结合中国国情和发展阶段自己著述这两条渠道进行的。

1984年6月,普林斯顿大学邹至庄教授与国家教委合办暑期教学班;1985—1995年间,在中国人民大学黄达教授的推动下,由国家教委和美国福特基金会支持的中美经济学教育交流项目"福特培训班"举办,并创办了《中国经济》杂志,安排赴美留学生。"福特班"用外国师资培训了一大批中国青年经济学人,这些人后来大部分出国深造,一部分人学成后回国推进中国经济学的现代化;其中就有洪永淼。21世纪以来,钱颖一、白重恩、李稻葵、田国强、周林、李奇、艾春荣、洪永淼等一批在世界名校接受完整经济学教育并获得终身教职的学者应邀回国,在清华大学推进经济学教育与研究的国际化。后来这批人有的全职回国,有的仍然以特聘教授的方式在国内一批著名高校任教,有的担任经济学院院长,主导经济学教育改革。如今在海外学成回国的经济学人越来越多,他们已成为改革与发展中国经济学教育的重要力量,对中国经济学发展做出了很大贡献。这些率先学习现代经济学的中国经济学人,后来成为运用两种语言、两种思想和学术资源的中国经济教育改革推动者。他们的共同特征是,通过政府和学校的有力支持,用增量带动存量的办学方法,把现代经济学的学术规范植根在中国经济学教育之中。他们在传播市场经济理论知识和推进现代经济学教育领域发挥了十分重要的作用。

从中国经济学百年来的发展可以看出,虽然起始于对西方经济学理论与方法的引进和吸收,但中国现代经济学的研究和教育始终以中国经济发展为主轴。不论是民国时期经济学各个分支学科的草创阶段,还是社会主义计划经济时期起伏跌宕的艰难探索,以及现在的社会主义市场经济体制的建立与创新,都是在矛盾、困惑和思想交锋中前行,都是以解决中国的发展为宗旨。因此,发展中国经济就成为中国经济学的第一要义。改革、不断的转型也都服务于发展这一基本要义。改革开放以来,中国经济发展的奇迹使得中国的经济学研究与教育受到国际学界空前的关注。诺贝尔经济学奖得主米尔顿·弗里德曼曾说:谁能成功地解释中国经济改革和发展,谁就能够获得诺贝尔奖。2010年,当克莱因教授被问及中国何时能产生诺贝尔奖经济学家时,他说:"当中国的经济学家能提出理论性及科学性的说法,解释中国经济的运转,并说服世界上研究中国经济的学者时。大概5至10年吧!"这个期许,需要所有的中国经济学人共同努力,勇于创造,才可能实现。

中国经济还在大发展,中国的经济学也需要继续大发展,为中国的强大提供理论支撑。作为经济学同行、新一届经济学类专业教学指导委员会的同事,我们和广大经济学人肩负着一起推进中国经济学教育的责任,对中国经济学研究和教育达到世界先进水平怀有殷殷期盼。这也算是我们的"经济学中国梦"吧!而《中国经济学教育转型——厦大故事》正是一本值得那些胸怀这样梦想的中国学人一读的书。

特色鲜明　新意叠现

现代化是近代以来国人孜孜以求的目标,是中国近现代史的核心主题。回顾中国现代化历程,总结历史经验与教训,对深化中国的经济体制改革,平稳推进中国现代化进程,具有重要意义。在众多关于中国现代化的历史性研究中,赵德馨教授撰著的《中国近现代经济史(1842—1991)》(修订版)是不可忽视的重要文本。

该书初版由河南人民出版社于2003年推出,约68万字。2006—2007年陆续重印。此次修订,吸收了同行学者与作者近十年来新的研究成果,从原书中删掉15万字,新撰33万字,全书86万字,由厦门大学出版社于2013年9月出版。它集中体现了作者60多年研究与讲授中国经济史的心得,具有鲜明的个人色彩,是一本新意叠现的专著,同时也是教材。其主要特点是:

一、以经济现代化为主线,经济形态演变为辅线,主、辅线有机结合,地

◎中华读书报,张连辉,2014年6月25日

位突出，贯穿始终。该书为国内第一部以现代化为主线的中国近现代经济史教材。在书中，作者创新性地将市场化和工业化结合在一起，作为现代化的两个主要层面，从而将中国近现代经济史描述为走向市场化和不断谋求工业化的过程。以经济现代化为主线，洞察了近代以来中国经济在政体更迭和经济形态更替中曲折变迁的过程，准确把握住了经济演变的历史大势。同时，以经济形态演变为辅线，考察了封建社会经济形态、半殖民地半封建社会经济形态、新民主主义社会经济形态和社会主义初级阶段社会经济形态下中国经济现代化的阶段性历程与规律。这种主、辅线相结合的做法，将中国近代以来经济演变的过程与趋势、表象与本质有机结合起来。

二、将经济思想与经济政策融入了经济发展的叙述中，从而将经济演变的客观历史大势与历史当事人的主观探索结合在一起。这使该书更具历史现场感，也更好地凸显了中国走向现代化之路的"探索"性特征。探索中难免有思路的分歧与碰撞，乃至激烈的交锋，其结果往往会决定中国现代化模式的抉择与国民经济的表现。对此探索过程的研究，是总结中国现代化经验教训的重要切入点。既然是探索，就难免有失误，甚至是重大错误。探索论为人们理解经济工作失误提供了一个正确的视角。作者在初版时对此着墨较多，修订版则进一步加强了对它的分析。

三、重视对经济史实作理论性的分析与概括，具有强烈的理论性。该书并未满足于对经济过程的简单叙述，而是提出了更高的学术诉求，即在叙述、分析和概括中国经济史实的基础上，提炼出具有一般性的理论或新的理论观点。通观全书，除了经济现代化的两个主要层次理论，作者还提出了五主经济形态理论、过渡性经济形态理论、互补经济理论、"之"字形路径理论等理论观点。这使该书呈现出强烈的理论感。这是作者实践其秉持的"经济史学是理论学科"和"经济史学是经济学理论与历史学理论产生的基础"等理念的结果，也体现出了作者强烈的学术自主意识。因为这些理论不是"舶来品"，不是"他者"经验的总结，而是根据中国经验抽象出来的，具有明显的"中国"特征。这有助于读者理解中国特色社会主义的历史渊源。

四、贯通古今。该书的第一章为"传统经济的演变与走向经济现代化的门槛"，讲述远古至近代中国经济的演变历程，将中国传统经济与近现代经济打通。这有助于读者更好地理解中国近现代经济史的由来。贯通传统经济与近现代经济的线索是经济由低级向高级的演进。这表明中国经济是一个不断进步与发展的过程，用事实说明"停滞论"不符合中国经济的实际。在阐述中国经济不断进步的过程时,除了重视生产力和生产关系外,作者强调了市场由低级向高级的演进。这是作者的一个重要学术观点的体现。作者认为,数千年来,中国经济演变的基本趋势之一是市场化,当前中国的市场经济,实为中国数千年历史进程的延续和必然产物,具有内生性。由此,该书呈现出了中国经济从传统转向现代过程中的历史承继性,彰显出中国经济演变过程的连续性特质。这也使得该书成为一本真正从几千年中国经济史的大视野中书写的中国近现代经济史,它实际上是一本以近现代为重点的简明中国经济通史。

五、国际视野。书中不仅对中国现代化过程中的中外经济关系进行了分析,还在中国现代化每一阶段结束时对中国现代化水平做了国际比较。这有助于读者更好地理解和把握中国的现代化在世界现代化进程中的历史方位及其变迁,更客观地认识和评价中国的现代化成效。

作者非常重视经济史教材建设。赵德馨先生主持的《中国近代国民经济史讲义》,1958年由高等教育部从10多本同类教材中选出和出版,后被美、日等国移译。他主持的《中国近代国民经济史教程》,1988年由国家教委定为推荐教材,后获国家教委普通高校优秀教材一等奖。《中国近现代经济史(1842—1991)》是教育部"中国经济史课程教学内容改革项目"、"'九五'普通高等教育国家级重点教材"、"面向21世纪课程教材"。初版出版后的11年中,得到同行学者的好评与使用它的师生的欢迎。修订本在初版的基础上,又提升了一个层次。

客家尚文传统的体现
——读《四堡遗珍》

四堡书坊从清初邹葆初创办起,历300余年,成为清至民国时期民间书籍的一个主要生产地和集散地,表现出生产规模化、技术专业化、产品大众化、销售市场化的鲜明特点。其兴盛则有赖于旺盛的科举教育需求、重学尊教的人文环境陶育、邹马两大家族族商的积极推动以及四堡天然的资源供给充足等优越条件。郑振铎先生认为四堡是与北京、武汉、浒湾并列的"清代四大刻书中心"之一。

四堡书坊所刻图书包括经典史籍类、诗文书画类、通俗文学类、蒙学科举类、居家日用类,其中蒙学科举类、居家日用类是其大宗,这是四堡书坊适应市场需求、适应社会现实需要而做的自然选择,但这并不意味着四堡图书没有保存价值、没有文献版本价值或文化品位不高,而是具有很强的艺术性、民俗性和珍稀性。

四堡书坊地处客家腹地,彰显了客家人尊崇文化的传统,耕读传家是中国传统的社会演进途径。部分学童以科举功名为指针,开蒙读物是《三字经》《百家姓》《千字文》《千家诗》,而更多学童则以充满乡土气息的杂字为识字教材。武平人林宝树《一年使用杂字》(七言)、连城人邹圣脉《人家日用》(四言)、无名氏《初开天地》(四言),均收集1500~3000个常用字,可以寓教化于识字之中,倡导为善勤奋、节俭尚雅、积德远赌等风尚。于识字中习得四季礼仪习俗、天地万物、契约诉讼、技艺百班、药物药性、行政区划等方面的知识。阅读了这类杂字书,在当地就不会是一个文盲,日常的生产应用文书便基本能应付。在此基础上,可以于闲暇之时购买大量印制的通俗文学书籍,像《东周列国志》《水浒传》《三国演义》《西厢记》《镜花缘》等,还有为当地人所喜爱的长篇弹词《安邦志》《车公子传》之类。读书已经融入世人的日常生活之中。

◎福建日报,王日根,2014年8月1日

耕读是客家人世代坚守的文化传统,从一定意义上说,四堡刻书业植根于已经充分发展的科举制度时代,当地文人的科举导读类书籍以及自我进行学术研究的著作也借助发达的出版技术得以大量流传,譬如邹圣脉的《寄傲山房诗集》、蓝鼎元的《鹿洲全集》、李世熊的《寒支集》等。

深厚的文化积淀为知识的系统化编纂、类书的刊行创造了条件,像酬世类、工具书类、医术类、术数类著作成为出版的大宗。举凡《尺牍新裁》《家礼大全》《对联全新》《致富全书》《保赤指南车》《医宗金鉴》《协纪辨方书》《催福通书》《子平四言集腋》等,还有大量的印制精美的书画类图书均具有较高的市场价值,深受读者喜爱。

有了广泛的市场需求,势必促使编纂者更加精细地著书、编书,势必促进雕版、印刷各个环节的精致化,四堡刻书兴盛的300年正是中国市场经济孕育发展的300年,可谓应运而生。

作者谢江飞身为客家人,集15年之功,于近期出版了这部50万字的《四堡遗珍》。该书不仅结构完整,而且图文并茂,清晰描摹四堡书坊源流,各种版本内容及特征、文献价值,辨别刻书人物及贡献,在诸多地方表达了独到观点,具有较高的学术价值。

致力福建综合改革实践的思考总结
——读《福建综合改革试验热点研究》

福建作为我国改革开放的先行区,从工业企业的"松绑放权"到农村的林权制度改革,从厦门经济特区的建立到闽台经济文化的合作交流,这些敢为人先的改革精神与改革实践,为改革理论的产生与完善、改革实践的思考与总结提供了丰富思想资源。

读周裕惠的《福建综合改革试验热点研究》(厦门大学出版社),让我想起30多年来八闽大地日新月异的改革历程。伟大的改革实践,需要改革家的胆识、创新与奉献,同样需要理论家的思考、总结与智慧。如果说为了确保改革方向明确、思路正确,改革的历史必须经常记起,这本书就是对福建改革实践近20年历史的记录与思考。从书的内容与结构可以看出福建改革的历史轨迹。这些内容包括坚持和完善基本经济制度、深化国企和国资管理体制改革、发展民营经济与混合所有制经济、扩大对外和对台的全方位开放、推进政府治理体系的改革与建设、社会和生态文明制度的建设与创新。从这些文章中我们也可以看到,一个理论研究者的认识如何随着改革实践的深入而不断升华,理论总结与理论研究也随之一步一步地走向成熟。

周裕惠的学术生涯与理论研究,都有着明显的实践特征。20世纪60年代初,他开始从事经济建设实践与理论研究工作。1978年以后,他与改革开放一路同行,对改革实践的理论总结与学术研究投入了更多精力,也取得了重要成果。改革实践需要勇气,改革实践的理论总结与研究同样需要勇气。无论是从已经出版的《改革难点探索》《改革难点论要》,还是从眼前这本新著中,我们可以明显看到周裕惠经济理论研究的特点:一是立足解决实际问题,是实践性理论;二是建立在大量的调查材料的基础上,是实证分析;三是正视矛盾,实事求是,是建言也是谏言。比如这本书中的"调

◎福建日报,薛东,2014年8月29日

整与创新福建民营经济发展战备"、"福建省国有资产管理体制及运行机制改革的研究"、"福建省百户非国有企业投资意向的调查与分析"、"福建利用外资面临转型"、"福建产业集群发展与工业园区转型提升问题研究"、"谨防县域经济发展的战略缺失"、"破解平潭水资源制约'瓶颈'的思路与对策"等篇章,都体现了福建改革实践的时代特点、地域特色,也能够触及改革发展与对外开放中的难点与重点。在这里,作者始终力求从历史的角度,客观而翔实地探寻和研究福建综合改革开放的历程和规律,从而让我们看到了福建改革发展深刻而绚丽的历史画卷和弥足珍贵的经验教训。

回顾历史与总结实践,是为了更好地面向未来,更好地前行。福建的改革实践需要更多的探索与深化,也需要更多的思考与总结。在当前福建继续深化改革开放、努力实现百姓富与生态美有机统一的实践中,需要周裕惠这样致力于改革实践理论总结的理论工作者与理论成果。同时我也相信,这些理论总结成果,对于更多有志于福建先行先试改革的人们进行理性思考与理论研究都会有所启迪。

纷繁世界，感恩的心

——读《海外女作家的人间烟火》

《海外女作家的人间烟火》是海外华文女作家协会会员文选，书中收入了117名旅居海外女作家有关美食的文章。全书所涉地域遍及五大洲，囊括世界各地有特色的简餐陋食或者美味珍馐，以异国食缘为主题，记录的不仅有食物的味道，同时也讲述了历史地理、人情世故，包含对家乡故土的记忆和眷念，烟火气重，书卷气浓，以集束展示，更是异彩纷呈，蔚为壮观，俨然一部黏附着华文女作家情感和思想的世界食谱，读起来有物有真情，有味有收获，可谓开卷有益。

女作家眼中的食物世界是多样化的，她们描写出了食物的本质，形象生动、真实有效，令人有一尝为快的冲动。在非洲，闻所未闻的"木盘里毛虫"令人眼界大开；亚洲吃食主要展示的是南洋风味和日本"寿司"，是香芋、咖喱叶、班兰叶，也是烤猪、竹蛹、生鱼片；澳洲海鲜可能不甚奇特，仍能

◎中华读书报，王永盛，2014年11月26日

捕获到不一般的味蕾刺激;欧洲的菜样最为丰富,从大餐苏格兰"国菜"到西班牙小吃,从主食到佐菜,一应俱全,多角度、多方面形成诱惑;美洲的烤肉、牛排、火鸡似曾相识,细细探究却又不甚了了,异域文化陌生感和新鲜感扑面而来。只是简单地介绍食物嫌不过瘾,女作家们还把食物的做法和配方倾囊相授,毫无保留地描述一番——寿司的做法、紫雪糕的配方;将东、西方饮食进行比较——火腿的不同(《伊比利亚生火腿》),火锅的差异(《瑞士火锅》),甚至是西方饮食之间的对比,爱尔兰培根和北美的就大不一样(《碧绿悠久的爱尔兰》)……

饮食本身就是一种文化,富有时代、地域、民族、宗教、民俗、经济等文化内涵,在世界交融一体的过程中,它的协同性在于表现出的广视野、深层次、多角度、高品位的饮食文化特性。《海外女作家的人间烟火》讲述的食物,也许没有过多的文化复杂性,其中透露出的历史、地理和民俗文化,却也不乏生动、有趣和丰富的知识性。《日本寿司的禅境》对生鱼片的历史作了梳理——早在周氏就有吃生鱼片的记录,后来有了煤炭开采,食物实行精细制作,引申出食文化和禅境。《帝都鲭鱼香》和《突厥之桑》普及了"伊斯坦堡"的兴衰史,强调突厥之桑是"华夏之种"的历史事实。至于地理知识,围绕世界各地著述食缘,落脚点还是不同地域。书中作者本身就是流动的,有从旅居的美国到东南亚、从亚洲到欧洲的旅行餐食见闻,从一国到另一国,从一地到另一地,其间的交叉与蔓延,便是一次世界游览历程,也进行了一次地理知识的推广普及。在这里,你可以跟随作者在纽约、巴黎、东京等大都市流连忘返,也可能到罗德欣、阿拉斯、木姐镇等欧亚小镇驻足徜徉。由饮食及习惯读懂一个民族抑或一种人,盖因气之动物,物之感人,人情世故常常在饮食中一览无遗;《从食艺看西班牙民族》可知西班牙人、《亚美尼亚美食》能让人了解亚美尼亚人、《歌德的法兰克福七香绿汁》里有德国人的形象、《墨西哥的缠绵》则是写了主辣的墨西哥食物,热辣和敢爱敢恨的墨西哥人以及墨西哥女人法斯塔的爱情。书中还可领略圣诞节、玉尔节、感恩节等宗教民俗节日。从这方面看,《海外女作家的人间烟火》似是一部不折不扣的、普及型的世界历史、地理和民俗百科全书。

人如其食,食物背后深藏着的,是一个人的生活环境和生活态度。对于作家,如何将个人心气与激情充盈于阔大的时空中,并体现出个体生命意义,用文章把读者带进有意义的精神氛围,既不是孤高地向读者封闭,也不是趋向朝下将就讨好读者,而是能够超出生活的日常性,达到提升的力量,是每一位作家所努力的,也是文学写作追求的张力和高度。但是,设若所写食物背后体现的是敬畏自然、感恩生活，便具有了现代性和更深层次意义——不论这种选择是出于有意识的，还是无意识的遭遇，自身保有展开的空间，一定会是四通八达的。一旦作家有意识地去响应它，也就有能力把其中的韵味和质地，创造性地写出来。

具体到《海外女作家的人间烟火》一书，作家们表达出的乡愁、集体记忆和超越食物的家国情怀，就是一种有意义的选择。在淋漓尽致地展现了缱绻在中华饮食文化中的况味的同时，也激起了每个异乡人内心深处的那一抹乡愁。多篇文章写感恩节火鸡大餐——西方饮食文化的代表，折射出华人融入美国文化艰难漫长。"所谓乡愁，是对家乡的人和食物的连锁感情吧"(《爱上异国食》)，尽管她们"不知不觉对侨居国文化由排斥到接纳"，但是乡愁已然盈于胸中，植在心上。

书中表达的另一种情怀则是人文关怀和施善之乐——无论亲手参与赈灾的香积饭(《香积饭灾地飘香》)，还是默默祈福"飓风海燕袭击菲律宾中南部，看电视上那一大片的疮痍，我默默地想，这些无家可归的灾民兄弟姐妹们，何时才能再过一次节庆，再吃一次烤猪"(《菲律宾的节庆与烤猪》)，心怀天下，悲悯苍生，是文人弥足珍贵的精神。

借用书中《翡冷翠夜宴》一文的感悟作为结束：海明威曾说过，如果你有幸在年轻时住过巴黎，它会一生跟着你，有如一场可带走的盛宴。人生又何尝不是，从一个厨房到另一个厨房，里面的柴米油盐是大同小异的，但是烹煮出来的食物却是依各家的调理有那么多不同。重要的是，你在品尝时的人地时事。美味是要用心来品尝的，心随人走到哪里都可以是一场流动的盛宴……

跨越文化的心灵对话

——评《东风西渐》

  本书作者曾在土耳其和新西兰的孔子学院任教。全书展现了上述两国的风土人情、历史文化,以及作者在这两个国家生活期间的一些感悟,包括传播中华文化的心得体会,对人们了解两个国家有一定帮助,同时也可以成为赴土耳其、新西兰旅游的导游手册。

——厦门大学出版社社长蒋东明

  1840年的鸦片战争使中华民族面临"数千年未有之变局",许多有识之士开始向"西"看。尤其是在"五四"运动后,西方思潮汹涌而至,中国传统文化开始处于游弋漂流的"边缘状态",中华民族进入一个"西风东渐"的时期。如今百年已过,世界格局的变迁和中华民族的伟大复兴让我们迎来

◎福建日报,刘心彦,2014年12月5日

了"东风西渐"的时代。

厦门大学历史学博士陈奔副教授所著的《东风西渐》(厦门大学出版社)一书,系统、全面、生动地记录了作者传播中华文化的亲身实践,其中也包括作者对中华传统文明的现代解读以及为推动文化交流所做的努力。2009年夏,作者赴土耳其中东技术大学孔子学院任教,次年担任新西兰维多利亚大学孔子学院中方院长,2013年离任回国。在这四年多的时光里,作者有机会深入接触上述两个风格迥异的国家,从历史传说、景观、宗教、风俗等多方面抒写异域风情,并着眼于多元文化的交融与互动。

通观全书,作者立足于见闻和感想,以客观平实的语言和翔实可靠的史料、数据、文献,深入思考中华文化在全球化时代所面临的机遇和挑战,同时也将拥有厚重历史的土耳其和风景秀丽的新西兰尽情展现于读者眼前,读后令人感觉身临其境。作者卸下宏大的历史背景和厚重的民族史诗,逐渐由表入里,由近及远,洞悉两个不同国度的文化景观,并由此展开一次跨越文化的心灵对话。

当今世界多元文化交融。不同地区不同民族在时间的长河中孕育出丰富多彩的文明。文化一经产生就会向外传播,开始文化交流的进程。季羡林先生曾说:"没有文化交流,就没有文化发展。"读《东风西渐》一书,我们能深切感受到作者作为文化传播者的角色,是如何让中华文化在当地学生心中渐渐扎根,并将中华文明几千年的积淀一点一滴渗入异国他乡的。像许多海外孔子学院的中方工作者一样,他肩负着谋求世界和谐发展、传播中华文化的历史使命,积极投入并倾心于这项提升中国国际形象和增强国家软实力的事业。从百年前的"西风东渐"到当今的"东风西渐",其现实逻辑是中国的强盛。在"西风"过后,凝聚着东方智慧的孔子学院将中华传统文化带向世界各地。目前,世界上共有121个国家建立了445所孔子学院和644个孔子课堂。孔子学院已成为各国学习汉语、了解中国传统文化及其深刻内涵的重要平台和"文化之窗"。正如书名"东风西渐"所示,作为一名文化传播者,作者就像那"东风"一样,吹向远方,同时将东方的阳光雨露洒向四方。

只有在坚信自身文化的同时并对其进行必要的反思,才能拥有在文化涌动的潮头屹立不倒的底气。作者在弘扬中华文明的同时,也始终坚持以理性的思维和眼光公正地看待国外的人和事,作出独到而公允的评价。只有借鉴、评价与反思,才能不断发掘中华文明的新义,勇于变革,永不僵滞。这种变革实际上是在观念开放、碰撞融合的基础上,产生更具生命力、更具影响力、更具先进性且更具适应性的文化新观念。古老的中华文明由是注入了新的血液,永葆青春,源远流长,成为全球文明可持续发展的重要推动力。

阅读本书,我们对世界文化、中华传统文化将有更深刻的认知。同时,如何着眼于现今的文化推介工作,在中西文化的交流碰撞中将中华文化推向一个崭新的高度,或许是我们读完本书后,最值得深思和探讨的问题。

科学评价两岸产业转移效应
——《海峡两岸产业转移效应的评价与产业优化研究》评介

进入21世纪,两岸产业转移向多领域、高层次、大规模方向发展,越来越呈现出双向互动的特点。两岸产业转移这种市场行为的效果到底如何,是否能够可持续健康发展?为回答这些问题,安增军、杨敏等学者组成的课题组撰写了《海峡两岸产业转移效应的评价与产业优化研究》(厦门大学出版社出版)一书,构建有效的指标体系,选择科学的评价方法,综合评价两岸产业转移的效应。

作者在书中既有深刻的理论分析,又能联系海峡两岸的实际。该书理论基础扎实,观点清晰,见解独到,主要表现在以下几方面:

实证评价海峡两岸产业转移效应。该书构建了两岸产业转移效应评价指标体系,其中,一级评价指标包括产业关联发展指标、劳动力资源整合指标、产业结构优化指标和环境效益变化指标。通过相关数据的统计分析,得出两岸产业转移具有强劲的发展势头和广阔的发展前景,表现在:两岸贸易总量迅速增加的同时,产业投资规模不断扩大,产业转移的范围逐渐扩大,产业转移的区位布局已经涵盖了整个大陆地区。根据两岸产业转移的发展态势,该书构建海峡两岸产业转移效应评价的网络层次评价模型并进行实证研究。研究表明,福建在承接台湾产业转移上具有独特的区位优势,但与广东、江苏等省相比,产业转移效应明显不足,在产业结构优化和产业关联发展方面也相对落后。

诊断分析海峡两岸产业转移效应。该书认为,两岸产业转移带来的效应包括正、负两方面。一方面,促进了两岸产业结构调整及优化升级,推动了大陆及台湾对外贸易的发展,实现了两岸产业资源的整合及市场扩张。尤其台资企业在大陆投资的过程中所带来的技术溢出效应,为大陆产业建立了新的技术创新体系。另一方面,台湾转移大陆的企业中有很多是传统

◎福建日报,李非,2015年1月30日

优势产业,引进的服务业虽然附加值较高,但应警惕由此带来产业空洞化问题;产业结构的依赖性加大,一旦台湾经济出问题,大陆产业也会受影响;一些地区承接的产业都是资源依赖型的,相关企业大量排放污水废气,面临的环境压力不断增加。两岸产业转移效应的主要因素是产业优化和产业发展,而生态环境、人才整合也是不可忽视的辅助指标,尤其是投资环境的优化在两岸产业转移中也需要纳入考虑范畴。台湾和大陆产业转移要注重高新技术产业的合作,同时也要关注服务业发展、增加就业人数等方面。

优化提升海峡两岸产业转移效应。该书提出了两岸产业转移效应的优化提升策略。一是积极营造投资环境,增强投资吸引力。如进一步完善区域间交通干线和区域内基础交通网建设;加快推进产业集群建设,提升工业经济整体实力;强化区域协作,提升产业转移的开放性,积极发挥ECFA的机制作用,深化与台湾的交流合作;打造工业园区载体,增强园区产业向心力,促进企业向园区集中、项目向园区集聚,使园区成为承接产业转移、促进产业聚集、带动工业经济加快发展的龙头。该书建议尽快出台一系列帮助和支持台资企业转型升级和产业转移的政策措施。二是改善投资区域不平衡,促进区域协调发展。一方面,要给予北部渤海湾及中西部地区更多的支持,加快投资环境建设,可以考虑短期内利用本地区的劳动力和资源优势引导台资企业中劳动密集型产业和一般加工工业投向本地区,再逐步引导技术和资本密集型投资项目。另一方面,立足北部渤海湾和中西部产业基础、资源、要素成本、市场潜力等方面的区域优势,努力构筑并培育本地区的主导产业,带动相关产业的成长,促进本地区产业集群和人口集聚的形成。三是提升自主创新水平,加快产业结构优化。如充分利用台资企业在大陆投资的过程中所带来的技术溢出效应,推动知识成果产业化和科技成果转化;进一步建设和完善以高校和科研院所为重点的知识创新体系,引导和推进企业与台湾高校、科研院所开展紧密合作与交流;创建良好的科技人才支撑体系、科技成果转化体系、科技服务体系和科技投融资体系,为自主创新体系的创建和完善提供良好的环境支撑等。

总之,该书的学术价值及应用价值较高。一方面,在理论上为海峡两岸产业转型升级提供研究新思路;另一方面,为海峡两岸产业升级和持续发展提供了有价值的实践依据,为相关决策主体对产业转移的科学决策提供了一种客观的分析工具和分析方法,能够帮助政府及相关部门、企业决策主体更好地解决产业转移中遇到的各种复杂问题。

书评选目

The 30th Anniversary of Xiamen University Press

厦门大学出版社
建社30周年
[1985-2015]
Xiamen University Press

篇　名	作　者	媒　体	时　间
为毛泽东思想研究开拓了新的领域——《毛泽东思想与中国文化传统》读后	李　锐	人民日报	1988年3月28日
Mao Theory Grew in Chinese Culture	李　锐	中国日报（英文版）	1988年4月25日
爱,信念和希望——读丁玲遗作《风雪人间》	陈福郎	博览群书	1988年第4期
赋予"毛泽东思想"以相应的位置	杨烨(译)	日本读卖新闻	1988年6月7日
海滨,有一位老者	王依民	读书	1988年第12期
系统研究近代华侨投资国内企业的第一本专著——《近代华侨投资国内企业概论》一书评价	陈森镇	侨史学报	1989年第4期
惊人诗句老横秋——写在《虞愚自写诗卷》付印之际	蒋东明	厦门日报	1989年7月19日
精细的研究　可贵的探索——评《毛泽东思想与中国文化传统》	洪峻峰	中国社会科学	1990年5月
海明威在中国	文　荄	大公报	1991年7月29日
评述《鲁迅与绍兴历代名贤》	胡昭衡	人民日报	1991年9月
弘扬光大中华民族优良传统——读《鲁迅与绍兴历代名贤》记	胡昭衡	人民日报	1991年9月25日
客观平实　真挚感人——读陈可焜的《港事港情》	何启光 刘泽生	港澳经济	1991年第10期
评析《中国传统文化与医学》	赖　畴	中国图书评论	1992年第1期
一本既颇有理论审读又具有较强操作性的著作——评《三明精神文明建设探讨》	萧秀清	社科信息	1992年第1期
史论结合　以独特的分期见长——读《世界华侨华人简史》评介	陈森镇	南洋问题研究	1992年第2期
《均田制新探》评述	朱和平 张道开	中国史研究	1992年第4期
均田制研究的集成与发展——评《均田制新探》	刘汉东	中国经济史研究	1992年第4期
辟出新的理性空间——评《茅盾与外国文学》	刘国兴	福建日报	1992年4月14日

续表

篇　名	作　者	媒　体	时　间
丁玲新时期的散文	陈　明	文艺报	1993年1月30日
内容·格局·术语——读叶宝奎《语言学概论》	曾传兴	东南电大学报	1993年第1期
一部奇异的书稿——《中国市场经济之源》编辑札记	周勇胜	厦门大学报	1993年3月
"知人论世"的史论特色——评《李光地传论》	萧萐父	中国图书评论	1993年5月
创新与求实的学术品格——读《茅盾研究丛书》的三部专著	陈天助	文艺报	1993年5月29日
重图兰谱胜前人——严楚江与《厦门兰谱》	吴天祥	中国图书评论	1994年第1期
意在探索　贵在创新——《毛泽东邓小平思想政治教育理论与实践》读后	余泽清	思想工作探索	1994年第1期
评介《俞慎初论医集》	谢海洲	福建中医药	1994年第1期
东西文化交汇中的理想化变迁——读《〈荷使初访中国记〉研究》	陈福郎	出版广场	1994年第1期
开放改革中孕育的一朵奇葩——《中国传统文化与医学》评介	吴天祥	中国图书评论	1994年第4期
《西洋文学史》书内书外小记	王依民	出版广场	1994年第5期
大胆探索　追新求异——读胡荣著《社会学导论:社会单位分析》	万向东	社会学研究	1994年第5期
从鼓浪屿到新加坡——读《黄望青传》	刘洪钟	马来西亚光华日报	1995年3月20日
当代中国女性文学的史论——《当代中国女性文学史论》评介	陈福郎	书城杂志	1996年第1期
以"谋"取胜——评《市场营销谋略与技巧》	宋文艳	出版广场	1996年第5期
一本富有特色的好教材——简评《材料化学导论》	宋文艳	大学化学	1996年8月31日
侯真平著《黄道周纪年著述书画考》（上）、（下）	[日]山根幸夫	日本东洋学报	1996年9月
近年来明史研究管见	商　传	中国史研究动态	1997年第1期
科学奇人的精神世界——出版两部有关陈景润的图书断想	陈福郎	福建日报	1997年4月8日

续表

篇 名	作者	媒体	时间
《黄道周纪年著述书画考》评介	燕 源	中国史研究动态	1997年第9期
生命的质量——读《陈景润》	陈福郎	中国图书评论	1998年第1期
关于地域宗教史研究的若干思考——兼评王荣国著《福建佛教史》	林 拓	宗教学研究	1999年第2期
佛教区域历史研究的新成果——评王荣国先生的《福建佛教史》	东井玉	中国社会经济史研究	1999年2月
寻找科学之链——读《统一科学初探》	蒋东明	厦门晚报	1999年4月4日
营造一个没落的帝国——读《赫德与中国海关》	薛鹏志	厦门晚报	1999年6月13日
我说知青情结——写在《告诉后代》出版之际	陈福郎	出版广场	2000年第2期
《新编汉法成语词典》编辑手记	宋文艳	大学出版	2000年9月25日 第3期
这里春长在——林懋义《这里春长在》编后	蒋东明	厦门晚报	2000年10月22日
一个老外笔下的中国厦门——潘维廉与《魅力厦门》	蒋东明 施高翔	厦门日报	2000年11月4日
站着睡觉的人——林荣瑞先生和《福友现代实用企管书系》	蒋东明	厦门日报	2001年3月3日
潜心治学 厚积薄发——"南强丛书"（第二辑）述评	陈福郎	大学出版	2001年第3期
东南民族研究半世纪——读蒋炳钊老师《东南民族研究》有感	吴春明 王公明	广西民族研究	2003年第2期
民间文献出版的宏大工程："吧城华人公馆档案丛书"	周振鹤	文汇报	2003年3月7日
呼唤重构理想的女性世界——评《当代中国女性文学史论》（修订本）	陈福郎	中国图书评论	2003年10月
潘维廉与魅力泉州——一个老外笔下的中国泉州	施高翔	泉州晚报	2003年10月17日
呼唤重构理想的女性世界——评《当代中国女性文学史论》（修订本）	陈福郎	中国图书评论	2003年第10期
在市场经济中把好"国库之门"——评邱华炳《国库运作与管理》	宋文艳	中国图书评论	2003年第11期
弘扬学术 出版精品——"南强丛书"（第三辑）述评	陈福郎	厦门大学报	2003年总第548期

续表

篇　名	作　者	媒　体	时　间
解构大型区域文化经济生态——评《透视中国东南：文化经济的整合研究》	陈福郎	大学出版	2004年第1期
研究毛泽东思想的代表作	陈福郎	光明日报	2004年2月12日
《透视中国东南：文化经济的整合研究》简评	陈福郎	中国出版	2004年第2期
一部研究毛泽东农业思想的专著——简评《毛泽东农民观透视》	陈福郎	中国图书评论	2004年第4期
当代日本华侨华人社会的全方位综合研究——《中日关系正常化以来日本华侨华人社会的变迁》评介	聂德宁	南洋问题研究	2004年第4期
《中国百越民族经济史》评介	蒋炳钊	民族研究	2004年第6期
鸿篇巨作《台湾文献汇刊》	陈支平	厦门大学报	2005年1月21日
《台湾文献汇刊》与《台湾文献史料丛刊》	陈福郎	中国新闻出版报	2005年6月29日
酣歌讽咏，鹭岛胜景遍遗踪：读《嘉禾名胜记》	薛鹏志	图书馆之声	2005年9月
台湾人民的抗日斗争——为台湾光复60周年而作	陈福郎	光明日报	2005年11月4日
多学科全景式探索大型区域文化经济的内涵	陈福郎	福建社科界	2006年2月
厦大的青春记忆	陈福郎	厦门大学报	2006年3月31日
凤凰树下——我的厦大学生时代	萧春蕾	厦门晚报	2006年4月2日
走进台湾画家余承尧的山水世界	王文静	厦门日报	2006年5月12日
于史无考则修志不取　郑梦星谈《厦门佛教志》的去伪存真	黄秋苇 龚小莞	厦门晚报	2006年6月12日
郑梦星谈《厦门佛教志》特色	黄秋苇 龚小莞	厦门晚报	2006年6月12日
硬汉子海明威面面观	陈福郎	中华读书报	2006年7月26日
创新理念与科学实践的完美结合——《城市森林学》介绍	陈进才	科技与出版	2007年第3期

续表

篇　名	作　者	媒　体	时　间
凤凰树下的编辑灵感	陈福郎	编辑学刊	2007年第3期
新世纪的青春之歌——读《叶楠西部支教纪实》	陈福郎	厦门大学报	2007年4月15日
自然随性　妙景天成——《余承尧绘画艺术研究》编后	蒋东明	厦门大学报	2007年7月20日
南强群星的耀眼光芒——《固体表面物理化学若干研究前沿》编辑手记	宋文艳	厦门大学报	2007年7月20日
让史料复活　为文明存史——厦门大学出版社出版大型丛书《中国稀见史料》始末	蒋东明 侯真平	大学出版	2008年第1期
台湾的"皇民文学"与"乡土文学"	陈福郎	台湾研究集刊	2008年4月第2期
城乡二元结构向何处去——评《中国农村经济制度变迁60年研究》	陈福郎	中国新闻出版报	2009年10月9日
华人经济体的整合在东亚一体化进程中的先导作用——读《东亚华人社会的形成和发展：华商网络、移民与一体化趋势》	陈福郎	光明日报	2009年11月19日
推进美国城市史研究的新尝试——评《美国新城市化时期的地方政府》	曹升生	美国研究	2010年第3期
《东亚华人社会的形成和发展》评述	聂德宁	世界历史	2010年第6期
陈荣捷与刘述先——编辑《陈荣捷全集》札记之一	高令印 薛鹏志	朱子文化	2011年第2期
东亚经济贸易圈与华人社会	陈福郎	厦门大学报	2011年3月18日
校庆书香留余韵	宋文艳	厦门大学报	2011年5月21日
财经励志书：从经典名著常挖常新	刘闪	中国图书商报	2011年7月22日
《不宣而战》：解密中美贸易战的残酷真相	木香	中国图书商报	2012年2月
冷眼向洋看地产——评巴曙松《房地产大周期的金融视角》	宋文艳	中国图书商报	2012年3月13日
房地产发展的金融解释	朱玉强	中国图书商报	2012年8月7日
生命的疼痛与礼赞——读《人约黄昏后》	陈福郎	闽南日报/华夏散文	2012年10月17日/2013年第1期

续表

篇　名	作　者	媒　体	时　间
国际金融市场:危机与出路——简评"国际金融新趋势"丛书	宋文艳	中国图书商报	2012年10月19日
刘玉栋——中国式的平民英雄	蒋东明	中国图书商报	2012年10月23日
皮藏利用　两全其美——读《中国稀见史料·厦门大学图书馆藏稀见史料》	王志双	中华读书报	2012年10月31日
本是同根生　图书续亲情——厦门大学出版社打造"漳州与台湾关系丛书"侧记	涂桂林	中国新闻出版报/中国高校教材图书网	2012年11月2日
是观光是追光更是聚光——《读年月走宝岛》	陈福郎	中国图书商报/金门日报/书香两岸	2013年1月8日/2013年1月25日/2013年第3期
海洋强省　战略导航——读《福建省海洋发展战略研究》	王日根	厦门大学报	2013年6月28日
素描鼓浪屿印象	王鹭鹏	书香两岸	2013年第6期
与闽商"结缘"——《闽商发展史·总论卷》出版手记	宋文艳	厦门大学报	2013年7月5日
为什么中国没有巴菲特	崔鹏	中国出版传媒商报(原:中国图书商报)	2013年7月16日
在这个时代看巴菲特的意义	赵志明	出版参考	2013年8月
家族缘,串起两岸儿女情——与《家族缘:闽南与台湾》作者苏黎明面对面	树红霞	福建日报	2013年8月16日
你不是阿斯顿,你更需要这本书	刘田田	百道网	2013年8月17日
城市的魅力源自于市场——评《城镇化大转型的金融视角》	杨再平	中华读书报	2013年9月25日
华人社会研究的标志性巨著:《菲律宾华人通史》评介	薛鹏志	人文国际(第7辑)	2013年9月版
一本意外的书——《年月走宝岛》读后	子梵梅	中国台湾网·闽台在线	2013年第9期
为城镇化转型开辟金融通道——评《城镇化大转型的金融视角》	宋文艳	中国新闻出版报	2013年10月11日
《中国会馆志资料集成》(第一辑)生成记	王日根	中华读书报	2013年10月16日

续表

篇 名	作 者	媒 体	时 间
一次艰辛的学术和考据研究——《福建历史文化简明读本》出版手记	贾素文	福建日报	2013年10月18日
五年磨剑,终获重奖——中国原创图书奖 评述《菲律宾华人通史》	周聿峨	菲律宾世界日报	2013年12月4日
中菲学者共撰学术巨著 促中菲友好继续向前发展——学术大书《菲律宾华人通史》首发述评	蒋东明 宋文艳	人民日报(海外版)/中国高校教材图书网	2013年12月5日
会馆志:中国流寓社会自组织力的实录	王日根	厦门大学报	2013年12月27日
老干新枝 风景独好——读许怀中新作《匆匆岁月》	陈福郎	福建文学/厦门大学报	2013年第12期/2013年10月11日
放歌青春,追逐梦想——读再版《把梦留住》	陈福郎	厦门大学报	2014年1月3日
卅年筑梦五载成,中菲共园华人史——《菲律宾华人通史》书评	薛鹏志	中华读书报/中国大学生在线	2014年3月13日/2014年4月23日
让凤凰树下弥漫着学术芬芳	蒋东明 宋文艳	厦门大学报	2014年3月14日
流动性治理:中国金融改革探索的重点——评万志宏博士的《流动性之谜:困扰与治理》	曾 刚	中国出版传媒商报	2014年3月18日
以改革驱动城镇化的转型——评《城镇化大转型的金融视角》	颜 勇	中国图书评论	2014年4月
学术乃寻美之旅——刘海峰《学术之美 海峰随笔》读后	王日根	厦门大学报	2014年5月16日
经济学人的中国梦(评《中国经济学教育转型——厦大故事》)	王广谦	厦门大学报	2014年6月3日
"南强丛书",厦门大学的学术品牌	宋文艳	厦门大学报	2014年6月23日
特色鲜明 新意叠现——《中国近现代经济史(1842—1991)》(修订本)评介	张连辉	中华读书报/中国高校教材图书网	2014年6月25日
闽南文化精神内涵的深度探索——评《闽南文化:闽南族群的精神家园》	黄科安	福建日报/百道网	2014年6月27日
勤耕学术 善耘生活——王日根教授新作《耕余遗穗》编后絮语	吴鲁薇	中国出版传媒商报/中国高校教材图书网/团结报	2014年7月8日/2014年7月31日

续表

篇 名	作 者	媒 体	时 间
心系武魂 鉴史通今——《福建武术史》评介	郑 丹 陈进才	中华读书报/中国高校教材图书网/中国图书评论	2014年7月16日/2014年10月
《闽台历史民俗文化遗产资源调查系列》书评	王日根	中国高校教材图书网/百道网	2014年7月25日
琴人 琴岛 琴缘——《一世琴缘——鼓浪之子胡友义》读后	王扬帆	中国高校教材图书网/书香两岸	2014年7月25日
闽台文化家底的生动检阅——《闽台历史民俗文化遗产资源调查系列》评介	许红兵 王日根	中华读书报/书香两岸	2014年7月30日
客家尚文传统的体现——读《四堡遗珍》	王日根	福建日报	2014年8月1日
货币经济学的三类问题——《货币经济学若干问题探讨》评介	许红兵	中华读书报	2014年8月6日
从克虏伯家族到洋务运动——《胡里山炮台与洋务运动》《厦门胡里山炮台与克虏伯家族的历史情缘》书评	王鹭鹏	中国高校教材图书网/书香两岸	2014年8月8日
不枉此生——读李林《我的家国天下——总裁文档》	赖妙宽	厦门大学报	2014年10月11日
"凤凰树下"的深情	蒋东明	厦门大学报	2014年11月14日
纷繁世界感恩的心——读《海外女作家的人间烟火》	王永盛	中华读书报	2014年11月26日
鲁西奇：阴间为什么还要"买地券"？	宋 翔	澎湃新闻	2014年11月27日
跨越文化的心灵对话——评《东风西渐》	刘心彦	福建日报	2014年12月5日
带你认识福建的树	陈进才	中华读书报	2014年12月17日
从克虏伯家族到洋务运动——《胡里山炮台与洋务运动》编后记	王鹭鹏	厦门文学	2014年12月
科学评价两岸产业转移效应——《海峡两岸产业转移效应的评价与产业优化研究》评介	李 非	福建日报	2015年1月30日
为城镇化建设添砖加瓦	宋文艳	中国新闻出版报	2015年2月12日

The 30th Anniversary of Xiamen University Press

出版文章选目

篇 名	作 者	媒 体	时 间
发扬成绩继续前进 深化改革办出特色	陈天择 周勇胜	厦门大学报	1988年10月30日
把出版社办成一个温馨的家	陈天择	厦门建南集团成立5周年征文中获优秀论文奖	1998年
编辑是干什么的呢——谈编辑工作的加工性和创造性	蒋东明	福建出版	1992年第3期
著作权法与编辑的职能	蒋东明	大学出版	1995年第4期
编辑工作无小事	蒋东明	《南强书苑》——厦大出版社建社10周年纪念册	1995年5月版
大学出版：沐浴阳光的事业	蒋东明	出版广场	1999年第4期
成绩斐然 任重道远——庆祝厦门大学出版社建社15周年	蒋东明	厦门大学报	2000年5月10日
日本图书发行机制面面观	蒋东明	大学出版	2000年11月5日
在美丽的厦门 出美妙的图书	蒋东明	厦门日报	2001年9月15日
大学出版社的真正理想是什么	蒋东明	大学出版	2003年第4期
滕王阁魅力何在——对出版工作的一点感悟	蒋东明	厦门大学报	2003年12月5日
"嫁裳"与"新衣"	蒋东明	大学出版	2004年4月
中美两国大学出版业发展比较	蒋东明	科技与出版	2005年第2期
弘扬传统文化是出版人的重要使命	蒋东明	编辑之友	2005年第3期
研究力量的整合与出版资源的借势	蒋东明	科技与出版	2005年第3期
追求品位 诚信经营	蒋东明	厦门日报	2005年4月29日
出版失信"败血症"要根治	蒋东明	出版发行研究	2005年第5期
大学环境中大学出版社的"人本"管理	蒋东明	中国出版	2005年第9期

续表

篇 名	作 者	媒 体	时 间
社庆20年感言——专注 爱人 诚信	蒋东明	出版人	2005年第15期
大学出版社的学术使命	蒋东明	福建出版科学论集	2006年9月版
今天,我们怎样读书	蒋东明	厦门大学报	2007年11月23日
世界读书日,出版随想	蒋东明	厦门大学报	2008年5月03日
大学社改制三题	蒋东明	科技与出版	2008年第11期
新机制下人才结构变化的特点及影响	蒋东明	大学出版	2009年第2期
学术本位 香飘两岸——厦门大学出版社着力打造台湾研究出版重镇	蒋东明	书香两岸	2009年2月
大学出版社发展目标不能模糊	蒋东明	现代出版	2010年11月
寻找厦大出版社的气质	蒋东明	厦门大学报	2011年4月29日
大学出版:学术的坚守与竞争的智慧	蒋东明	福建出版科学论集	2011年6月版
数字出版,想说爱你不容易	蒋东明	厦门大学报	2012年11月7日
我心目中的好编辑	蒋东明	百道网	2013年1月29日
大学出版社不变的追求	蒋东明	厦门大学报	2013年6月28日
出版专业分工:从行政约束到主动追求	蒋东明	现代出版	2013年6月
为梦想出书——我与三位作者的出版缘	蒋东明	厦门大学报	2013年7月12日
守住理想,耐住寂寞	蒋东明	出版人	2013年10月
出版浪潮中的独立思考	蒋东明	中华读书报	2013年10月16日
来自一线的实践	蒋东明	中国新闻出版报	2014年8月25日
媒体融合背景下大学社将走向何方——融合不只是看上去很美	蒋东明	中国新闻出版报	2014年10月27日

续表

篇 名	作 者	媒 体	时 间
出版专注度决定品牌拓新度	蒋东明	中国出版传媒商报	2014年10月28日
坚持学术为本 创建特色品牌	蒋东明 陈福郎	大学出版	2005年第3期
"台"字当头 彰显特色——厦门大学出版社发挥"五缘"优势,走特色出版之路	蒋东明 陈福郎	中国出版	2007年第12期
"台"字显特色 互动促繁荣	蒋东明 陈福郎	中国新闻出版报	2008年9月19日
略议大学出版社的图书特色	陈福郎	编辑学刊	1992年第4期
关于大学出版社图书特色形成之管见	陈福郎	编辑学刊	1992年第11期
大学出版社如何办出特色	陈福郎	中国高等教育	1993年第7、8期
大学出版社的特色与价值取向	陈福郎	大学出版	1994年第3期
试论高校出版社编辑素质的整合	陈福郎	大学出版	1998年8月第4期
高校出版社编辑素质的特殊要求	陈福郎	大学出版	1999年4月第2期
新世纪高校出版社编辑的素质建设	陈福郎	大学出版	2000年2月第1期
顺应时代要求 明确发展思路	陈福郎	大学出版	2000年第3期
论新世纪高校出版社编辑人员素质的时代特征	陈福郎	福建出版科学论集	2000年9月版
依据社情进行选题建设 坚持特色实施三项战略	陈福郎	大学出版	2003年第3期
坚持特色进行选题建设	陈福郎	大学出版	2003年6月第3期
角色意识和主体意识	陈福郎	编辑学刊	2003年12月第6期
坚持特色建社 实施三大战略	陈福郎	出版参考	2004年4月第4期
出版改革不能淡化精品意识	陈福郎	中华读书报	2004年5月12日
精品图书的编辑主体策划功能	陈福郎	厦门大学报	2004年第592期

续表

篇 名	作 者	媒 体	时 间
在理性与激情间行走	陈福郎	厦门日报	2005年4月29日
大学精神与大学出版	陈福郎	出版参考	2005年第5期
编务工作要适应编辑工作的变革	陈福郎	科技与出版	2005年10月第5期
厦大的青春记忆	陈福郎	厦门大学报	2006年3月31日
大学理念的趋同与核心竞争力打造	陈福郎	大学出版	2007年4月第2期
大学理念与高校出版的价值观取向	陈福郎	厦门日报	2007年5月30日
出版法学学术精品 服务高校法学教育	陈福郎	厦门大学报	2007年12月15日
为厦门特区建设发展鼓与呼	陈福郎	厦门大学报	2008年11月9日
大学理念与和谐出版	陈福郎	中国科学技术出版社	2009年10月版
架设和谐海峡的文化桥梁——厦门大学出版社为两岸互信提供学术支撑	蒋东明 宋文艳	中国出版	2012年第13期
中菲学者共撰学术巨著 促中菲友好继续向前发展——学术大书《菲律宾华人通史》首发述评	蒋东明 宋文艳	人民日报海外版/中国高校教材图书网	2013年12月5日
厦门大学出版社:创建海洋图书特色	蒋东明 宋文艳	中国新闻出版报	2014年7月30日
改进和扩大出版社自办发行的几点思路	宋文艳	大学出版	1996年第1期
中小型出版社参与版权贸易之我见	宋文艳	中国出版	2004年第3期
谈《福友现代实用企管书系》的成功策划	宋文艳	出版发行研究	2004年第6期
加强大学教材的品牌建设	宋文艳	福建出版科学论集	2006年9月版
做海峡文化交流的先行者	宋文艳	书香两岸	2009年第10、11期
高校教材发展战略"头脑风暴"专题:厦门大学出版社 化学科优势为出版优势	宋文艳	中国图书商报	2012年10月30日

续表

篇 名	作 者	媒 体	时 间
"南强丛书",厦门大学的学术品牌	宋文艳	厦门大学报	2014年6月23日
为城镇化建设添砖加瓦	宋文艳	中国新闻出版报	2015年2月12日
不求做大,但求做好——中小型大学出版社的营销对策	于 力	大学出版	2001年增刊
浅谈物流管理在图书市场营销中的作用	于 力	大学出版	2004年增刊
深化改革,努力拓展高职教材出版的新途径	黄茂林	福建出版科学论集	2006年9月版
编辑专业化浅谈	黄茂林	科技与出版	2011年第4期
简谈中小出版社仓库的信息化改造	施高翔	出版发行研究	2011年第4期
传统出版社在数字出版中的困境及解决方案探索	施高翔	科技与出版	2011年第5期
坚持特色方能形成品牌	施高翔	教育与出版	2014年第1、2期
出版社管理系统设计原则浅探	施高翔	科技与出版	2014年第3期
出版社投资网络游戏可行性探索	施高翔 朱凤琴	出版发行研究	2012年第4期
加强编辑队伍建设,构建出版社核心竞争力	许红兵	福建出版科学论集	2006年9月版
实体书店创新经营的思考与实践	欧光江	新华书目报	2011年8月
转换发展思路 创新营销模式	欧光江	新华书目报	2012年3月
教材经销商需成为承接上下游服务的纽带——访厦门大学出版社高校图书代办站总经理欧光江	欧光江	新华书目报	2012年6月
论高校图书代办站的转型	欧光江	新华书目报	2012年8月
代办站服务升级重在职能优化	欧光江	教育与出版	2014年5月
大学出版社转制重点探析	王洪春	科技与出版	2008年第12期
新华书店的网络营销策略	陈进才	出版发行研究	2006年8月

续表

篇　名	作　者	媒　体	时　间
网络出版的兴起对传统出版业的影响与展望	陈进才	福建出版科学论集	2006年9月版
选题策划四题	陈进才	出版发行研究	2007年3月
图书微博营销中的信息不对称及解决方法探析	陈进才	出版发行研究	2013年第10期
长汀时代:诗启师的讲述	薛鹏志	凤凰树下	2005年版
编辑与学问	薛鹏志	放歌书林	2010年5月版
建立新型的编校关系与编校合作模式	高　健	福建出版科学论集	2011年6月版
从市场细分看英语图书创新	王扬帆	福建出版科学论集	2006年9月版
创新　成本　服务——中小出版社编辑应加强的三种意识	王扬帆	出版发行研究	2014年第4期
我国传统书籍装帧的艺术特征及其现代运用	李夏凌	福建艺术	2008年6月
绿色·环保——出版物设计者的社会责任	李夏凌	科技与出版	2012年3月
从传统书籍设计者角度看电子书设计之缺失	李夏凌	出版发行研究	2014年7月
中小型高校出版社的发行渠道建设与客户管理	林　鸣	福建出版科学论集	2011年6月版
教材策划成功要素刍议	眭　蔚	大学出版	2009年第2期
请不要让读者犯晕	眭　蔚	出版发行研究	2009年第5期
浅谈数字出版时代外校队伍建设	李小青	中国出版协会研讨会论文	2013年
从网上书店看传统实体书店的出路——网上书店与传统实体书店比较分析	丁海猛 王鹭鹏	科技与出版	2012年10月
图书营销传播中　意见领袖的认知与沟通	王鹭鹏 丁海猛	出版发行研究	2013年4月
大学出版社建立数字平台要加强公益性	王鹭鹏	百道网	2013年4月25日

续表

篇 名	作 者	媒 体	时 间
青少年阅读品位提高的现实途径	王鹭鹏	"出版界图书馆界全民阅读年会（2013）"活动	2013年
出版点校本宜当保持古籍原貌——由《唐会要》误将"支度"作"度支"谈起	董兴艳	出版发行研究	2011年第5期
跟踪学术动态，加强出版界与学术界的互动——中国史研究近年来的重点、热点述评	董兴艳	科技与出版	2011年第6期
大学出版社高校教材推广的问题及对策	池毓云	科技与出版	2009年第9期
试论中小型大学出版社可持续发展	郝 静	现代出版	2011年第4期

图书在版编目(CIP)数据

媒体里的厦大社/《致敬30年》丛书编委会编. —厦门：厦门大学出版社，2015.4

(致敬30年)

ISBN 978-7-5615-5485-2

Ⅰ. ①媒… Ⅱ. ①致… Ⅲ. ①厦门大学出版社-纪念文集 Ⅳ. ①G239.22

中国版本图书馆CIP数据核字(2015)第083178号

官方合作网络销售商：

厦门大学出版社出版发行

(地址：厦门市软件园二期望海路39号　邮编：361008)

总 编 办 电 话：0592-2182177　　传真：0592-2181253

营销中心电话：0592-2184458　　传真：0592-2181365

网址：http://www.xmupress.com

邮箱：xmup @ xmupress.com

厦门集大印刷厂印刷

2015年4月第1版　2015年4月第1次印刷

开本：720×1000　1/16　印张：24.5　插页：3

字数：401千字

定价：55.00元

本书如有印装质量问题请直接寄承印厂调换